Docs for Developers

기술 문서
작성
완벽 가이드

Docs for Developers 기술 문서 작성 완벽 가이드

개발 생태계 모든 사람을 위한 기술 문서 작성 방법

초판 1쇄 발행 2023년 4월 10일
초판 2쇄 발행 2023년 5월 22일

지은이 자레드 바티, 재커리 사라 콜라이센, 젠 램본, 데이비드 누네즈, 하이디 워터하우스 / **옮긴이** 하성창 / **펴낸이** 김태헌
펴낸곳 한빛미디어(주) / **주소** 서울시 서대문구 연희로2길 62 한빛미디어(주) IT출판2부
전화 02-325-5544 / **팩스** 02-336-7124
등록 1999년 6월 24일 제25100-2017-000058호 / **ISBN** 979-11-6921-088-1 93000

총괄 송경석 / **책임편집** 박민아 / **기획** 박민아 / **편집** 김민경
디자인 윤혜원 / **전산편집** 이경숙
영업 김형진, 장경환, 조유미 / **마케팅** 박상용, 한종진, 이행은, 김선아, 고광일, 성화정, 김한솔 / **제작** 박성우, 김정우

이 책에 대한 의견이나 오탈자 및 잘못된 내용에 대한 수정 정보는 한빛미디어(주)의 홈페이지나 아래 이메일로
알려주십시오. 잘못된 책은 구입하신 서점에서 교환해드립니다. 책값은 뒤표지에 표시되어 있습니다.

한빛미디어 홈페이지 www.hanbit.co.kr / 이메일 ask@hanbit.co.kr

지금 하지 않으면 할 수 없는 일이 있습니다.
책으로 펴내고 싶은 아이디어나 원고를 메일(writer@hanbit.co.kr)로 보내주세요.
한빛미디어(주)는 여러분의 소중한 경험과 지식을 기다리고 있습니다.

Docs
for
Developers

자레드 바티, 재커리 사라 콜라이센, 젠 램본, 데이비드 누네즈, 하이디 워터하우스 지음 | 하성창 옮김

기술 문서
작성
완벽 가이드

Apress®   **한빛미디어**
Hanbit Media, Inc.

이인실

LINE Plus 테크니컬 라이팅 팀 리더

이 책은 개발 문서를 쓰는 테크니컬 라이터, 개발자, 기획자, 모두에게 실질적인 도움을 줄 것입니다. 독자 분석부터 문서화 계획, 초안 작성, 편집, 샘플 코드와 시각 자료 다루기, 배포, 품질 측정, 유지 관리까지 문서화의 전 과정을 예시와 함께 다루고 있습니다. 저자를 따라가다 보면 어느새 개발 문서 세트를 만들어 보는 경험을 하게 됩니다. 테크니컬 라이터라면, 특히 개발 문서를 다루는 분에게는 강력하게 추천하는 책입니다.

임근희

쿠팡 테크니컬 라이터

좋은 테크 콘텐츠를 쓰고 세상과 다양한 방식으로 소통하고 싶은 모든 분들께 이 책을 권하고 싶습니다. 이 책의 저자인 실리콘밸리의 테크니컬 라이터들이 다양한 빅테크 기업에서 일하며 얻은 노하우가 책 속에 모두 담겨 있습니다.

남정현

데브시스터즈 게임 기술 개발 GingerLab 팀 테크니컬 라이터

회사 내에서 문서화의 중요성을 설명하는 데 어려움을 겪고 있다면 이 책을 정독해볼 것을 강력하게 권합니다. 특히 테크니컬 라이터로서 이제 막 IT 분야에 뛰어든 신입 테크니컬 라이터에게는 이 책이 좋은 길잡이가 되어줄 것입니다.

윌 라슨

캄 CTO, 『An Elegant Puzzle』 및 『Staff Engineer』의 저자

'문서 추가하기'는 모든 제품 릴리스 계획에 포함된 단계이며 '문서가 더 필요함'은 내부 개발자 생산성 설문 조사에서 빠짐없이 등장하는 액션 아이템이지만, 이러한 간결한 목표를 실행에 옮겨 유용한 문서를 만드는 일은 어렵습니다. 이 책은 뛰어난 문서화를 가능하게 하는 반복 가능한 프로세스를 보여 줍니다.

브래드 토폴

IBM 최고 엔지니어, Open Technology and Developer Advocacy 팀.
『Kubernetes in the Enterprise』 및 『Hybrid Cloud Apps with OpenShift and Kubernetes』의 공동 저자

훌륭한 문서화는 소프트웨어 프로젝트의 성공과 대규모 채택을 보장하는 데 있어 종종 간과되지만 매우 중요한 구성 요소입니다. 이 책은 개발자와 테크니컬 라이터에게 필독서입니다. 최종 사용자를 기쁘게 하고, 비즈니스 결과를 획기적으로 개선할 수 있는 문서를 만들 수 있게 해 줍니다.

앤 젠틀

시스코의 개발자 경험 매니저. 『Docs Like Code』 저자이자 docslikecode.com의 운영자

여러분이 어디에서 시작하든 간에 이 책에서 문서화를 개선하기 위한 기법과 조언을 찾을 수 있습니다. 이 책은 『피닉스 프로젝트(The Phoenix Project)』(에이콘, 2021)가 데브옵스^{DevOps}에 제공했던 가치를 개발자 문서에 제공하여 여러분이 바라는 바를 달성할 수 있도록 합니다. API 스타트업 이야기는 흥미로웠고 귀여운 웰시코기 그림은 저를 미소 짓게 했습니다.

스테파니 브로트너

우버의 테크니컬 라이팅 매니저

좋은 문서는 사람들이 소프트웨어를 접했을 때 적응하고 탐색하는 데 좋은 영향을 줍니다. 이 책은 개발자와 테크니컬 라이터가 사용자에게 유용한 내용을 문서화하고, 사용자가 필요로 하는 정보를 찾을 수 있도록 콘텐츠를 구조화합니다. 또한 사용자가 소프트웨어를 이해하고 채택하는 데 문서가 어떤 도움을 줄 수 있는지 안내합니다.

에릭 홀셔

Write the Docs 및 Read the Docs 공동 설립자

이 책은 여러 업계 리더가 수년간 쌓은 지식을 압축하여 간결하고 실행 가능한 프레임워크로 제공합니다. 이 책은 힘들게 얻은 통찰력을 페이지마다 담아서 문서화 계획에서 배포 및 운영까지 안내합니다. 오늘 이 책을 읽으세요. 사용자가 고마워할 것입니다.

자레드 바티[Jared Bhatti]

자레드는 알파벳[Alphabet]의 스태프 테크니컬 라이터이자 구글 클라우드 문서 팀의 공동 설립자입니다. 그는 지난 14년 동안 쿠버네티스[Kubernetes], 앱 엔진[App Engine], 애드센스[Adsense], 구글의 데이터 센터와 환경 지속 가능성 캠페인을 포함하여 알파벳에서 다양한 프로젝트를 문서화했습니다. 현재 웨이모[Waymo]에서 기술 문서 팀을 이끌고 있으며 업계의 여러 후배 테크니컬 라이터에게 멘토가 되어 주고 있습니다.

재커리 사라 콜라이센[Zachary Sarah Corleissen]

재커리는 이 책을 쓰기 시작할 당시에는 리눅스 재단[Linux Foundation]의 수석 테크니컬 라이터였고, 책을 마무리할 시점에는 스트라이프[Stripe]의 수석 테크니컬 라이터로 일했습니다. 2017년부터 2021년까지 쿠버네티스 문서화 프로젝트의 공동 의장을 역임했으며, 그 전에는 깃헙[GitHub], 랙스페이스[Rackspace] 및 여러 스타트업에서 개발자 문서를 만들었습니다. 컨퍼런스에서 발표하는 것을 즐기고 다양한 능력과 배경을 가진 테크니컬 라이터와 발표자에게 멘토링을 제공하는 것을 좋아합니다.

젠 램본[Jen Lambourne]

젠은 몬조 뱅크[Monzo Bank]에서 테크니컬 라이팅 및 지식 관리 부서를 이끌고 있습니다. 핀테크 분야에 진출하기 전에는 GDS[Government Digital Service]의 테크니컬 라이팅 책임자로서 영국 정부 전체의 문서 관리자 커뮤니티를 이끌었습니다. 공공 부문에서 금융 부문으로 옮겨온 그녀는 자신이 전통적으로 콘텐츠에 비우호적인 산업에서 포용적이고 사용자 중심적인 콘텐츠를 만드는 데 끌린다는 것을 깨달았습니다. 그녀는 개발자 도구를 사용하여 문서를 관리하고, 엔지니어에게 문서 작성 프로세스를 알기 쉽게 설명해 주고, 후배 테크니컬 라이터에게 멘토 역할을 하고, 컨퍼런스에서 자신의 문서화 모험담을 발표하는 것을 좋아합니다.

데이비드 누네즈David Nunez

데이비드는 스트라이프에서 테크니컬 라이팅 조직을 이끌고 있으며, 내부 문서화 팀을 설립하고 『인크리먼트Increment』 잡지에 글을 기고하기도 했습니다. 이전에는 우버에서 테크니컬 라이팅 조직을 설립하고 이끌었으며 세일즈포스Salesforce에서 문서화 리더 역할을 맡았습니다. 클라우드, 자체 개발 인프라, 자율 주행 트럭, 경제적인 인프라 구축에 대한 문서를 만드는 팀을 이끌면서 그는 기술 문서가 사용자 경험을 형성할 수 있는 다양한 방법을 연구해 왔습니다. 또한 데이비드는 지식 플랫폼 공간에서 여러 스타트업의 고문으로도 활동하고 있습니다.

하이디 워터하우스Heidi Waterhouse

하이디는 수십 년 동안 마이크로소프트, 델 소프트웨어Dell Software 및 수많은 스타트업에서 개발자와 소통하고 개발자를 위해 소통하는 방법을 배웠습니다. 그녀는 현재 론치다클리LaunchDarkly에서 수석 디벨로퍼 릴레이션 담당자로 일하고 있으며 테크니컬 커뮤니케이션이 모든 역할에서 보편적으로 적용된다는 사실을 새삼 깨달아 가고 있습니다.

하성창

컴퓨터 기술을 다루는 글쓰기와 번역 일을 하고 있습니다. 주로 테크니컬 라이터로 일했고, 소프트웨어 개발자와 로컬라이제이션(제품 현지화) 담당으로 일하기도 했습니다. 시간이 날 때는 집에서 음악 듣기를 즐기며, 『유닉스의 탄생』(한빛미디어, 2020), 『1일 1로그 100일 완성 IT 지식』(인사이트, 2021)을 번역했습니다.

우리를 지원해 준 가족과 친구, 격려해 준 동료, 그리고 책의 품질을 개선하도록 도와준 테스트 리더와 편집자를 포함하여 이 책을 가능하게 한 모든 분들께 특별한 감사를 드립니다. 피드백과 의견을 주고 격려해 준 리오나 맥나마라, 브라이언 맥도널드, 시드 올랜도, 브래드 토폴, 켈시 하이타워, 래리 울만, 스테파니 브로트너, 짐 앤젤, 벳시 베이어, 엘레니 프라기아다키, 리사 캐리, 에릭 홀셔에게 감사합니다.

우리는 각각 다음 분들께 감사의 말을 전하고 싶습니다.

자레드 흔들림 없이 지원해 준 티건 브로더릭에게 큰 감사를 전합니다. 이 책을 쓸 시간과 공간을 허락해 준 메긴 커니와 라이언 파웰에게 특별히 감사드립니다.

재커리 오픈 소스 문서화를 지원해 준 리눅스 재단의 크리스 아니슈치크에게 많은 감사를 드립니다. 내 안에 그런 자질이 있다는 것을 항상 알고 계셨던 우리 엄마, 크리스틴 더럼에게 큰 사랑을 보냅니다.

젠 팬데믹 상황에서 책을 쓰는 것이 좋은 생각인지 물을 때마다 친밀하게 와인 한 잔을 곁들여 격려의 말을 해 준 루크 윌킨슨에게 깊은 감사를 드립니다. 언제나 당신의 첫 번째 구독자가 될게요. 항상 '피 같은 책을 쓰도록' 격려해 주신 엄마, 아빠, 남동생 크리스에게 무한한 감사를 드립니다. (크리스, 넌 보트를 얻는데 한 걸음 더 가까워졌어.) 매일 새로운 것을 가르쳐 주는 과거와 현재의 동료들, 특히 이 책에 쓸 코드와 다이어그램을 제공한 엘레니 프라기아다키에게 감사드립니다. 나에 대한 믿음을 잃지 않은 빈스 데이비스에게 감사하고, 마지막으로 내가 문서 쓰기를 시작한 이유이자 절대 멈추지 않을 이유가 된 로잘리 마셜에게 감사합니다.

데이비드 항상 저를 믿어 준 케이티 누네즈와 글쓰기에 대한 열정을 가질 수 있도록 동기를 부여해 준 샬럿과 캐머런에게 깊은 감사를 드립니다. 도서관이 가장 멋진 곳임을 보여 준 리디아 누네즈와 언제든 신문을 공유해 준 알프레드 누네즈에게 사랑과 감사를 드립니다. 내 가장 친한 친구이자 영감을 준 제시카와 스티븐에게 감사합니다. 저에게 많은 것을 가르쳐 준 현재 및 과거의 테크니컬 라이팅 팀에게 영원한 감사를 드립니다. 마지막으로 기회를 준 존 수착에게는 갚기 힘든 빚을 졌습니다.

하이디 팬데믹 상황 내내 이 책에 대해 중얼거리는 것을 참아 준 아내 메건과 부모의 유별난 취미를 너그럽게 받아들여 주는 내 아이들 세바스찬과 캐럴린, 정말 고마워요. 항상 나의 첫 독자가 돼 주는 로라에게 이 책을 바칩니다. 전 매니저인 애덤 지먼과 제스, 그리고 현 매니저인 돈 파르지치에게 이렇게 큰 프로젝트를 수행할 수 있도록 격려해 주고, 시간과 공간을 허락해 주고 저를 믿어준 데 대해 감사를 표하고 싶습니다.

소프트웨어를 개발할 때 외부 서비스의 API나 SDK를 통합하여 특정 기능을 구현하는 것은 이제 일반화된 방식입니다. 이 경우 개발자가 API나 SDK라는 제품의 사용자가 됩니다. 이러한 소프트웨어 제품의 성패를 좌우하는 요소 중 간과하기 쉬운 것이 바로 '문서'입니다.

개발자를 위한 문서(흔히 '개발자 문서'라고 합니다)는 개발자 경험을 향상시키고 제품의 채택률을 높이며 고객 지원 비용을 낮춰 줍니다. 장기적으로는 제품의 평판을 높이고 경쟁 우위를 제공하여 사업의 성공에 중요한 역할을 합니다. 이는 실제로 오랫동안 사업을 성공적으로 이끌어 온 많은 기업에서 증명된 바 있습니다.

이 책에서는 이러한 개발자 문서를 잘 만들고 관리하는 방법을 단계별로 알려 줍니다. 훌륭한 문서를 제공하는 것으로 잘 알려진 구글, 스트라이프, 리눅스 재단 등에서 문서화를 주도한 저자들이 힘들게 터득한 비법을 담아냈습니다. 사용자 경험 기법에 입각한 독자 분석부터 문서 기획, 작성, 검토, 배포까지 문서화 과정에 이어 문서 품질을 평가하고 유지 관리하는 다양한 기법도 설명합니다.

독자 여러분이 실무에서 이 과정을 모두 그대로 따라하기는 쉽지 않을 수도 있습니다. 하지만 필요한 요소를 하나씩 적용하면서 문서화 과정을 개선해 보거나 환경에 따라 절차를 맞춤화하여 적용해 보고 결과물이 어떻게 개선되는지 확인해 볼 수 있을 것입니다.

이 책의 원서에는 '엔지니어를 위한 테크니컬 라이팅 실무 가이드'라는 부제가 붙어 있습니다. '테크니컬 라이팅'은 기술 문서를 작성하는 일로, 이 책은 소프트웨어 개발자를 위한 테크니컬 라이팅 안내서라고 할 수 있습니다. 테크니컬 라이팅을 전문적으로 하는 사람을 테크니컬 라이터라고 하는데요. 궁금한 독자 분들을 위해 국내 소프트웨어 업계의 테크니컬 라이팅 현황과 다양한 회사에서 일하는 테크니컬 라이터 분들의 인터뷰를 부록으로 실어 두었으니 관심 있게 읽어 봐 주셨으면 합니다.

책의 원서인 『Docs for Developers』를 쓴 다섯 명의 저자에게 우선 감사드리며, 번역서가 나올 수 있도록 지원해 주신 한빛미디어 관계자 여러분, 특히 송경석 부장님, 박민아 팀장님과 김민경 편집자님께 감사드립니다. 또한 바쁘신 중에도 시간 내어 인터뷰에 응해 주신 여러 테크니컬 라이터 분들께도 깊이 감사드립니다. 사랑하는 아내에게는 번역하느라 함께 시간을 많이 보내지 못해 미안하고, 이해해 주고 곁에 있어 줘서 고맙다는 말을 전하고 싶습니다.

이 책이 소프트웨어 개발자나 테크니컬 라이터 분들뿐만 아니라 업무상 기술 문서를 만들거나 관리해야 하는 다양한 직군 종사자 분들께 도움이 되기를 진심으로 기원합니다.

하성창

새 프로젝트를 만들었는데 해당 소프트웨어에 대해서 설명하는 문서가 없다면 이 소프트웨어는 과연 제대로 작동할 수 있을까요?

사람들이 이 프로젝트의 존재조차 모르고 지나가는 경우가 대부분일 것이며, 발견한다 해도 어떻게 사용해야 하는지 전혀 알 수 없을 것입니다. 이것은 흔히 일어나는 문제이며, 소프트웨어 개발자인 저 역시도 작업을 완료하기 위해 필요한 문서를 충분히 제공하지 않는 명령줄 도구, 라이브러리, API를 리버스 엔지니어링하는 데 많은 시간을 쓰고 있습니다.

개발자가 소프트웨어 산업의 슈퍼히어로라면 문서 부족은 우리의 크립토나이트[1](히어로의 가장 큰 약점)입니다.

저는 종종 "좋은 개발자는 복사합니다. 훌륭한 개발자는 붙여 넣지요."라고 농담을 합니다. 이 농담을 이해하려면 대부분의 소프트웨어 엔지니어가 어떤 문제에 직면했을 때 사용하는 워크플로를 들여다 보아야 합니다. 일반적인 워크플로는 다음과 같습니다.

1. 문제를 이해하려고 시도합니다.
2. 찾아볼 만한 모든 곳에서 기존 해결책을 검색합니다.
3. 운 좋게 해결책을 찾는다면 그 해결책이 효과가 있음을 직접 검증합니다.
4. 찾은 해결책을 운영 환경에 반영합니다.

우리는 이것을 '개발자 루프developer loop'라고 부르며, 가장 성공적인 프로젝트에는 이러한 각 단계를 따라 개발자를 안내해 주는 문서가 있습니다. 이는 문서가 곧

역자주 [1] DC 코믹스 세계관에 존재하는 가상의 물질로, 슈퍼맨의 가장 대표적인 약점입니다.

하나의 기능이기 때문입니다. 실제로 문서는 프로젝트에서 대부분의 사용자가 상호 작용하는 첫 번째 기능입니다. 왜냐하면 어떤 문제를 해결하려고 할 때 우리가 가장 먼저 찾는 기능이기 때문입니다.

그렇다면 왜 문서화가 종종 프로젝트 업무 우선순위에서 떨어지거나 완전히 누락되는지에 대한 의문이 생깁니다.

이는 우리가 나쁜 문서 작성자이거나 문서화에 시간을 투자하지 않았기 때문이 아닙니다. 우리 중 많은 사람들이 문서화를 어떻게 해야 할지 모르고, 개발자로서 우리는 개발자 루프만큼이나 중요한 '문서 작성자 루프^{writer loop}'가 있다는 사실을 이해하지 못할 때가 많기 때문입니다.

문서 작성자 루프는 우리가 코드를 작성하는 방법과 비슷합니다. 사용자가 해결하려는 문제를 이해하고, 해결하기 위한 계획을 세우고, 일반적인 디자인 패턴을 사용하고, 문제를 해결하는 콘텐츠를 작성해야 합니다. 개발자 루프와 문서 작성자 루프는 동전의 양면과 같습니다. 문서 작성자 루프 동안 우리는 사용자가 개발자 루프 동안에 원하는 정보를 생성합니다. 개발자 루프와 문서 작성자 루프의 방향을 맞추는 방법을 알면 프로젝트와 사용자 모두의 성공에 도움을 줄 수 있습니다.

저는 이 사실을 새로운 개발자가 쿠버네티스를 사용하도록 소개하면서 직접 깨달았습니다. 개발자들은 쿠버네티스의 모든 부분이 어떻게 짜맞춰지는지 알고 싶었지만, 도움이 되는 콘텐츠가 없었습니다. 저는 개발자가 필요한 정보를 약 5분 내에 찾지 못하면 프로젝트를 포기하고 다른 프로젝트를 찾아 떠날 수 있음을 곧 알게 되었습니다.

그것이 제가 현재 깃헙에서 27,000개 이상의 스타를 받은 실습 접근 방식인 'Kubernetes the Hard Way'를 작성하게 된 이유입니다. 마찬가지로, 개발자들이 인프라 운영을 위해 쿠버네티스를 빠르게 시작하고 실행하는 방법에 대한 정보를 찾고 있을 때 저는 공동 저자와 함께 적절한 제목을 붙인 책 『쿠버네티스 시작하기(Kubernetes: Up and Running)』(에이콘, 2018)를 썼습니다.

이러한 경험을 통해 문서 작성자 루프와 이것이 개발자에게 얼마나 필요한지에 대해 처음에 알고자 했던 것보다 더 많이 배웠습니다. 그래서 이 책이 나온다는 소식을 듣고 기뻤습니다.

이 책의 저자들은 리눅스 재단, 구글, 스트라이프, 론치다클리, 영국 정부와 같은 곳에서 여러 어려운 기술 프로젝트를 문서화하는 일을 했고, 문서화를 통해 개발자의 니즈를 충족하고자 노력했습니다. 이 책에서 그들은 힘들게 얻은 경험을 기반으로 한 사례 연구, 튜토리얼, 팁과 함께 어떤 프로젝트에도 적용할 수 있는 단계별 프로세스로 자신들의 경험을 녹여 냈습니다.

여러분이 들고 있는 이 책은 실제 상황과 더불어 매우 실용적이고 효과적인 워크플로를 활용하여 문서 작성자 루프의 단계를 따라 여러분을 안내합니다. 이 워크플로는 제가 수년간 그 일부를 이용해 왔음에도 미처 알지 못했을 정도로 유용하고 효과적입니다.

저는 이 책에 제시된 프로세스의 중요성에 대해 계속 이야기했습니다. 아마도 여러분은 그 프로세스가 잘 작동하는지에만 관심이 있을 테지만요. 작동 여부에 대한 대답은 '그렇습니다.'입니다.

켈시 하이타워

목차

CHAPTER 1 독자 이해하기

CHAPTER 4

문서 편집하기

CHAPTER 5

샘플 코드 통합하기

새벽 4시. 알림 메시지가 옵니다. 회사에서 제공하는 서비스가 먹통이 되었고 고객들은 혼란에 빠져 있습니다. 문제 원인을 찾으려고 반쯤 익숙한 코드 저장소를 정신없이 뒤져봅니다. 단위 테스트의 오류 메시지에는 구체적인 정보가 턱없이 부족하고, 내부 참조용 README 파일에는 제목과 [TODO][2]만 반복됩니다.

'도대체 누가 작성한 거야.'

잠시 후, 자신이 1년여 전에 작성해 놓고 거의 잊어버린 코드라는 걸 깨닫고는 허탈감이 밀려옵니다.

당시에 뭘 하고 있었는지, 왜 이런 식으로 했는지, 몇 가지 특정 에지 케이스edge case[3]에 대해 동료 검토peer review나 테스트를 거쳤는지 기억을 더듬어 봅니다. 그러는 동안 고객들이 답변을 요구하는 지원 티켓이 계속 올라옵니다.

'코드 자체로 문서화가 되는 거야.'

스스로 했던 말이 뇌리를 스치며 자신을 괴롭힙니다.

이와는 달리 서비스는 잘 돌아가며 나아지는 중일 수도 있습니다. 가입 고객이 늘어나고 문의가 들어옵니다. 문의 건수가 점점 더 늘어나서 너무 많아집니다. 서비스 규모가 커지면서 이메일과 고객 지원 티켓이 넘쳐나고, 지원 업무에 시달리느라 서비스를 개발하는 데 쓸 시간이 줄어듭니다.

역자주 [2] 코드에서 앞으로 구현할 부분 또는 문서에서 앞으로 작성할 부분을 표시하는 키워드입니다.
역자주 [3] 소프트웨어에서 알고리즘이나 기능의 경계 조건에 해당하는 입력 값을 처리해야 하는 경우를 의미합니다.

서비스를 직접 구축해서 가장 잘 알고 있다 보니 업무 일정은 1:1 지원 화상 회의로 가득 차고, 여러 명이 같은 질문을 하더라도 각각 답변을 해야 합니다. 서비스 작동 방식을 면밀히 살펴보고 문서로 정리할 기회가 있다면 상황을 개선할 수 있다는 것을 알지만, 사용자의 질문에 답하느라 너무 바빠서 그럴 시간이 없습니다.

이제 또 다른 시나리오를 생각해 보죠. 코드에 주석이 충실히 작성되어 있고 README에는 정확한 최신 정보가 있습니다. 서비스 사용자의 주요 유스 케이스use case를 다루는 시작하기 가이드getting started guide와 다양한 튜토리얼tutorial이 있습니다. 사용자가 도움을 요청하면 가장 도움이 되는 문서를 알려 주면 됩니다. 새벽에 알림 메시지가 온다고요? 문서에서 필요한 정보를 바로 검색하여 5분 만에 해결할 수 있습니다.

자, 마지막 시나리오처럼 되려면 무엇이 필요할까요? 바로 효과적인 문서화입니다.

'코드가 잘 작성되면 그 자체로 문서화가 되는 거야'라는 말을 자주 들어 보았을 것입니다. 좋은 네이밍, 타입 정의, 설계, 패턴으로 코드가 이해하기 쉬워진다는 것은 사실입니다. 하지만 복잡성과 규모가 일정 수준 이상인 프로젝트(즉 인력과 시간을 들여 구축할 가치가 있는 대부분의 프로젝트)는 누군가 개발한 코드의 용도와 사용 방법을 다른 사람들이 빨리 이해할 수 있도록 사람이 읽을 수 있는 형태의 문서가 필요합니다.

이 책의 저자들은 대형 IT 기업, 빠르게 움직이는 스타트업, 정부 기관, 오픈 소스 컨소시엄을 비롯한 여러 조직에서 훌륭한 개발자 문서를 작성하는 데 도움을 주었습니다. 각자 수년간 개발자 문서를 만들고, 개발자와 소통하고 협업하며, 온갖 규모의 문서화 프로젝트에 다양한 측면에서 참여해 왔습니다.

우리는 처음에 언급한 악몽 같은 시나리오에서 벗어날 수 있도록 수많은 개발자를 도왔습니다. 도움을 더 많이 줄수록 우리는 문서를 만들려는 개발자를 위한 입문서가 없다는 것을 깨달았습니다. 그래서 우리는 개발자들이 겪는 문제에 대한 해결책을 문서화하면서 이 책을 쓰기 시작했습니다.

우리는 각자의 전문 지식과 수많은 개발자의 피드백을 바탕으로 기술 문서에 대한 실무 가이드를 만들었습니다. 여러분이 언제든지 곁에 두고 참고하면서 문서 작성을 소프트웨어 개발 과정의 일부로 삼을 수 있도록 책을 구성했습니다.

이 책은 문서를 처음부터 만드는 과정을 하나씩 안내합니다. 사용자의 요구 사항을 식별하고 일반적인 문서화 패턴에 따라 계획 짜는 것부터 시작하여 콘텐츠 초안을 작성하고 편집한 후 배포하는 과정을 알려 줍니다. 뒷부분에서는 피드백을 취합하고, 문서의 유효성을 측정하고, 문서의 규모가 커짐에 따라 유지 관리하는 데 필요한 실용적인 조언을 제공합니다. 각 장은 이전 장을 기반으로 하므로, 처음 읽을 때만큼은 순서대로 따라갈 것을 권장합니다.

우리는 책의 전반에 걸쳐 Corg.ly라는 가상의 서비스를 만드는 개발 팀에 대한 이야기를 엮었습니다. Corg.ly는 강아지 음성을 인간의 언어로 번역하는 서비스입니다. Corg.ly는 API를 사용하여 번역을 요청하고 번역 결과를 받으며, 머신 러닝 모델을 사용하여 정기적으로 번역을 개선합니다.

Corg.ly 개발 팀 구성원과 관련 인물은 다음과 같습니다.

샬럿   Corg.ly의 수석 엔지니어. 한 달 안에 개발자 문서와 함께 Corg.ly를
            정식 출시하는 임무를 맡았습니다.

카틱   Corg.ly에서 샬럿과 함께 일하는 소프트웨어 엔지니어.

메이   Corg.ly 번역 서비스의 초기 고객 중 한 명.

아인   웰시코기. Corg.ly의 사무실 마스코트이자 베타 테스터.

마지막으로 이 책에서는 일부러 특정 도구나 프레임워크를 다루지 않습니다. 문서를 특정 마크업 언어로 작성하거나 특정 CI$^{continuous\ integration}$ 지속적 통합[4] 도구로 자동 업데이트되는 특정 정적 사이트 생성기$^{static\ site\ generator}$로 문서를 게시하는 방법을 알려주지 않는 것이 실망스러울 수도 있습니다. 하지만 이렇게 한 데는 이유가 있습니다. 문서화에 가장 효과적인 언어와 도구는 독자가 작성하는 코드 및 개발 도구와 밀접하게 연관되어 있고, 이는 독자가 처한 환경에 따라 달라지기 때문입니다.

도구 선택에 대한 지침이 추가로 필요한 독자를 위해 책의 끝에서는 요구 사항에 맞는 문서화 도구와 추가 정보를 찾는 데 사용할 수 있는 자료를 부록으로 제공합니다.

역자주 [4] 모든 개발자의 작업 복사본을 공유된 주 코드베이스에 지속적으로 병합하는 작업 방식을 의미합니다.

독자 이해하기

Corg.ly
출시 한 달 전

샬럿은 낙담해 있었다. Corg.ly 출시가 불과 몇 주 후로 다가왔지만, 사용자가 제품 사용을 시작하게 하려면 엔지니어링 팀 전체(음, 엔지니어 다섯 명 모두)가 오후 내내 그 일에 매달려야 했다.

회사의 알파 고객인 메이는 샬럿이 Corg.ly의 작동 방식과 API 사용법을 시연하는 동안 엄청난 인내심을 보여 주었다. 앞서 샬럿은 한 시간 동안 시스템 다이어그램, 설계 결정 사항 몇 가지, 엔드포인트가 데이터를 보내고 받는 방법을 설명했다. 회사에서 키우는 개이자 공식 제품 테스터인 아인은 애견용 비스킷 몇 개를 받고서 강아지 음성 번역 기능이 어떻게 작동하는지 흔쾌히 시연했다.

샬럿은 이 회의 시간을 돌이켜 보며 데모 세션에 시간과 비용이 많이 든다는 걸 깨달았다. 예정대로 많은 사용자를 대상으로 서비스 규모를 확장하려면 사용자가 스스로, 빨리 사용을 시작할 수 있어야 했다.

메이는 샬럿의 마음을 읽기라도 한 듯 의자에 등을 기대며 말했다.

"제품이 작동하도록 하는 데 여전히 많은 문제가 있고, 작동시키고 나면 훨씬 많은 질문이 생길 거예요. 문서가 준비되면 보내 줄래요? 그때 다시 시도해 볼게요."

"물론이죠." 샬럿이 말했다.

지난 6개월 동안 있었던 일들이 한꺼번에 머릿속을 스쳐 지나가며 속이 뜨끔했다. 그녀는 늘 다음처럼 말하곤 했다.

'어쨌든 모두 바뀔 거니까 문서는 나중으로 미루죠... 다른 할 일이 너무 많으니 당분간 문서의 우선순위를 낮추죠... 코드만으로 자명하니까 당장은 문서에 대해 걱정할 필요가 없을 거예요...'

"고마워요." 메이가 말했다.

"다른 팀원들과 이 소식을 공유할 생각을 하니 기대가 됩니다. 하지만 여러분이 전문가라는 걸 알아요. 우리 팀 개발자들에게 Corgi.ly API로 개발하는 방법을 가르치는 데 시간이 걸리겠지만, 곧 시작해야 해요. 올해 크리스마스에 맞춰 번역기가 장착된 애견용 목걸이 수백만 개를 생산하려고 계획하고 있거든요."

"물론이죠. 문서를 다듬고 준비가 되면 공유할게요. 몇 주 안에 초안이 준비될 겁니다." 샬럿이 대답했다.

그녀는 수석 엔지니어로서 제품의 아키텍처를 설계하고 동료인 카틱과 긴밀히 협력하여 모든 사람에게 작업을 할당했지만, 거기에 문서는 빠져 있었다.

사실 Corgi.ly는 문서화가 많이 되어 있었다. 뒤죽박죽인 이메일, 흩어져 있는 회의 메모, 화이트보드 사진 등으로. 그녀는 제품의 아키텍트로서 구현된 코드와 각 코드의 기능, 그동안 논의를 거쳐 적용한 절충안 등을 이미 충분히 알고 있었다.

'나한테는 Corgi.ly가 너무 사용하기 쉬워서 다른 사람들에게는 얼마나 어려울 수 있는지 생각하지 못했구나.' 회의가 끝난 후 샬럿은 혼자 생각했다.

'어디서부터 시작해야 할까?'

지식의 저주

1980년대 후반, 하버드 대학의 한 경제학자 그룹은 사람들이 다른 사람도 자신과 같은 지식을 갖고 있다고 가정한다는 연구 결과를 내놓았습니다. 그들은 이 인지적 편향을 '지식의 저주[curse of knowledge] [1]'라고 명명했습니다. 몇 년 후, 스탠퍼드 대학의 한 박사 과정 학생이 지식의 저주를 실험으로 보여 주었습니다. 그녀는 실험 참가자를 두 그룹으로 나눈 후, 한 그룹에게는 잘 알려진 노래의 리듬에 맞춰 손가락을 두드리라고 하고 다른 그룹에게는 두드리는 소리를 듣고 어떤 곡인지 맞춰 보라고 했습니다. 두드리는 쪽에서는 노래를 생생히 떠올리고 있으므로 듣는 쪽이 대부분의 노래를 알아맞힐 수 있을 거라고 생각했습니다.

하지만 결과는 그렇지 않았습니다. [2] 두드리는 쪽은 듣는 쪽이 51%의 확률로 노래를 예측할 것이라고 생각했지만, 안타깝게도 듣는 쪽에서는 겨우 2.5%의 확률로 노래를 맞췄습니다.

아마도 여러분은 지식의 저주가 작용할 때 받는 입장에 놓인 적이 많을 겁니다. 동료가 익숙하지 않은 전문 용어를 사용했거나, 여러분이 알아낼 거라고 생각하고 API 엔드포인트를 언급하지 않았거나, 문제 해결법에 대한 정보가 거의 없는 오류 메시지를 확인하라고 알려 주었을 수 있습니다. Corg.ly의 경우 샬럿은 이 제품에 워낙 많은 시간을 할애하여 완벽하게 파악하고 있지만, 제품을 이제 막 사용해 본 처음 몇 명의 사용자는 제품을 어떻게 사용해야 할지 모릅니다.

저자주 [1] 콜린 캐머러(Colin Camerer), 조지 로웬스타인(George Loewenstein), 마틴 웨버(Martin Weber), "The Curse of Knowledge in Economic Settings: An Experimental Analysis", Journal of Political Economy, Vol. 97 no. 5.

저자주 [2] 엘리자베스 루이스 뉴턴 박사(Elizabeth Louise Newton Ph.D.), 『The Rocky Road From Actions to Intentions』(스탠퍼드 대학교, 1990)

저주를 풀고 효과적인 문서를 작성하려면 사용자에 대한 공감이 필요합니다. 사용자가 소프트웨어에서 무엇을 원하는지, 그 과정의 어떤 부분에서 도움이 필요한지 이해해야 합니다. 사용자 조사^user research를 하면 그들이 필요로 하는 것을 미리 예측할 수 있을 정도로 사용자의 니즈를 잘 이해할 수 있습니다. 문서를 쓰려고 종이에 펜을 대거나 키보드에 손을 대기 전에 사용자 조사를 수행하여 그들을 성공의 길로 인도할 것입니다.

이 장에서는 다음과 같은 활동으로 지식의 저주를 풀고 사용자를 이해하는 방법을 안내합니다.

- 사용자에게 제시할 수 있는 목표 정의하기
- 사용자가 누구인지 이해하기
- 사용자의 니즈를 이해하고 문서가 이를 어떻게 다루는지 이해하기
- 발견한 내용을 사용자 페르소나, 사용자 스토리 및 사용자 여정 지도로 압축하기
- 가정한 내용을 마찰 로그[3]로 테스트하기

사용자 밑그림 그리기

사용자를 위해 효과적으로 문서를 작성하려면 그들이 누구이며 무엇을 달성하고 싶은지 이해해야 합니다.

제품이나 사용자에 대해 이미 갖고 있는 기존 자료를 수집하고 검토하는 일부터 시작해 봅니다. 여기에는 오래된 이메일, 설계 문서, 채팅 대화, 코

역자주 [3] Friction log는 UX에서 사용되는 기법으로, 다음과 같이 정의합니다.
'사용자가 제품 여정의 모든 단계에서 자신의 감정을 자세히 기록하는 UX 실습의 결과물'
아직까지 표준화된 번역 용어가 없습니다만, 이 책에서는 제품 사용 시 껄끄러운 면(마찰)을 주로 기록한다는 데 초점을 맞춰 '마찰 로그'로 옮겼습니다.
https://www.chameleon.io/blog/friction-logs

드 주석 및 커밋 메시지가 포함될 수 있습니다. 이러한 부산물을 검토하면 소프트웨어가 어떻게 작동하는지, 사용자가 소프트웨어로 무슨 일을 하려는지 명확히 그려보는 데 도움이 됩니다.

또한 사용자에게는 여러분 조직의 목표와 일치하거나 일치하지 않을 수도 있는 그들만의 목표가 있습니다. 초기 검토는 이처럼 서로 다른 목표 간의 차이를 파악하는 데 도움이 될 수 있습니다.

사용자의 목표 정의하기

여러분이 갖고 있는 기존 지식을 검토하고 나면, 다음 단계는 사용자가 문서를 읽고 달성하고자 하는 바를 이해하는 것입니다. 사용자의 목표를 알면 이후 조사 과정에서 길잡이로 삼을 수 있고, 목표와 가장 관련성이 높은 정보를 문서화하는 데 노력을 집중할 수 있습니다.

생각해 보세요. 우선 문서를 작성하는 이유는 무엇인가요? 여러분은 단지 사용자가 여러분의 소프트웨어에 대해 뭔가 알았으면 하는 것이 아닙니다. 여러분은 그들이 일련의 작업을 완료하거나 일정한 방식으로 행동을 바꾸기를 원합니다. 여러분에게는 사용자가 도달했으면 하는 엔지니어링 목표(사용자를 위한 목표)와 비즈니스 목표(여러분을 위한 목표)가 있습니다.

Corg.ly의 경우, 샬럿은 사업이 성공할 수 있도록 최대한 많은 새 사용자가 Corg.ly에 적응하게 해야 합니다. 그런 맥락에서 Corg.ly 문서의 목표는 다음과 같이 요약할 수 있습니다.

새로운 사용자가 Corg.ly의 API를 통합하도록 지원하여 Corg.ly에 적응하게 한다.

대조적으로, Corg.ly 사용자의 가장 일반적인 목표는 다음과 같습니다.

Corg.ly의 목표와 Corg.ly 사용자의 목표는 다르지만, 그래도 단일 문서 세트에서는 일치할 수 있습니다. 여러분이 사용자를 위해 생각해 둔 목표도 있을 수 있습니다. 서로 다른 목표가 어떤 점에서 차이가 있고 어떤 부분이 겹칠 수 있는지 파악하면 사용자와 공감하고 그들의 니즈를 효과적으로 충족하는 데 도움이 됩니다.

이어지는 내용은 사용자와 그들의 니즈를 조사하면서 여러분의 목표를 더 작은 목표로 나누는 데 도움이 될 것입니다. 하지만 가장 중요한 사용자 목표를 비즈니스 관점에서 먼저 정의하는 것이 중요합니다.

> 참고 제품 사용자를 위한 목표를 정했으면 기록해 두세요. 나중에 문서가 그 목표를 얼마나 잘 충족하는지에 따라 문서의 성공 정도를 측정할 수 있습니다. (문서의 성공 정도 측정에 대한 자세한 내용은 9장을 참고하세요.)

사용자가 누구인지 이해하기

이제 사용자가 무엇을 달성하고자 하는지 알았으므로 사용자가 누구인지 식별할 수 있습니다. 사용자는 다양한 방법으로 정의할 수 있습니다. 예를 들어 개발자, 프로덕트 매니저 또는 시스템 관리자와 같은 역할에 따라 사용자를 정의할 수 있습니다.

또는 경험 수준이나 문서를 읽을 때 처한 상황에 따라 사용자를 정의할 수 있습니다. 예를 들어, '담당 업무를 처음 맡게 된 주니어 개발자인가?' '새벽 4시에 온 알림 메시지에 잠에서 깨어 문서를 읽는 사용자인가?'처럼 말이죠.

'지식의 저주'를 기억하세요. 여러분과 사용자가 보유한 지식, 기술, 도구는 서로 매우 다를 수 있습니다.

예를 들어, 소프트웨어의 주 사용자가 개발자라면 개발자의 니즈를 이해하는 데 집중하세요(엔지니어링 팀을 위해 소프트웨어를 평가할 가능성이 있는 프로덕트 매니저의 니즈가 아니라). 사용자가 어떤 유형의 개발자인지 고려해야 합니다. API를 사용하는 애플리케이션 개발자는 보안과 안정성에 초점을 맞추는 사이트 안정성 엔지니어Site Reliability Engineering, SRE와는 다른 것을 필요로 합니다.

이러한 질문을 곰곰이 생각하여 하나씩 풀어 나가면서, 사용자들이 공유하는 특성 목록을 작성해 봅니다. 각 항목이 잘 구별되고 간결하도록 작성하세요. 사용자가 개발자인 경우 다음과 같은 특성을 고려해야 합니다.

- 보유 기술
- 사용 프로그래밍 언어
- 개발 환경
- 사용 운영 체제
- 팀 내 역할

특성 목록은 사용자 조사를 위한 시작점이 됩니다. 조사를 진행함에 따라 더 많은 카테고리를 추가할 수 있습니다.

사용자 니즈의 윤곽 잡기

'사용자가 누구인가?' '사용자가 달성하고자 하는 전반적인 목표는 무엇인가?'를 기본적으로 정의하고 나면 사용자가 무엇을 필요로 하는지 윤곽을 잡아나갈 수 있습니다. 가장 쉬운 접근법은 사용자가 제품에 대해 갖고 있는 질문 중 문서에서 답해야 하는 항목을 나열하는 것입니다.

일반적으로 모든 제품에 적용되는 질문이 있습니다.

- 이 제품은 무엇인가?
- 이 제품이 나의 문제를 해결해 주는가?
- 어떤 기능을 사용할 수 있는가?
- 비용은 얼마인가?
- 사용하려면 어떻게 해야 하는가?

여러분의 제품, 그 제품의 사용자 및 그들의 목표에만 적용 가능한 질문도 있습니다.

- API에 어떻게 인증해야 하는가?
- 특정 기능을 어떻게 사용해야 하는가?
- 특정 문제를 어떻게 해결할 수 있는가?

질문 중 일부는 제품에 대한 자신의 경험으로 즉시 파악할 수도 있겠지만, 지식의 저주를 기억하세요. 사용자는 여러분만큼 제품을 잘 알지 못하므로 제품과 관련하여 생각지도 못한 기초적인 질문을 할 수도 있습니다. 사용자 조사를 더 진행하고 사용자에 대해 이해한 내용이 맞는지 검증해 나가면서 사용자가 문서에서 답을 얻고자 하는 질문을 더 추가할 수 있습니다.

사용자 이해 검증하기

사용자와 그들의 목표 및 니즈를 정의한 후에는 사용자에 대해 처음에 이해한 내용을 검증하고 이를 바탕으로 살을 붙여야 합니다. 사용자 조사로 그들이 누구이며 문서에서 무엇을 필요로 하는지 더 확실히 알 수 있습니다.

사용자가 누구이며 문서에서 뭘 필요로 하는지에 대한 가정을 확인하여 진위를 가리는 가장 빠른 방법은 직접 대화하는 것입니다. 사용자와 직접 이야기를 나누면 그들이 여러분의 소프트웨어로 무엇을 하려고 하는지, 현재 어떻게 사용하고 있는지, 어떤 어려움이나 고민이 있는지 이해하는 데 틀림없이 도움이 됩니다.

> **참고** 사용자 이해를 검증할 때는 사용자의 **니즈(needs)**에 중점을 두며, 이는 사용자의 **욕구(wants)**와는 다릅니다. 누군가에게 가까운 도시로 어떻게 여행하고 싶은지 물어본다고 가정해 보겠습니다. 어떤 방법이든 선택할 수 있다면, 스포츠카를 타고 가겠다고 답할 수도 있습니다. 이것은 그들의 욕구를 잘 표현한 것입니다. 선택에 제한이 없다면 누군들 스포츠카로 여행하고 싶지 않겠습니까? 하지만 상대방이 운전할 줄 모른다면 버스표를 제공하는 편이 더 나을 수 있습니다. 그들은 스포츠카를 **원하지만(want)** 버스표가 **필요합니다(need)**. 사용자 조사를 할 때는 욕구 더미에 묻혀 있을 가능성이 있는 니즈를 식별할 수 있어야 합니다.

기존 데이터 출처 활용하기

사용자와 연결을 맺는 가장 쉬운 방법은 이미 커뮤니케이션 채널이 있는 곳을 찾는 것입니다. 여러분이 비교적 큰 조직에서 일한다면, 연락 가능한 사용자와 이미 소통하고 있는 팀의 도움을 받을 수 있을 것입니다. 다음과 같은 팀이 여기에 해당합니다.

- 디벨로퍼 릴레이션^{developer relations}
- 제품 지원^{product support}

- UX^{user experience}(사용자 경험)

- 마케팅

이러한 팀들은 사용자에 대한 가정을 검증하는 데 도움을 줄 뿐만 아니라 추가로 정보를 줄 수도 있습니다. 예를 들면, 다음과 같은 질문을 해 볼 수 있습니다. '이 소프트웨어에 대한 사용자의 경험에 관해 우리가 이미 알고 있는 점은 무엇인가요?' '사용자 입장에서 방해 요소^{blocker}나 불편한 점^{pain point}은 무엇인가요?' '사용자가 성공적으로 소프트웨어와 통합을 완료하는 데 얼마나 걸리나요?'

■ 고객 지원 티켓

고객 지원 티켓^{support ticket}은 기존 데이터 출처이자 사용자를 이해하기 위한 정보의 보고입니다. 사용자가 가장 필요로 하는 것이 무엇인지 이해하는 데는 좌절한 사용자가 흥분해서 보낸 지원 요청 내용보다 더 좋은 것은 없습니다. 또한 고객 지원 티켓을 제출한 사용자에게 후속 조치를 취하고 그들이 여러분과 직접 대화할 의사가 있는지 확인할 수 있습니다.

고객 지원 문제를 분석하려면 최근에 제출된 문제들 중 여러분이 문서화하고 있는 내용과 관련된 항목의 목록을 뽑은 후에 영역별로 그룹화하세요(표 1-1).

표 1-1 문제 그룹화와 예시

문제	예시
주제	특정 엔드포인트의 이름이 사용자에게 혼동을 줌
프로세스	사용자의 80%가 인증하는 데 문제를 겪음
사용자 유형	Corg.ly를 사용하기 시작한 개발자가 도움을 요청할 가능성이 큼
조치 방법	특정 오류 메시지를 재작성하여 사용자 5명 중 4명을 도왔음

어떤 영역은 즉시 눈에 띌 수도 있고, 어떤 영역은 드러나는 데 시간이 좀 걸릴 수도 있습니다. 동료도 참여시켜서 여러분이 알아차리지 못한 영역을 동료가 발견할 수 있는지 확인해 보세요. 이때도 지식의 저주가 항상 작용한다는 것을 잊지 마세요. 이 단계에서는 자신의 편견과 지식을 시험하는 데 활용할 수 있다면 무엇이든, 누구든 도움이 됩니다.

패턴이 드러나기 시작하면 처음 작성한 사용자 정의에 새로 발견한 내용을 추가합니다. 고객 지원 문제를 제출하는 사용자의 경험 수준이 예상보다 높거나 낮습니까? 문서화에 반영을 고려해야 하는 특정 도구나 언어를 사용하고 있습니까? 많은 사용자가 공유할 만한 공통적인 니즈를 표시했습니까?

새로운 데이터 수집하기

때로는 기존 데이터의 사용이 불가하거나 독자에 대한 가정을 검증하거나 반박하기에 충분하지 않습니다. 이럴 경우에는 보다 심층적인 조사 데이터 수집 방법을 활용할 수 있습니다. 하지만 조사를 잘 하려면 시간이 많이 걸릴 수 있다는 점에 유의해야 합니다. 투자 시간 대비 이득은 매우 크겠지만, 적절한 조사 분량과 독자에게 문서를 신속하게 내놓을 필요성 사이에서 균형을 찾는 것은 까다로울 수 있습니다.

조사가 다소 어설프더라도 뭔가 조금이라도 있는 게 아무것도 없는 것보다 나을 때가 많습니다. 지식의 저주를 푸는 데 적절하다고 생각되는 방향으로 다음 조사 방법을 확장할 수 있습니다.

어떤 경우에는 온라인 커뮤니티에 의견을 구하거나 개발자 행사에서 참석자와 이야기하는 것이 지식의 저주를 풀고 가정을 검증하기에 충분할 수 있습니다. 다른 경우에는 심층 인터뷰나 설문조사에 더 많은 시간을 투자해야 할 수도 있습니다.

■ 직접 인터뷰

여러 영역에 걸쳐 나타나거나 대응이 가장 시급해 보이는 영역은 인터뷰를 통해 좀 더 깊이 파고들 수 있습니다. 적절한 시간을 봐서 요청한다면 대부분의 사람들은 출시 예정인 제품이나 문서의 모양을 잡는 데 기꺼이 도움을 줄 것입니다.

인터뷰 참가자를 찾는 데 기존 경로 중 어떤 것을 사용할 수 있을지 고려해 보세요. 자사 소프트웨어의 사용자가 자주 의견을 나누는 온라인 커뮤니티가 있나요? 잠재적인 사용자를 만날 수 있는 컨퍼런스나 다른 행사가 곧 열리나요? 여러분과 이야기하고 싶어 하는 얼리 어답터가 있나요?

인터뷰 참가자의 유형과 무관하게 양보다 질을 추구하는 것이 좋습니다. 대상 독자의 조건에 맞는 잠재 독자 5명이 기준을 충족하지 않지만 찾기 더 쉬운 50명보다 훨씬 가치 있는 통찰력을 제공할 것입니다. 5명의 참가자만 찾을 수 있더라도 괜찮습니다. 전문가마다 의견에 차이가 있지만, 일반적으로 조사 한 '라운드'에 3~5명이면 향후 콘텐츠 관련 결정의 기반으로 삼

저자주 [4] 마리아 로살라(Maria Rosala), "Ethical Maturity in User Research", 닐슨 노먼 그룹(Nielsen Norman Group), 2019년 12월 29일 게시, www.nngroup.com/articles/user-research-ethics/.

기에 충분합니다.[5]

인터뷰를 할 때 대화 내용이 논점에서 벗어나지 않고 나중에 유용하게 쓰
이도록 미리 주제를 준비하는 것이 중요합니다. Corg.ly API에 대한 몇 가
지 상위 수준 주제로는 다음과 같은 것들이 있습니다.

- 이전에 유사한 서비스 및 API를 사용한 경험
- Corg.ly API를 사용하는 과정에서 기대하는 점

각 주제를 구체적이면서 열린 질문으로 나누세요. 구체적인 질문은 가능한
답변의 범위를 적절히 제한하는 데 도움이 됩니다. 열린 질문은 인터뷰 대
상자가 답을 생각해 보게 하며, 이야기나 더 긴 설명으로 답하게 해 줍니다.
이와는 대조적으로, 닫힌 질문은 답을 제한하며 일반적으로 예 또는 아니오
로 답하게 합니다. 예를 들어 "이전에 애완동물 번역 소프트웨어를 사용한
적이 있습니까?"는 닫힌 질문입니다. 이 질문을 다음처럼 열린 질문으로 바
꾸어 물어볼 수 있습니다. "번역 소프트웨어를 사용한 경험을 말해 주세요."

가능하면 인터뷰 대상자에게 여러분이 문서화 중인 작업을 어떤 절차로 수
행하는지 보여달라고 요청하세요. 그들을 관찰하고 어디서 애를 먹는지 확
인한 후, 작업 과정과 곤란을 겪는 부분에 대해 이야기하게 해야 합니다.

인터뷰 각 세션을 녹음 또는 기록으로 남기고, 인터뷰 후에는 상위 수준의
관찰 결과를 얻어야 합니다. 인터뷰는 열린 질문을 하는 데는 편리하지만,

저자주 [5] 제이콥 닐슨(Jakob Nielsen), "Why you only need to test with 5 users", 닐슨 노먼 그룹, 2000년
3월 18일 게시, www.nngroup.com/articles/why-you-only-need-to-test-with-5-users/.

독자가 필요로 하는 것을 이해하려면 더 직접적으로 비교할 수 있는 데이터가 필요하기도 합니다. 이런 경우에 설문조사가 유용하게 사용될 수 있습니다.

■ 개발자 설문조사

정보를 수집할 대상이 많다면 잘 구성된 설문조사를 통해 더욱 실행 가능하고 즉각적인 통찰력을 얻을 수 있습니다. 특히 심층 인터뷰를 할 시간이 부족한 경우에는 더욱 그렇습니다. 훌륭한 설문조사의 비결은 응답자가 빨리 마칠 수 있고 답변하기 수월하게 만드는 것입니다.[6]

응답자가 설문조사를 빨리 마칠 수 있고 수월하게 만들려면 적절히 타깃팅된 작은 질문 세트를 만들어야 합니다. 인터뷰를 계획할 때와 마찬가지로 무엇을 알아내고 싶은지 알아야 합니다. 또한 모든 주제를 다루려고 하는 것보다 질문을 적게 하는 것이 더 효과적입니다.

좋은 설문조사 질문의 특징은 다음과 같습니다.

- 질문당 한 가지만 묻습니다.
- 닫힌 질문입니다(가능한 답변의 수는 한정되어야 합니다).
- 답변이 필수가 아닌 질문도 있습니다.
- 중립적입니다.

아무리 완벽하게 설계했더라도 질문은 응답자가 답변할 때만 유용합니다. 이때 응답률을 높이는 데 사용할 수 있는 몇 가지 전술이 있습니다. 자신이 누구인지, 어떤 데이터를 수집하는지, 왜 수집하는지 명확히 합니다. 그리고 답변하기 쉽도록 질문을 주의 깊게 작성해야 합니다. 응답자에게 너무

저자주 [6] 제이콥 닐슨, "Keep online surveys short," 닐슨 노먼 그룹, 2004년 2월 1일 게시, www.nngroup.com/articles/keep-online-surveys-short/.

많은 것을 요구하면 응답자가 설문조사를 완료하지 않거나 너무 귀찮다고 느껴서 응답이 왜곡될 가능성이 있습니다.[7]

마지막으로 조사 참여에 대한 인센티브나 보상을 고려할 수 있습니다. 금전적 보상이나 쿠폰을 제공할 수도 있지만, 앱 이용 기회나 정보를 제공할 수도 있습니다. 예를 들어 Corg.ly 앱을 정식 출시 전에 이용할 기회(베타 액세스)나 공개 기여자 목록에 이름이 올라가는 혜택을 줄 수 있습니다.

사용자 조사 결과 압축하기

조사 결과와 관찰 내용을 엮어서 편집하는 과정이 불필요하게 느껴질 수도 있습니다. 즉시 고치고 싶은 문제에 대한 많은 정보를 수집했겠지만, 잠시 기다려 주세요! 이처럼 단시간에 모은 지식은 잃기 쉬우며, 발견한 내용을 이후의 문서화 단계에서 참고할 수 있는 실제 기록으로 압축하는 데 시간을 투자할 가치가 있습니다.

사용자 조사 결과를 압축하는 세 가지 유용한 방법은 다음과 같습니다.

- 사용자 페르소나
- 사용자 스토리
- 사용자 여정 지도

사용자 페르소나

사용자 페르소나는 이상적인 사용자를 표현하고자 만들어진 반가공의 캐릭터입니다. 이 캐릭터는 특정 사람 또는 조사하면서 알게 된 사람들의 조

저자주 [7] 게리 개프니(Gerry Gaffney), 캐롤라인 자렛(Caroline Jarrett), 『Forms that work: Designing web forms for usability』(Oxford: Morgan Kaufmann, 2008).

합을 기반으로 만들 수 있습니다. 사용자 페르소나는 일반적으로 인물(실제 또는 상상으로 만들어낸)에 대한 간단한 설명과 그 사람의 목표, 보유 기술과 지식, 처한 상황으로 구성됩니다.

사용자 페르소나를 만들려면 조사 과정에서 알게 된 사용자가 갖는 기본 특성의 목록을 작성하세요. 예를 들어, 다음은 Corg.ly의 알파 고객인 메이를 기반으로 만들어진 고급 개발자의 사용자 페르소나입니다.

- 이름: 메이
- 개발 숙련도: 고급
- 사용 언어: 파이썬, 자바
- 개발 환경: 맥OS, 리눅스
- 역할: 리드 개발자

Corg.ly를 사용하는 주니어 개발자도 많이 있습니다. 다음은 그들을 대표하는 '찰스'라는 페르소나입니다.

- 이름: 찰스
- 개발 숙련도: 초중급
- 사용 언어: 파이썬
- 개발 환경: 맥OS, 리눅스
- 역할: 주니어 개발자

페르소나를 만든 후에는 나머지 조사 과정에서 어느 페르소나에 집중할지 고려하세요. 위 예의 경우, 문서를 만들 때는 찰스와 비슷한 사람들에 집중하는 것이 아마 가장 도움이 될 것입니다. 여러분의 제품을 더 빨리 이해할 수 있는 메이 같은 고급 개발자보다는 더 많은 안내와 설명이 필요한 찰스 같은 개발자가 훨씬 많습니다.

여러분만의 사용자 페르소나를 만들어 나갈 때는 사용자의 니즈를 고려해야 합니다. 누구에게 가장 도움이 필요한가요? 여러분의 소프트웨어를 사용하려고 할 때 누가 가장 가파른 학습 곡선을 경험하게 될까요? 여러분의 제품을 채택하는 데 가장 크게 영향을 미치는 사람은 누구인가요?

사용자 스토리

시간이 더 있다면 사용자 페르소나와 함께 사용자 스토리를 작성하는 것이 유용할 수 있습니다. 사용자 스토리는 사용자가 무엇을 달성하려고 하는지 짧게 요약한 글이며, 문서화의 다음 단계들, 즉 계획, 작성, 편집, 배포 및 유지 관리에서 사용자의 니즈를 염두에 두도록 사용자 니즈를 요약하는 실용적인 방법입니다. 애자일 방식으로 제품을 개발하는 팀에서 일했다면 사용자 스토리의 개념에 익숙할 것입니다.

사용자 스토리는 일반적으로 다음과 같은 형식을 따릅니다.

> [사용자 유형]으로서, [목표]를 할 수 있도록 [행동]을 하고 싶다.

사용자 조사 결과를 이러한 종류의 문장 여러 개로 잘게 나눌 수 있습니다. 또한 조사 영역에서 중요한 부분 중 하나를 골라서 이에 대한 여러 개의 사용자 스토리를 만들 수도 있습니다. Corg.ly 사용자의 사용자 스토리는 다음과 같을 수 있습니다.

> 개발자로서, 개와 함께 산책을 다닐 때 개가 무슨 말을 하는지 알 수 있도록
> Corg.ly 데이터를 스마트 시계와 연동하고 싶다.

사용자 스토리는 API 사용법을 아는 것이나 훌륭한 문서를 원하는 데 초점을 맞추지 않습니다. 대신에 사용자가 달성하려는 상위 수준의 일과 그 동기에 초점을 맞춥니다.

사용자 여정 지도

조사 노트와 텍스트 양이 많은 대규모 조사 프로젝트의 경우 시각화 자료가 유용할 수 있습니다. 사용자 여정 지도는 사용자가 특정한 일을 해내려는 동안 제품이나 웹사이트를 통해 이동하는 경로를 보여주는 다이어그램입니다. 사용자 여정 지도는 일반적으로 사용자가 소프트웨어 및 문서와 상호 작용할 때 선택할 수 있는 모든 경로 또는 '채널'을 포함합니다. 사용자 여정 지도는 사용자가 여정의 각 지점에서 무엇을 하고 각 단계에서 무엇을 느끼거나 경험하는지 추적하는 타임라인입니다. 사용자 여정 지도를 만드는 것은 조사 결과를 간결하게 압축하는 방법이 될 수 있으며, 사용자가 가장 만족스러워 하는 부분과 개선 가능한 부분을 잘 드러내 줍니다.

사용자 여정 지도를 만들려면 다음 절차를 따르세요.

1. 사용자가 해내려는 일을 정의합니다.
2. 사용자가 상호 작용할 가능성이 있는 채널 목록을 작성합니다(예: 웹사이트, 문서, 코드 저장소 또는 앱 자체).
3. 사용자가 각 채널을 따라 취하는 단계를 이어 맞춥니다(예: 발견, 가입, 설치, 설정, 테스트, 실행, 검토).
4. 각 단계마다 사용자 경험의 목록을 작성합니다(예: 무엇을 하고, 느끼고, 생각하는지).
5. 채널, 단계, 경험을 하나의 흐름으로 연결합니다.

[그림 1-1]은 사용자가 Corg.ly를 시험 평가하고, Corg.ly 서비스에 가입하고 연결하는 사용자 여정 지도의 예를 보여 줍니다. '질문' 행은 샬럿의 조사를 통해 파악한 사용자의 일반적인 질문을 보여 줍니다. '사용자 경험' 행은 여정 전반에 걸친 사용자의 경험을 보여 줍니다(현재 경험이 그들의 니즈를 충족하는지가 나타나 있습니다). 마지막 행에는 샬럿 팀이 사용자에게 더 나은 경험을 제공하기 위해 문서나 제품에 추가하거나 개선할 수

있는 점이 나타나 있습니다.

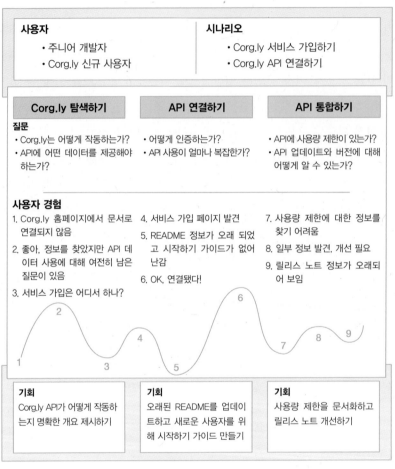

그림 1-1 Corg.ly에 연결하기 위한 사용자 여정 지도

자신에게 맞는 디자인을 찾으려면 위 절차를 몇 번 반복해야 할 수도 있습니다. 사용자 경험의 만족도가 낮은 부분, 사용자가 어려운 단계를 헤쳐 나가는 데 도움을 줄 만한 채널이 거의 없는 부분을 강조 표시하는 것이 도움이 될 수 있습니다.

마찰 로그 만들기

조사 결과가 갖춰지면 이제 사용자가 처한 상황, 보유한 지식과 기술을 알 수 있습니다. 여러분은 그들이 달성하려고 하는 목표와 그 이유를 알고 있습니다. 이제 독자 입장이 되어 독자를 방해하는 마찰 요소를 직접 경험할 때입니다.

마찰은 좌절, 분노, 실망, 스트레스 등 다양한 방식으로 나타날 수 있습니다. 이 증상들은 모두 동일한 결과, 즉 소프트웨어에 대한 불신과 이탈을 초래합니다.

마찰 로그는 사용자가 하는 것처럼 소프트웨어를 사용해 보고 자신의 경험을 적은 기록입니다. 경험을 기록하려면 기대하는 동작과 소프트웨어의 실제 동작에 주목하여 각 단계를 차례대로 기록하세요. 기대와 현실 사이의 격차가 클수록 문서나 소프트웨어를 개선할 가능성이 커집니다.

좋은 마찰 로그는 흐트러짐 없이 조치 가능한 결과를 얻도록 촘촘하게 작성되어야 합니다. 시작과 끝이 명확한 사용자와 시나리오를 선택하세요. 예를 들면, '여러분의 소프트웨어를 처음 설치하는 개발자'처럼요. 시나리오와 사용 중인 환경이나 버전 등 기타 테스트 정보를 페이지 상단에 기록해 둡니다.

이제 각 단계를 따라가며 경험을 기록해 봅니다. 가능한 한 기존에 갖고 있던 지식과 멘탈 모델을 버리고 사용자의 입장에서 생각하세요. 한 단계를 완료하고 나서 느낌이 어땠나요? 쉬워 보였나요? 올바른 길로 가고 있다고 느끼고 안심했나요? 확신이 서지 않나요? 길을 잃었나요? 짜증이 났나요?

마찰 로그에서 각 작업을 한 줄씩으로 나눠서 번호가 매겨진 단계로 만듭니다. 예를 들어, Corg.ly API 사용을 시작하는 첫 번째 단계는 Corg.ly 유료 계정에 가입하는 것입니다. 해당 작업을 완료하는 과정에는 다음 마찰 로그에 나타나는 많은 마찰 요소가 포함됩니다.

목표: Corg.ly API 사용 시작하기

작업	마찰 로그
1. Corg.ly 유료 계정에 가입한다.	1. Corg.ly 웹사이트를 열었음
	2. 가입을 위해 웹 양식으로 이동함. 페이지 맨 아래로 스크롤해야 했음. 찾기 어려움. 페이지 상단에 추가해야 할까?
	3. 양식 작성을 완료함. 신용 카드 정보를 입력했음
	4. 제출 버튼을 클릭함. 제출되었다는 확인 메시지를 받지 못했음. 오류가 발생하지 않음
	5. 일부 양식 필드가 비어 있는 것이 눈에 띔. 필드가 비어 있어서 양식 제출이 중단되었을까?
	6. 빈 필드에 내용을 작성했음
	7. 제출 버튼을 클릭함. 확인 메시지를 받았고 재확인 정보가 전송되었음
	...

마찰 로그에 긍정적인 사용자 경험과 부정적인 사용자 경험을 나타내는 색상을 지정하는 것이 도움이 될 수 있습니다. 예를 들어, 완료하기 쉬웠고 성공했음을 명확히 알려주며 다음 단계로 안내해 준 단계는 녹색으로 표시하고, 특히 불만스럽거나 진행에 방해된 단계는 빨간색으로 표시할 수 있습니다.

시나리오의 끝에 도달하면 마찰 로그를 검토합니다. 특히 어려웠던 단계나 그럭저럭 할 수 있었지만 개선할 수 있는 부분이 있나요? 마찰 로그를 보면서 어떤 단계를 문서로 개선할 수 있는지 또는 소프트웨어 변경으로 개선할 수 있는지 심사숙고해 볼 수 있습니다. 문서 말고 제품에서 수정할 수 있는 문제(오류 메시지 누락, 명령어에 섞인 오타)를 식별할 수도 있습니다. 이러한 문제는 버그 리포트나 대응 이슈를 만들어서 별도로 처리하도록 하고, 문서화가 가장 중요한 문제에 있어서는 문서 작성에 집중할 시간을 확보하세요.

마찰 로그 작성을 문서화 프로젝트의 초기 단계에서만 할 필요는 없습니다. 이미 작성했던 영역에 대해 재작성하거나 새로운 영역을 골라서 작성해 보면 독자의 입장에서 다시 생각해 볼 수 있고 사용자가 소프트웨어를 처음 경험하는 것이 어떤 느낌인지 기억해 낼 수 있습니다. 또한 새로운 개선 사항을 찾는 기회가 될 수도 있습니다. 조만간 문서 자체의 사용성을 소프트웨어와 함께 테스트할 수 있으며, 이는 문서의 유효성을 측정하는 편리한 수단이 될 수 있습니다. 문서의 품질 측정에 대한 자세한 내용은 9장을 참고하세요.

요약

효과적인 문서화를 하려면 사용자에 대한 공감이 필요하며, 인터뷰, 개발자 설문 조사, 고객 지원 문제 검토와 같은 사용자 조사 및 도구를 사용하여 공감을 쌓을 수 있습니다. 그런 다음 조사 내용을 압축하여 이후 단계에서 참고할 수 있는 사용자 페르소나, 사용자 스토리, 사용자 여정 지도를 만드세요.

여러분의 소프트웨어를 직접 사용해 보고 그 경험을 마찰 로그로 문서화하여 사용자와 공감해야 합니다. 제품의 어느 영역에서 문서나 제품 개선으로 사용자를 도울 수 있는지 찾아 보세요.

다음 장에서는 문서화 계획을 작성하여 공감한 내용을 실행으로 옮기는 방법을 다룹니다.

문서화 계획하기

corg.ly

Corg.ly
문서화 계획 만들기

샬럿은 지난 3주 동안 Corg.ly 사용자에 대해 조사했다. 샬럿과 아인은 근처 애견 공원에서 관심을 보이는 초기 사용자 몇 명에게 제품을 몇 차례 시연했다. 그녀는 사용자들이 어떻게 Corg.ly를 사용하고 싶어 하는지, 그들이 어떤 종류의 제품과 앱을 만들고 싶어 하는지, 문서에서 무엇을 얻고 싶어 하는지 알게 되었다.

샬럿은 사용자가 갖고 있는 문제를 속속들이 알고 Corg.ly가 어떻게 그 문제를 해결해 줄 수 있는지 알고 있다고 느꼈다. 하지만 머릿속에 있는 정보를 어떻게 적절한 종류의 문서로 옮겨야 할지 엄두가 나지 않았다.

샬럿과 카틱은 어떤 형태로 문서를 만들지 생각했고, 그 과정에서 똑같은 접근법을 사용할 수 있음을 깨달았다. 즉, 사용자의 니즈를 이해하고 사용자의 유스 케이스를 해결하고자 콘텐츠의 형태를 잡는 방식이었다.

샬럿의 팀은 신규 개발자가 Corg.ly의 주 사용자이므로 시작하기 문서가 매우 중요하다는 것을 알고 있었다. 또한 서비스가 많은 기능을 제공하는 만큼, 가장 일반적인 워크플로를 위한 확실한 유스 케이스들이 필요했다. 게다가 Corg.ly가 아직 새로운 서비스여서 샬럿의 팀은 신규 사용자를 위한 안전 장치로 훌륭한 문제 해결 문서를 제공하고 싶었다. 다행히도 그들은 마찰 로그, 사용자 인터뷰, 회의록 등 원재료로 삼을 만한 기존 자료를 이미 갖고 있었다.

사용자에게 무엇을 전달해야 하는지 알았으므로 이제 실제로 문서화 계획을 만들 때가 되었다.

문서화 계획과 패턴

앞 장에서 사용자 조사를 통해 독자에 대해 깊이 이해하게 되었습니다. 이렇게 이해한 바를 토대로 사용자 니즈를 충족하려면 어떤 유형의 콘텐츠를 만들어야 하는지 결정할 수 있습니다.

여러분은 이번 장이 끝날 때쯤 문서화를 어떻게 계획해야 할지 알게 될 것입니다. 또한 어떤 다양한 콘텐츠 유형이 있는지, 어떤 유형이 사용자의 니즈에 가장 적합한지 결정하는 방법을 이해하게 될 것입니다.

콘텐츠 유형^{content type}은 효과적이고 일관성 있는 문서를 만들기 위한 다양한 패턴입니다. 다양한 콘텐츠 유형은 서로 다른 종류의 문제를 해결하는 데 도움을 줍니다.

이번 장에서는 가장 일반적인 콘텐츠 유형으로는 어떤 것들이 있는지, 각각을 어떤 경우에 사용하는지, 어떤 작업에 여러 개의 콘텐츠 유형이 필요한지 설명합니다. 또한 사용자 조사 결과와 기존에 보유한 콘텐츠(설계 문서, 이메일, 화이트보드에 기록한 내용, 회의록, 오래된 문서, 문서 초안)를 토대로 문서화 계획을 만드는 방법을 보여 줍니다. 문서화 계획은 무엇을 작성하고 어떻게 작성할지 안내합니다.

유스 케이스(비즈니스 문제 또는 사용자 시나리오라고도 불립니다)는 사용자가 목표를 완수하는 데 필요한 일련의 작업입니다. 각 작업은 여러분의 서비스나 시스템과의 상호 작용을 의미합니다. 사용자를 조사하고 그들에게 어떤 목표가 중요한지 조사하면서 유스 케이스를 작성할 수 있습니다. 사용자에게 가장 중요한 유스 케이스를 파악하면 그들의 니즈를 해결하는 콘텐츠 유형으로 문서화 계획을 세울 수 있습니다. 좋은 문서는 사용자가 목표를 충족하는 데 도움을 주는 유스 케이스를 설명합니다.

이번 장이 끝날 무렵 여러분은

- 개발자 문서에 일반적으로 나타나는 콘텐츠의 유형을 이해할 수 있습니다.
- 각 콘텐츠 유형의 패턴을 알 수 있습니다.
- 어떤 콘텐츠 유형끼리 서로 잘 보완해 주는지 알 수 있습니다.
- 콘텐츠를 만들기 위한 포괄적인 방안을 세울 수 있습니다.

콘텐츠 유형

콘텐츠 유형은 사용자가 필요로 하는 특정한 종류의 문서를 작성하는 데 도움을 줍니다. 각 문서 유형은 특정 작업, 사용자 유형, 선호하는 학습 형태에 쓰일 수 있습니다.

이어지는 내용에서는 개발자를 위한 가장 일반적인 콘텐츠 유형을 설명하고 이러한 유형들을 조합해서 문서화 계획을 만드는 방법을 보여 줍니다. 각 콘텐츠 유형에는 고유한 템플릿과 모델이 있지만, 여러분은 그러한 템플릿과 모델을 토대로 사용자에게 가장 유용한 형태의 콘텐츠를 만들어야 합니다.

코드 주석

개발자에게 가장 기본적인 콘텐츠 유형은 코드 주석입니다. 코드 주석은 자신이 작성한 코드가 무엇을 하는지 설명하는 것을 넘어서 설계 결정 사항과 코드 작성 시 택한 트레이드오프를 문서화함으로써 여러분이 무슨 일을 했고 왜 그렇게 했는지 설명해 줍니다.

좋은 코드 주석은 다음과 같은 특징을 갖습니다.

- 간결합니다.
- 코드와 관련된 설명을 담습니다.
- 자유롭게 사용하되 지나치게 사용하지 않습니다.

코드베이스가 진화할수록 과거에 내린 결정의 맥락을 남겨두는 것이 도움이 됩니다. 코드가 특히 복잡한 경우 앞에 한 줄의 인라인 코드 주석이라도 있으면 훗날 코드를 볼 개발자들이 시간을 많이 절약할 수 있습니다. 코드는 결코 완벽하지 않기에(특히 복잡한 서비스라면 더 그렇습니다) 코드 자체만으로 문서화가 되는 경우는 거의 없습니다. 또한 나중에는 결국 더 많은 사람들이 코드를 볼 가능성이 있습니다. 그 대상은 지원 업무를 하는 동료나 팀에 합류한 새 엔지니어가 될 수도 있고, 오픈 소스 코드에 기여한다면 커뮤니티 전체가 될 수도 있습니다.

어떤 개발자들은 코드 주석을 작성하는 것에 반대하는 입장을 보입니다. 주석이 불필요할 정도로 코드가 명확해야 한다는 논지를 내세우면서 말이죠. 또한 그들은 코드가 업데이트될 때마다 주석을 업데이트해야 하므로 코드 주석은 코드 유지보수에 짐이 된다고 합니다. 이 주장은 어느 정도 말이 됩니다. 하지만 코드 주석은 코드가 무슨 일을 하는지에 대한 혼란과 모호성을 줄여 주고 코드 자체에 없는 유용한 맥락과 정보를 제공해 줍니다.

> **참고** 혼자 개발하는 프로젝트에서도 코드 주석은 엄청나게 도움이 될 수 있습니다. 다른 일 때문에 코드를 제쳐두었다가 몇 주 또는 몇 달 후에 다시 보았을 때 지난번에 무슨 일을 했는지, 어떤 선택을 왜 했는지 기억 나지 않아 당황한 경험이 있을 것입니다. 주석은 자신이 작성한 코드에 다시 적응하고 방향을 잡는 데에 도움을 줍니다.

README

코드 주석만으로는 사용자가 시스템을 이해하기에 충분하지 않습니다. 사용자가 이 코드가 왜 존재하는지(즉 코드가 어떤 문제를 해결하고 왜 중요한지) 이해하는 데 도움을 주고자 한다면 README를 작성하는 것이 좋습니다.

README는 주로 마크다운^{Markdown}으로 작성된 단일 텍스트 파일입니다. 보통은 코드 저장소의 최상위 폴더에 있고, 저장소에 포함된 코드를 요약하는 내용을 담고 있습니다.[1] 추가로 요약이나 설명이 필요한 중요한 하위 폴더에도 README를 작성할 수 있습니다. README는 다음과 같은 기본 정보를 담고 있습니다.

- 코드가 상위 수준에서 하는 일
- 설치 방법
- 문제 해결 단계
- 코드 유지 관리자
- 라이선스 정보
- 변경 로그^{changelog}
- 기본 사용 예시
- 심화 자료와 문서 링크

[예제 2-1]에 README 템플릿이 나와 있습니다.

저자주 [1] 오마르 압델하피스(Omar Abdelhafith), "README.md: History and Components," 미디엄 (Medium), 2015년 8월 13일 게시, https://medium.com/@NSomar/readme-md-history-and-components-a365aff07f10.

README

코드가 상위 수준에서 하는 일을 요약하는 한두 개의 단락

예: Corg.ly는 강아지 음성을 사람의 언어로 번역하는 서비스입니다. Corg.ly는 API를 사용해서 오디오 원본과 번역 결과를 주고받고, 머신러닝 모델을 사용하여 번역을 정기적으로 개선합니다.

설치

1.

2.

3.

4.

5.

사용 예시

문제 해결

변경 로그

추가 자료

라이선스 정보

README는 간결하고 유익하며 정확하고 최신 정보를 담고 있어야 합니다. 코드 작업을 계속하면서 생기는 변경 사항에 맞춰 README를 최신 상태로 유지하세요. README는 코드 저장소에 대한 치트 시트[cheat sheet 2] 역할을 할 뿐만 아니라 보다 포괄적인 사용자용 문서의 밑바탕이 되는 경우가 많습니다. 이번 장의 예제 템플릿을 따라서 README를 작성하면 사용자는 시작하는 데 필요한 정보를 얻게 될 것입니다. 부록 '참고 자료'에 상세하고 간결한 README 작성에 도움이 될 추가 자료가 나와 있습니다.

역자주 [2] 특정 정보를 학습하거나 기억하는 데 참고하는 자료를 의미합니다.

시작하기 문서

제품의 첫인상과 함께 사용자를 첫 번째 사용자 경험으로 안내하는 것은 시작하기 문서의 매우 중요한 역할입니다. 시작하기 문서는 사용자가 제품 사용을 시작하는 데 도움을 주고, 여러분이 그들을 충분한 자료로 안내하고 지원해 줄 거라는 신뢰를 쌓기에 좋은 기회가 됩니다. 시작하기 문서를 작성하면서 스스로에게 물어야 할 몇 가지 질문이 있습니다.

- 이 서비스가 무엇이고 서비스의 핵심 기능이 무엇인지 가장 빨리 설명할 수 있는 방법은 무엇일까?
- 이 제품을 설치하고 사용하는 가장 간단한 절차는 무엇일까?
- 신규사용자가 가질 수 있는 가장 중요한 질문은 무엇일까?
- 사용자가 이 서비스로 할 수 있는 멋진 일은 무엇일까?

시작하기 문서는 제품에 관심 있는 사용자가 이 제품을 토대로 실제로 개발할 수 있도록 이끌어야 합니다. 여러분의 제품이 꽤 단순하다면 제품과 사용자의 코드를 기본 통합하는 방법을 단계별로 보여줄 수 있을 겁니다. 제품이 더 복잡하다면 약간 수정하여 사용할 수 있는 샘플 코드를 문서 본문에 넣거나 다운로드 가능한 형태로 제공할 수 있을 겁니다. 사용자에게 제품을 말로 알려주기만 하기보다는 제품을 직접 보여 주는 것이 낫습니다.

또한 시작하기 문서는 더 고급 단계 콘텐츠를 위한 시작점이 되기도 합니다. 제품 개발 조직에서 흔히 저지르는 실수는 How-to 가이드처럼 고급 단계의 문서만 작성하는 것입니다. 여러분은 모든 유형의 사용자(고급 사용자이든 그저 평가하는 사용자이든)가 소홀함 없이 지원받고 있음을 확실히 하고 싶을 것입니다. 그렇게 하려면 사용자가 제품이 무슨 일을 하고 그들을 위해 어떤 일을 할 수 있는지 빨리 이해하도록 도와 주어야 합니다. 시작하기 문서는 이 문제에 도움을 줄 수 있습니다.

개념 문서

다음 콘텐츠 유형은 개념 문서입니다. 개념 문서는 사용자가 서비스 이면의 개념과 아이디어를 이해하는 데 도움을 줍니다. 개념 문서는 서비스가 어떻게 작동하는지 사용자에게 설명해 줍니다. 개념적 콘텐츠에는 작성자의 성향이 드러날 수 있지만, 구현 세부 사항이 들어가지 않도록 해야 합니다. (구현 세부 사항은 이 장 뒷부분에 나오는 절차적 콘텐츠에 속합니다.)

회의록, 설계 문서, 화이트보드에 그린 다이어그램, 내부용 문서 등이 서비스의 개념적 콘텐츠를 위한 훌륭한 원재료가 됩니다.

개념 문서는 짧고 간결하게 유지해야 합니다. 절차 문서나 튜토리얼에 앞서 맥락을 제시하고자 개념 정보를 사용한다면 특히 더 그렇습니다. 다음과 같은 섹션을 작성하는 데 집중하세요.

개념 가이드

첫 번째 단락. 문서에서 설명하는 개념을 소개합니다.

개요
개념이 어떻게 작동하는지에 대한 기술적 개요를 제시합니다. 하위 섹션에서 추가적인 하위 구성 요소나 관련된 개념을 설명합니다.

관련 개념 1
...

관련 개념 2
...

추가 자료
개념을 구현하는 튜토리얼, How-to 가이드 등 관련된 문서를 나열합니다.

하나의 문서에서 설명하는 개념의 수를 제한하세요. 독자들은 보통 한 번에 하나의 핵심 개념을 이해하는 데 능숙합니다. 새로운 개념 여러 개를 한꺼번에 설명한다면 내용이 금방 복잡해지기 쉽고 사용자는 이해하는 데 애를 먹을 것입니다. 독자를 위해 개념 문서를 단순하게 유지하면 초급 사용자는 서비스를 마음 편하게 배울 것이고, 고급 사용자는 더 효율적으로 정보를 습득할 수 있어 고맙게 생각할 것입니다.

> **참고** 개념 문서는 간단한 사용자 조사를 하기에 좋습니다. 사용자에게 문서 초안을 읽도록 요청한 다음, 읽은 내용을 설명해 보라고 요청하세요. 그리고 사용자에게 어떤 개념이 잘 이해가 되고 어떤 것이 그렇지 않은지 평가하세요. 이 피드백을 기반으로 문서를 개선하고 필요한 만큼 과정을 반복하세요.
>
> 이러한 사용자 조사 과정에서 문서화 계획에 포함시켜야 할 다른 콘텐츠를 알아낼 수도 있습니다. 반복적인 사용자 조사를 통해 개념 문서를 개선할 수 있을 뿐만 아니라 다른 유형의 문서로 채울 수 있는 빈틈이 있는지 파악할 수도 있습니다.

절차 문서

사용자 콘텐츠의 다음 유형은 절차 문서입니다. 절차적 콘텐츠에는 튜토리얼과 How-to 가이드가 있고, 여기에는 설치 가이드부터 API 통합 가이드 등 여러 가지 콘텐츠가 포함될 수 있습니다. 절차 문서는 독자에게 일련의 구조화된 단계를 따라 특정 목표를 달성하는 방법을 보여 줍니다. 하나의 단계는 사용자가 취해야 하는 한 가지 동작을 설명해야 합니다.

사람들은 어떤 문제를 해결하거나 어떤 일을 해내려고 문서를 읽고, 최대한 빠르고 효율적으로 목표를 달성하고 싶어 합니다. 가이드와 튜토리얼을 작성하는 유용한 패턴은 다음과 같습니다.

- 한 페이지에 사용자가 필요로 하는 동작을 모두 포함시켜서 가이드가 최대한 독립된 형태가 되게 합니다.

- 단계의 수는 사용자에게 필요한 만큼으로 제한하세요. 절차에 단계가 많으면 그 절차는 사용자에게 부담스럽고 복잡하게 보일 수 있습니다. 또한 절차가 너무 길어지면 사용자 실수를 초래할 가능성이 높아지고 문서 자체의 유지 관리도 더 필요해집니다.

- 설명이 너무 길어지지 않도록 합니다. 두세 개의 문장으로 된 설명이나 적절히 배치된 이미지는 설명에 도움이 되지만, 절차 내에 부가적인 내용이 너무 많으면 사용자에게 부담을 줄 수 있습니다. 일반적인 모니터로 볼 때 두 개 이상의 단계가 화면에 나오도록 절차를 작성하는 것을 권장합니다. 절차에 설명이 너무 많다고 생각되면 그 정보를 개념 가이드로 분리하는 것을 고려하세요. 이 지침은 코드 예제에는 적용되지 않음에 유의하기 바랍니다.

■ 튜토리얼

튜토리얼은 사용자에게 특정 목표를 달성하는 방법을 가르쳐 주는 절차 문서입니다. 튜토리얼은 사용자가 실제로 코드를 구현하지 않고 제품과의 통합을 테스트하도록 도와줍니다. 좋은 튜토리얼은 사용자가 학습에 사용할 수 있는 환경을 제공하고 활용할 테스트 데이터나 도구를 제공하기도 합니다.

한 튜토리얼의 단계가 10개가 넘는다면 너무 복잡한 유스 케이스를 풀려고 하거나 너무 많은 동작을 한 문서에 넣으려고 하는 것입니다. 튜토리얼이 지나치게 길고 읽는 데 시간이 많이 걸리면 사용자가 절차를 성공적으로 마칠 가능성이 낮아집니다.

아무리 노력해도 긴 튜토리얼을(또는 어떤 절차적 콘텐츠라도) 더 적은 단계로 줄일 수 없다면 서비스 자체가 너무 복잡하다는 뜻일 수도 있습니다. 어쩌면 서비스에서 서로 합치거나 자동화하거나 생략 가능한 단계가 있을지도 모릅니다. 이런 사안은 제품 개발자와 대화를 나눠야 합니다.

복잡한 문서는 사용자가 겪는 난관을 파악하는 데 도움을 주며, 서비스 자체를 개선할 기회가 되기도 합니다. 한 문서에서 몇 시간을 보내는 것이 조직에서 원하는 사용자 경험인지 개발 팀과 이야기해 보세요. 반면 여러분이 시스템에 복잡성을 초래한 장본인이라면 직접 해결할 책임이 있습니다.

■ How-to 가이드

How-to 가이드는 절차적 콘텐츠의 핵심 유형입니다. How-to 가이드는 사용자가 서비스로 특정 단계를 수행함으로써 실제 비즈니스 문제를 해결하는 방법을 보여 줍니다. How-to 가이드는 사용자를 위한 진정한 차별화 요소입니다. 사용자가 겪는 문제에 대한 해결책을 구축하도록 도와주는 문서이기 때문입니다. 튜토리얼이 학습에 초점을 맞춘다면 How-to 가이드는 사용자가 실제 코드를 구현하는 동작에 기반을 둡니다.

How-to 가이드

첫 번째 단락에서는 핵심 개념을 소개하고 이 가이드에 필요한 개괄적인 정보를 제공합니다.

필수 조건

이 가이드에 있는 단계를 따라가기 전에 사용자가 해야 하는 일들의 목록을 제공합니다.

단계

1.

2.

3.

4.

5.

…

다음 단계

이 가이드에 있는 단계를 수행한 다음에 따라야 하는 추가 문서의 링크를 제공합니다.

How-to 가이드를 계획할 때는 사용자의 니즈에 주의를 기울이고 사용자가 무슨 일을 하기를 원하는지에 대한 회사의 전략을 이해해야 합니다. How-to 가이드는 작성하고 유지 관리하는 데 수고가 많이 드니 주의 깊게 계획을 세우고 작성 대상을 잘 선정해야 합니다. 예를 들어 서비스의 기능 언저리 부분에서 발생하는 에지 케이스를 문서화했다가는 오히려 사용자를 잘못된 길로 인도할 수 있습니다.

How-to 가이드를 작성하는 좋은 패턴은 단순한 단어를 사용하고, 동작을 명확히 설명하고, 가이드로 해결하는 문제를 지속적으로 늘려가는 것입니다.

How-to 가이드의 시작 부분에는 필수 조건을 포함시키세요. 필수 조건에는 운영 체제나 패키지 필수 버전을 설치하는 것과 같은 의존성이 포함됩니다. 전문적인 기술이나 지식이 정말로 필요하다면 이 또한 필수 조건에 포함시켜야 하지만, 가급적이면 피해야 합니다. 지식이나 기술의 평가는 종종 주관적이고 불필요한 요구 사항을 더할 수 있습니다. 필수 조건은 사용자가 목표를 달성하기 위해 필요한 것을 알려줄 뿐만 아니라 탈출용 해치$^{escape\ hatch}$를 제공해 주기도 합니다.

> **참고** 탈출용 해치는 사용자가 필요로 하는 위치에 있지 않을 수 있음을 알려 주고 더 적절한 옵션을 제시해 주는 유용한 신호입니다. 탈출용 해치는 링크, 안내 문구, 유용한 맥락을 제공하는 주석 등이 될 수 있습니다.

효과적인 How-to 가이드는 사용자가 최대한 한 페이지에 머무르도록 합니다. 언급하는 용어나 개념에 대한 다른 페이지가 있을 때마다 링크를 사용하고 싶어질 수 있지만, 링크를 너무 많이 클릭하면 사용자의 주의를 흐트릴 수 있습니다. 위키피디아의 경우 존재하는지 몰랐던 새로운 것들을 가르쳐 주려고 링크를 아낌없이 사용합니다만, 이와는 달리 하나의 How-to 가이드를 단일 페이지로 구성하면 사용자가 집중하는 데 도움을 줄 수 있습니다.

사용자는 특정한 문제를 염두에 두고 문서에 찾아오고, 여러분은 사용자가 그 문제를 최대한 빨리 해결하는 데 도움을 주고자 합니다. 만일 사용자가 문서 사이트 내 여러 부분을 링크에서 또 다른 링크로 이동한다면 그들이 해결하고자 찾아온 문제의 해결책에서 더 멀어지게 됩니다. 사용자가 배우는 데 지나치게 열심이라면 문서에서 제공하는 모든 정보를 학습하려는 마음이 들 수도 있습니다. 그들은 '개념 문서로 가는 링크가 있으니 아마 중요한 내용일 거야'라고 생각할 수 있습니다. 그러다 보면 금세 관리하기 어려울 정도로 많은 수의 브라우저 탭이 열려 있게 될 겁니다. 여러분의 목표는 사용자가 궤도에서 벗어나지 않도록 해 주는 가드레일과 함께 적절한 안내를 받는 사용자 경험을 제공하는 것입니다.

문서 중간에 링크가 있으면 사용자의 주의를 산만하게 할 수 있습니다. 대신 페이지의 끝에 추가 자료에 대한 링크를 제공하세요. 연관된 개념이나 다음 단계로 가는 링크를 제공하면 특정 가이드가 어떤 맥락에 포함되는지 알려주어 사용자와 신뢰를 쌓고 사용자를 여정의 다음 단계로 이끄는 데 도움이 됩니다.

참조 문서

사용자가 자신의 소프트웨어를 구축할 준비가 되고 나면 참조 문서에 많이 의존합니다. 개념 문서와 절차 문서가 학습을 돕고 정보를 제공할 목적이라면 참조 문서는 전적으로 인과 관계, 즉 어떤 동작이 어떤 결과를 낳는지를 다룹니다. 문제 해결 문서도 마찬가지입니다. 사용자가 때때로 오류나 껄끄러운 상황을 만났을 때 참조 문서는 그들이 빨리 본 궤도로 돌아오는 데 도움을 줍니다.

■ API 레퍼런스

API 문서는 사용자가 소프트웨어 구축을 시작하는 데 믿고 참고할 수 있는 자료입니다. 좋은 API 문서는 다음과 같은 특징을 갖습니다.

- 모든 리소스와 엔드포인트에 대한 상세한 참조 정보를 제공합니다.
- 풍부한 예제를 제공합니다.
- 상태 코드와 오류 메시지를 나열하고 정의합니다.

API 레퍼런스는 간결해야 하고, 최소한의 설명으로 작성되어야 합니다. API가 따르는 표준 및 응답 형식(예: REST, JSON)과 같은 중요한 정보를 공유한 다음 사용자에게 인증 방법을 보여줌으로써 API를 소개하는 것이 좋습니다. 또한 제품의 다른 문서를 사용하여 API와 상호 작용하는 더 긴 절차를 시연할 수 있습니다.

API에 대한 포괄적인 참조 정보를 제공하는 가장 좋은 방법은 코드에 설명을 담은 주석을 달고 소스 코드로부터 API 레퍼런스를 자동 생성하는 것입니다.[3] 이렇게 하면 많은 문서 페이지를 수동으로 생성하는 수고를 덜고 콘텐츠를 코드와 묶어 보다 완전한 참조 정보를 제공할 수 있습니다.

API 레퍼런스는 모든 리소스와 해당 엔드포인트, 메서드 및 파라미터를 정의하는 동시에 요청 예제 및 그 요청에 대한 응답 예제를 제공해야 합니다. 5장에서는 코드 예제에 대한 모범 사례를 다룹니다.

저자주[3] 샤리크 나즈르(Shariq Nazr), "Say goodbye to manual documentation with these 6 tools." 미디엄, 2018년 3월 30일 게시, https://medium.com/@shariq.nazr/say-goodbye-to-manual-documentation-with-these-6-tools-9e3e2b8e62fa.

문서에 상태 코드와 오류 메시지를 나열하고 정의해 두면 개발자가 문제를 겪을 때 효율적으로 지원하는 데 크게 도움이 됩니다. 여러분의 문서에 개발자가 API를 사용할 때 발생할 수 있는 오류 메시지와 오류 코드의 의미 및 해결 방법을 설명해 두세요.

개발자는 API 레퍼런스가 제품 및 문서의 나머지 부분과 별도로 존재하는 형태에 익숙합니다. 개념 문서와 절차 문서가 더 많은 맥락을 제공하는 것과 달리 API 레퍼런스는 서비스의 코드에 기초합니다. API 레퍼런스는 개발자가 서비스와 통합을 구현하기 위한 신뢰성 높은 정보의 출처가 됩니다. 개발자가 소프트웨어를 구축하기 시작하면 API 레퍼런스에 많이 의존하게 됩니다.

> 참고 개발자의 요구 사항에 가장 적합한 API 레퍼런스를 생성하는 데 사용할 수 있는 유용한 자료가 많이 있습니다. 자세한 내용은 이 책의 끝에 있는 부록 '참고 자료'를 확인하세요.

■ 용어집

모든 복잡한 시스템에는 불분명한 의미를 가진 용어들이 있습니다. 용어집은 특정 서비스, 분야 또는 산업에서 사용되는 용어와 정의를 모은 것입니다.

용어집은 문서에서 용어를 일관성 있게 사용하는 데 도움이 됩니다. 문서에서 동일한 용어가 서로 다른 의미로 정의되거나 같은 의미에 대해 서로 다른 용어를 사용하면 사용자에게 실망감을 주게 됩니다. 이러한 불일치는 문맥에 따라 용어를 이해하기 어렵게 만들 뿐만 아니라, 제품을 만든 조직에서 용어의 정의조차 확신하지 못한다는 것을 나타내므로 사용자의 신뢰를 떨어뜨립니다. 용어집은 너무 포괄적일 필요는 없지만 사용자가 서비스를 사용하는 데 필요한 핵심 용어를 정의해야 합니다.

■ 문제 해결 문서

사용자들은 종종 서비스에 있는 빈틈과 제약 사항을 여러분이 수정하기도 전에 찾아냅니다. 여러분이나 사용자가 제품에 있는 알려진 문제를 파악하게 되면 문제 해결 문서를 사용하여 임시 대처법workaround을 다양한 방식으로 문서화할 수 있습니다.

문서화된 임시 대처법은 현 상태에서 일단 활용할 수 있는 해법을 제공합니다. 이 해법은 아주 직관적인 건 아니지만, 알려진 제약 사항에도 불구하고 작업을 완료하게 해 줍니다. 알려진 문제와 버그는 사용자가 어떻게든 발견하게 될 것이므로, 투명하게 공개하여 사용자의 시간을 절약하는 것이 중요합니다. 알려진 제약 사항에는 일반적으로 에지 케이스, 즉 사용자가 시도할 거라고 예상했거나 권장하지 않았을 가능성이 있는 동작이 포함됩니다. 어떤 에지 케이스가 지원되지 않는지 사용자에게 명확하게 알려주세요.

문제 해결 정보를 구성할 때는 문제가 발생하는 이유에 대해 너무 많이 설명하기보다는 해결 방법에 집중하는 것이 바람직합니다. 문제에 대한 설명과 함께 해법(또는 코드 수정 사항fix)을 포함시켜야 합니다.

문제 해결 가이드

문제 1

설명:

해결 단계:

  1.

  2.

문제 2

설명:

해결 단계:

  1.

  2.

사용자가 이해하기에 가장 적합한 방식으로 문제 나열 순서를 구성합니다. 빈도의 내림차순(발생 가능성이 가장 높은 것부터 가장 낮은 것 순) 또는 사용자의 워크플로에서 발생할 수 있는 시간순으로 구성할 수 있습니다. 중요한 것은 올바른 정보를 찾기 위한 논리적 흐름을 사용자에게 제공하는 것입니다.

문제 해결 페이지를 찾는 사용자들은 종종 자신에게 좌절감을 주는 문제를 해결하려고 합니다. 가능한 한 빨리 문제를 해결할 수 있도록 도와주세요.

다른 유형의 문제 해결 참조 문서로는 모든 오류 메시지를 나열하고 원인과 해법에 대한 추가 정보를 제공하는 문서가 있습니다. 이 문서를 활용하면 사용자는 오류 메시지를 복사하여 검색창에 붙여넣은 후에 자신이 겪고 있는 문제와 관련된 것 이상의 더 많은 맥락을 파악할 수 있습니다.

오류 메시지를 문서화하는 좋은 패턴은 같은 범주의 메시지들을 한 페이지에 그룹화하는 것입니다. 이렇게 하면 메시지를 복사하여 붙여넣고 검색하는 작업을 더 효율화해 줍니다. 또한 메시지가 발생할 가능성이 있는 절차 문서나 튜토리얼에 구체적인 오류 메시지를 포함하는 것이 좋습니다.

■ 변경 사항 문서

변경 로그는 지원 팀과 엔지니어링 팀 같은 내부 팀을 위한 유용한 이력 기록을 제공합니다. 변경이 언제 일어났고 고객이 언제 영향을 받는지 이해하는 것은 문제 해결을 할 때 유용한 정보가 될 수 있습니다. 변경 로그는 API 문서에 가장 일반적으로 나타나는데, 단절적 변경$^{breaking\ change}$[4]이 발생하거나 새 버전이 나왔을 때 개발자가 서비스와 기존에 통합한 상태에 부정적인 영향을 줄 수 있기 때문입니다.

중대한 변경이나 단절적 변경이 있을 때는 어떤 변경이 언제 왜 일어났는지에 대한 정보를 제공해야 합니다. 사용자에게 뭔가 바뀌었다는 걸 알리는 그 시점에도 도움이 되지만, 나중에 사용자가 문제를 해결하려고 과거를 되돌아볼 때 문제에 영향을 미쳤을 가능성이 있는 변경이 언제 일어났는지도 알 수 있습니다.

변경 사항을 시간순으로 나열하고, 다음과 같은 데이터를 넣습니다.

- 이전에 지원되던 버전 및 통합 또는 지원 중단된^{deprecated} 기능
- 파라미터나 중요한 필드의 이름 변경
- 옮겨진 오브젝트나 리소스

역자주 [4] 소프트웨어에서 호환성(특히 하위 호환성)을 지원하지 않는 변경을 의미합니다.

릴리스 노트는 또 다른 유용한 문서 유형입니다. 릴리스 노트는 변경 로그에 나열된 변경 사항에 대해 풍부한 맥락을 제공합니다. 변경 로그가 자동으로 생성되거나 맥락이 부족한 글머리 기호 목록만으로 구성될 수 있지만, 릴리스 노트는 사용자에게 직접 이야기하는 형태를 띱니다. '일어난 변경 사항은 다음과 같습니다.' '그 이유는 이렇습니다.' '이전 상태는 다음과 같았고, 이후 상태는 이렇게 될 것입니다.'와 같은 식입니다. 릴리스 노트는 어떤 변경이 왜 일어났는지 이해하기 위한 맥락을 사용자에게 제공합니다.

릴리스 노트에는 다음과 같은 항목이 들어갈 수 있습니다.

- 새로운 기능
- 버그 수정
- 알려진 버그 또는 제약 사항
- 단절적 변경 등 버전 마이그레이션^{migration} 관련 사항[5]

릴리스 노트

2020-03-18

항목 1

- 요약
- 영향
- 이유
- 필요한 조치

항목 2

…

2020-03-11

…

역자주 [5] 마이그레이션은 일반적으로 한 시스템에서 다른 시스템으로 전환하는 것을 의미하지만, 소프트웨어나 API 버전 간 전환이나 콘텐츠 체계 간 전환을 의미하기도 합니다. 이 책에서는 주로 후자의 의미로 사용합니다.

문서화 계획 만들기

이제 사용자에게 가장 적합한 콘텐츠 유형과 패턴을 찾았으므로 문서화 계획을 작성할 수 있습니다. 문서화 계획은 유연한 밑그림 역할을 하며, 여러분이 작성하는 콘텐츠로 사용자 여정을 계획하는 일을 쉽게 해 줍니다.

좋은 문서화 계획이 있으면 다음과 같은 일이 가능해집니다.

- 정보에 대한 사용자의 니즈를 예상하고 충족할 수 있습니다.
- 사용자와 내부 이해 관계자로부터 조기에 문서화 방향에 대한 피드백을 받을 수 있습니다.
- 문서뿐만 아니라 서비스에 대한 사용자 여정을 총체적으로 바라보고 빈틈과 부족한 점을 식별할 수 있습니다.
- 다른 이해 관계자와 문서 작성, 구조화, 배포 업무를 조율할 수 있습니다.

문서화 계획 작성은 간단한 일인 경우가 많지만 그냥 넘어가기 쉽습니다. 계획을 작성하기 전에 문서 작성부터 시작하면 사용자에게 필요한 중요한 정보를 놓치거나 그들이 해결하려는 문제를 간과할 수 있습니다. 계획이 없으면 사용자 여정을 전체적인 관점에서 바라보기 어렵습니다.

문서화 계획을 수립하려면 사용자에게 적합한 정보에 집중하는 데 도움이 되는 아래 질문에 답해 보세요. 사용자 조사에서 이 정보 중 일부를 이미 수집했지만(1장 참고), 집중력을 유지하고 적합한 정보를 고려 범위 내에 두는 데 도움이 되도록 이 내용을 문서화 계획의 맨 위에 다시 언급하는 것이 좋습니다.

- 타깃 고객은 누구인가? (해당 고객을 위한 사용자 페르소나를 이미 만들었을 수도 있습니다.)
- 제품 출시를 통해 그들이 얻기를 바라는 가장 중요한 이점은 무엇인가?
- 중요도순으로 볼 때, 어떤 기능들을 출시할 것인가?
- 사용자가 제품 출시에서 기대하는 점은 무엇인가?

- 사용자가 제품이나 기능을 사용하기 전에 필요한 지식이 있는가?
- 어떤 유스 케이스들을 지원하는가?
- 사용자가 맞닥뜨릴 수 있는 알려진 문제나 마찰 요소가 있는가?

이러한 질문에 답해 보면 맥락이 생기고, 맥락이 정해지면 계획을 수립할 항목을 결정할 수 있습니다. 콘텐츠 개요content outline로 문서화 계획을 시작하세요. 콘텐츠 개요는 작성해야 하는 페이지의 제목과 각 페이지의 콘텐츠 유형을 포함하는 목록입니다.

콘텐츠 개요는 각 문서의 내용에 대한 간략한 설명이 포함된 목록이 될 수 있습니다. Corg.ly의 콘텐츠 개요 예시는 [표 2-1]과 같습니다.

표 2-1·콘텐츠 개요

제목	콘텐츠 유형	요약 설명
Corg.ly 시작하기	시작하기	Corg.ly를 사용하는 매우 간단한 데모(다른 문서 링크 포함)
Corg.ly: 강아지 음성 번역 설명	개념 가이드	Corg.ly 작동 방식에 대한 기술적 설명
Corg.ly API에 인증하기	How-to 가이드	Corg.ly API에 인증하기 위한 단계별 절차
강아지 음성을 영어로 번역하기	How-to 가이드	강아지 음성을 영어로 번역하기 위한 단계별 절차
영어를 강아지 음성으로 번역하기	How-to 가이드	영어를 강아지 음성으로 번역하기 위한 단계별 절차
Corg.ly API 레퍼런스	API 레퍼런스	모든 API 호출과 구문 규칙 목록
오디오 문제 해결하기	문제 해결 문서	오디오 번역 및 오디오 파일 관리와 관련된 일반적인 문제
릴리스 노트	변경 사항 문서	Corg.ly 릴리스에 대한 릴리스 노트

문서화 계획에 사용자를 위한 여정이 일관성 있게 반영되어 있다면 잘 작성했다고 볼 수 있습니다. 문서화 계획이 미로처럼 느껴지거나 사용자가 일을 해내거나 문제를 해결하기 위해 무엇을 해야 하는지 명확하지 않다면 되돌아가서 문서화 계획을 재구성하세요. 더 많은 사용자나 내부 이해 관계자를 인터뷰해야 할 수도 있습니다. 문제가 문서화 계획이 아닌 다른 부분에 있다면, 서비스가 지나치게 복잡해서 서비스 자체를 개선해야만 사용자 여정이 명확히 드러날 것임을 의미할 수도 있습니다.

문서 작성을 시작하기 전에 문서화 계획에 대해 다른 사람들로부터 피드백을 받으세요. 문서 검토 절차에 대한 자세한 내용은 4장을 참고하세요.

문서화 계획이 갖춰지면 콘텐츠 작성 및 편집을 시작할 수 있습니다(3장 및 4장 참고). 전반적인 사용자 경험을 개선하기 위해 문서에 필요한 추가 항목을 나열할 수도 있습니다. 여기에는 샘플 코드(5장 참고)와 다이어그램 및 비디오와 같은 시각적 콘텐츠(6장 참고)가 포함됩니다. 문서가 배포될 위치와 배포 일정을 고려하여 배포 계획(7장 참고)의 대략적인 개요를 만들기 시작할 수도 있습니다.

요약

이번 장에서는 1장에서 사용자와 공감한 바를 문서화 계획을 통해 행동으로 옮기는 방법을 설명했습니다. 문서화 계획은 만들어야 할 콘텐츠 및 콘텐츠 유형을 문서 작성에 앞서 간략하게 설명하는 문서입니다.

콘텐츠 유형은 정보를 제시하는 다양한 방법입니다. 서로 다른 콘텐츠 유형은 다양한 종류의 문제를 해결하는 데 도움이 됩니다. 콘텐츠 유형에는 코드 주석, README, 시작하기 문서, 개념 문서, 절차 문서 및 참조 문서가 포함됩니다. 이러한 각 유형은 서로 다른 패턴을 따르며 이러한 패턴을 기반으로 콘텐츠를 구축하면 효과적이고 일관성 있는 문서를 만드는 데 도움이 됩니다.

문서화 계획은 사용자가 필요로 하는 콘텐츠의 유연한 밑그림 역할을 하며 여러분이 가장 중요한 문서를 작성하는 데 집중할 수 있도록 해 줍니다. 다음 장에서는 문서화 계획을 토대로 실제로 문서화하는 방법을 보여 줍니다.

문서 초안 만들기

Corg.ly
첫 번째 초안

샬럿은 앞에 놓인 노트북 화면을 응시했다. 커서가 천천히 깜빡였다. 모든 조사와 계획 단계를 거쳤으니 문서 작성은 수월한 일이어야 할 것이다. 그렇지 않은가?

그녀는 문서화 계획을 다시 훑어보았다. 앞서 파악한 유스 케이스와 패턴을 읽고, 지난주에 작성했던 사용자 프로파일을 다시 떠올려 보았다. 읽어 나가면서 자신감이 생기기 시작했다. 조사와 계획을 통해 가장 어려운 질문 중 많은 부분에 대한 답을 얻을 수 있었던 덕분이다.

아인은 책상 밑에서 웅크리고 있다가 몸을 뻗어 그녀의 발 옆으로 자리를 옮겼다. 샬럿은 앉은 자세를 살짝 곧게 편 후 타이핑하기 시작했다.

빈 페이지(화면) 대면하기

문서 작성에서 어려운 일 중 하나는 빈 문서를 대면하는 것입니다. 코드에 대해서도 알아야 할 것이 매우 많지만, 이러한 생각을 다른 사람이 이해할 수 있도록 명료하고 정확한 언어로 써 내려가는 것은 정신적으로, 감정적으로 어려운 일이 될 수 있습니다. 이 어려움을 인정하는 것이 문제를 풀어 나가는 첫 번째 발걸음입니다.

이전 장을 읽으면서 여러분은 이미 대상 독자를 정의하고, 기존 콘텐츠와 코드를 조사하고, 사용자의 니즈를 충족하기 위한 문서 패턴을 선택했습니다. 이번 장에서는 지금까지 했던 작업을 종합해서 대상 독자를 위한 콘텐츠를 만들어 낼 것입니다.

이 장에서는 첫 번째 초안을 만들어 내는 과정을 안내하면서 다음과 같은 일을 도울 것입니다.

- 문서 작성 도구 선택하기
- 대상 독자와 목표 정의하기
- 개요 만들기
- 단락, 목록, 안내 문구를 사용해서 콘텐츠 구성하기
- 문서 작성하다 막히는 일 방지하기

성공적인 문서 작성을 위해 준비하기

코드를 자주 작성한다면 자신에게 가장 잘 맞는 코딩 환경을 갖추기 위해 많은 시간을 들였을 겁니다. IDE^{통합 개발 환경}, 색상 테마, 각종 도구, 키 바인딩 등을 바꿔 보다가 마침내 편안하다고 느끼는 조합을 찾아냅니다. 문서 작성도 마찬가지로 자신에게 적합한 환경을 찾기 위해 비슷한 시도와 경험이 필요합니다.

문서 작성을 시작하는 게 힘겨운 일이라고 생각할지도 모릅니다. 하지만 일단 자신에게 맞는 도구를 고르고 이미 수집한 정보를 잘 엮는다면 문서 작성을 위한 훌륭한 기반을 마련한 것입니다.

문서 작성 도구 선택하기

문서 작성 도구를 선택할 때는 두 가지 중요한 요인을 고려해야 합니다. 최종 콘텐츠의 포맷과 초안의 공유 가능 여부입니다.

작성하는 문서 대부분이 온라인에 배포될 것이므로 최종 포맷은 마크다운, HTML, 또는 위키 마크업[1]이 될 가능성이 큽니다. 어떤 텍스트 편집기든 이러한 포맷을 출력 파일로 저장할 수 있으므로 새로운 도구를 배울 필요는 없습니다. 코드 작성할 때 쓰는 텍스트 편집기를 문서 작성할 때도 쓸 수 있습니다.

초안을 검토 용도와 피드백 교환 용도로 다른 사람들과 공유하는 것은 중요합니다. 코드 리뷰용으로 사용하는 도구를 문서 공유와 검토 용도로도 사용할 수 있습니다. 처음 초안을 작성할 때 다른 사람들과 쉽게 콘텐츠를 공유하고 피드백을 받을 수 있는 워드 프로세서를 사용하고 싶다면 그것도 괜찮습니다. 대부분의 워드 프로세서에는 텍스트를 원하는 마크업으로 변환하는 플러그인이 있습니다.

작업하기에 가장 편안한 도구를 사용하세요. 문서를 작성하려고 새로운 도구를 배울 필요는 없습니다. 코드 작성에 사용하는 어떤 툴이든 문서 작성에도 유효합니다. 도구를 혼합하는 것도 도움이 됩니다. 펜과 종이로 개요를 잡거나 화이트보드에 밑그림 그리는 걸 좋아한다면 그러한 방법으로 작

역자주 [1] 위키 사이트 작성에 사용되는 경량화된 마크업 언어로, 위키텍스트(wikitext)라고도 합니다.
출처: ko.wikipedia.org/wiki/위키_마크업

업을 시작하세요.

도구를 선택하는 데 시간을 너무 지체하지 마세요. 대부분의 경우 기존 워크플로로도 충분합니다!

빈 페이지 극복하기

이전 장에서 대상 독자를 정의하고, 기존 콘텐츠와 코드를 조사하고, 여러분의 니즈에 맞는 문서화 패턴을 선택했습니다. 문서의 가장 앞부분에 이미 수집한 정보를 나열하여 문서를 시작할 수 있습니다.

- 독자
- 목적
- 콘텐츠 패턴

예를 들어, 강아지 음성의 오디오 파일을 입력받아 번역한 후 사람의 언어로 된 문자열을 출력하는 Corg.ly API를 위한 문서를 만든다고 가정해 보겠습니다. Corg.ly 서비스로 파일을 업로드하는 방법을 설명하는 문서를 만들고 싶을 것입니다. 처음에 나오는 정보는 다음과 같을 수 있습니다.

- 독자: REST API를 사용하는 방법을 알고 Corg.ly를 사용하는 개발자
- 목적: 분석을 위해 오디오 파일을 Corg.ly 서비스로 업로드하는 방법을 설명
- 콘텐츠 패턴: 절차 가이드

문서 제목과 목표 정의하기

문서의 독자, 목적, 콘텐츠 패턴을 기반으로 문서의 제목을 정의할 수 있습니다. 제목은 사용자 관점에서 봤을 때 문서의 목적을 가장 간결하고 명확하게 표현한 형태여야 합니다.

Corg.ly 서비스의 예에서 문서의 목적은 '분석을 위해 오디오 파일을 Corg.ly 서비스로 업로드하는 방법을 설명하는 것'입니다. 이 문구를 독자를 위해 다음처럼 더 줄일 수 있습니다.

'Corg.ly에 오디오 파일 업로드하기'.

문서의 제목은 문서를 읽는 목적을 요약해야 합니다. 문서 제목을 클릭하는 누구든 그들이 무엇을 얻는지 알 수 있어야 합니다. 추가 문서를 위한 제목의 몇 가지 예시는 다음과 같습니다.

- 강아지 음성을 텍스트로 번역하기
- 스트리밍 오디오로부터 강아지 음성 번역하기
- 오디오 인코딩과 샘플링 레이트

제목 '강아지 음성을 텍스트로 번역하기'는 독자에게 그들이 '한 가지 포맷(강아지 음성)을 다른 포맷(텍스트)으로 특정 작업(번역하기)을 수행하는 방법'을 배울 것임을 알려 줍니다. 독자는 이 문서를 어떤 작업 방법을 다루는 단계별 절차 문서로 이해합니다.

마찬가지로 '오디오 인코딩과 샘플링 레이트'라는 제목을 본 독자는 이 제목이 '번역하기' 같은 동사의 명사형으로 끝나지 않으므로 특정 작업을 다루지 않는다는 것도 알게 됩니다. 대신 이 문서는 'Corg.ly'를 위한 오디오 파일 인코딩과 샘플링에 대한 기술적 세부 사항을 다룹니다. 이 문서는 Corg.ly가 오디오 파일을 어떻게 처리하고 해석하는지 이해하기 위한 참고 문서일 가능성이 높습니다.

이러한 문서 각각의 목표가 제목에 정의됩니다. 이때 문서의 목표를 한 가지로만 제한하세요. 목표가 여러 개라면 아마도 여러 개의 문서가 필요할 것입니다.

개요 작성하기

독자를 위한 목표를 바탕으로 제목을 정의했으므로 이제 독자가 그 목표에 도달하기 위해 필요로 하는 모든 단계를 생각해 봅니다. 이 모든 단계를 적어 내려가되, 순서가 맞는지는 따지지 않습니다.

목표가 특정 기술적 개념을 이해하는 것이라면 그 개념을 구성하는 요소를 모두 적습니다. 목표가 기술적인 작업을 완수하는 것이라면 독자가 완료해야 하는 하위 작업을 모두 적습니다. 마찰 로그를 조사 과정의 일부로 삼았다면 이때가 마찰 로그를 검토하기에 좋은 시점입니다.

이러한 초기 단계에서 문서의 개요^{outline}가 만들어집니다. 개요는 문서에 대한 여러분의 접근 방식을 빨리 검증할 수 있는 방법입니다. 개요를 문서의 의사 코드^{pseudocode}로 생각해 보세요. 개요는 문서 작성에 너무 많은 시간을 투자하기 전에 다른 개발자 및 잠재적 사용자와 콘텐츠에 대해 논의하게 해 줍니다.

앞서 예시를 이어서 보자면 'Corg.ly에 오디오 파일 업로드하기'에 대한 하위 작업으로는 다음과 같은 것들이 있을 수 있습니다(순서는 무관하게 나열함).

- Corg.ly 애플리케이션 설치
- Corg.ly에 오디오 파일 업로드(사용자 인터페이스와 API 사용)
- API에 인증
- 업로드가 되었는지 확인

이 하위 작업 각각은 별개의 주제이고, 각 주제는 이후에 확장할 기준점이 됩니다. 위의 목록 중 어느 것에도 자세한 설명은 없지만, 여러분은 다양한 주제가 어떻게 서로 연관되고 전체 사용 순서에서 어디에 들어맞는지 알 수 있습니다. 목록에는 점점 더 세분화되는 작업을 설명하는 항목을 추가할 수 있습니다. 이를 통해 각 주제에 대한 세부사항을 채워 나가거나 주제를 바로 재배치할 수 있습니다. 문서 작성을 연습해 나가면서 자신에게 가장 자연스러운 과정을 발견하게 될 것입니다.

독자의 기대 충족하기

문서의 제목, 목표, 개요를 만들고 나면 이제 정보의 흐름에 대해 생각할 때입니다. 제목에 밝힌 목표를 성공적으로 완수하기 위해 독자가 알아야 하는 것과 해야 하는 것이 무엇인지 생각해 봅니다. 이미 수행한 조사 결과를 활용하여 독자의 기대와 지식을 상상해 보세요. 개요에 있는 정보의 순서는 사용자의 기대와 니즈를 만족시켜야 합니다. 독자의 지식은 여러분의 지식과 다르고, 여러분이 구축한 제품에 대한 그들의 경험은 여러분만큼 많지 않을 것입니다. 독자에게 적절한 시점에 적절한 정보를 제공하는 것은 여러분의 몫입니다. 이것이 정보의 흐름이 의미하는 바입니다.

처음에 작성한 개요를 검토해 보세요. 독자를 어떻게 가장 잘 도울 수 있는지에 집중하면서 필요에 따라 단계를 재배치합니다. 작업을 계층적으로 그룹화하고, 너무 복잡하다고 여겨지는 작업은 여러 개로 나눠 봅니다. 유사한 작업을 함께 묶는 방식으로 시작할 수 있습니다. 개요를 그룹화하고 재배치하는 과정에서 처음 개요를 작성하다가 놓친 정보를 찾아낼 수도 있습니다.

예를 들어, 아래 단계들은 처음 만든 일련의 작업들을 기반으로 'Corg.ly에 오디오 파일 업로드하기'를 설명합니다. 이 절차 가이드를 위한 단계들은 사용자가 수행하는 순서대로 그룹화되어 있으며, Corg.ly 앱 사용자 인터페이스[UI]와 Corg.ly API를 위한 작업이 구분되어 그룹화되어 있습니다.

제목: Corg.ly에 오디오 파일 업로드하기

애플리케이션을 사용하여 오디오 파일 업로드하기

- 애플리케이션 설치
- UI를 사용하여 오디오 파일 업로드
- 파일이 업로드되었는지 UI에서 확인

REST API를 사용하여 오디오 파일 업로드하기

- API 호출
- API를 사용하여 파일 업로드
- 파일이 업로드되었는지 API로 확인

그림 3-1 Corg.ly에 오디오 파일을 업로드하기 위한 단계

개요 완성하기

독자를 염두에 두고 문서 개요를 검토합니다. 다음 질문을 해 보세요.

- 독자가 알아야 할 추가적인 소개 정보나 설정 정보가 있는가?
- 건너뛰거나 완전히 설명되지 않은 단계가 있는가?
- 단계들을 연속된 순서로 봤을 때 잘 이해가 되는가?

Corg.ly에 오디오 파일을 업로드하는 독자의 경우 애플리케이션의 오디오 파일 요구 사항을 알아야 합니다. REST API를 사용하려면 REST API에 인증하는 방법을 알아야 합니다. 또한 파일이 성공적으로 업로드되었는지 확인하고 싶어 할 것입니다. 개요에 다음 항목을 모두 추가합니다.

제목: Corg.ly에 오디오 파일 업로드하기

필수 조건
  - 파일 크기 및 포맷 요구 사항

애플리케이션을 사용하여 오디오 파일 업로드하기
  - 애플리케이션 다운로드
  - 애플리케이션 설치
  - UI를 사용하여 오디오 파일 업로드
  - 파일이 업로드되었는지 UI에서 확인

REST API를 사용하여 오디오 파일 업로드하기
  - API 접근 권한 획득
  - API 호출
  - API를 사용하여 파일 업로드
  - 파일이 업로드되었는지 API로 확인

그림 3-2 개요에 항목 추가하기

초안 작성하기

개요에 확신이 생기면 콘텐츠 초안 작성을 시작합니다. 처음에는 겁이 날 수 있지만 개요를 초안으로 만드는 것을 어려워할 필요가 없습니다.

초안의 주안점은 개요에 설명된 주제에 따라 독자를 안내하면서 독자가 필요로 하는 자세한 정보로 각 주제를 확장하는 것입니다. 내용을 채울 때 제목, 단락, 절차, 목록, 안내 문구를 사용할 수 있습니다. 이들 각각은 다른 방식으로 정보를 전달합니다. 각각에는 장단점이 있습니다.

책의 5장과 6장에서는 샘플 코드, 표, 다이어그램, 그래픽과 같은 시각적 형태의 정보를 다룹니다.

제목

제목은 이정표와 같습니다. 제목은 문서 내에서 콘텐츠를 조직화합니다. 또한 제목은 문서에서 행선지 역할을 하여 독자가 필요한 정보로 바로 이동하게 해 줍니다. 제목은 독자를 위해 콘텐츠를 구조화하는 데 도움을 줄 뿐만 아니라 검색 엔진 최적화^{search engine optimization}(SEO)에도 중요합니다. 문서에 제목을 반드시 포함하도록 합니다.

개요에 있는 각각의 상위 수준 단계를 제목으로 만들어서 개요로부터 문서 제목을 만들어 낼 수 있습니다. 제목을 만들 때는 다음 요령을 명심하세요.

- **최대한 간결하고 명확하고 구체적이어야 합니다.**
  독자가 제목을 빨리 훑어보고 문서를 상위 수준에서 이해할 수 있어야 합니다.
- **가장 중요한 정보를 앞에 배치합니다.**
  문서를 시작할 때 독자가 알아야 하는 가장 중요한 정보를 최대한 페이지의 상단에 가깝게 두세요.
- **각 절에 대해 고유한 제목을 사용합니다.**
  고유한 제목은 독자가 적절한 콘텐츠를 빨리 찾는 데 도움이 됩니다. 예를 들어 문서에 '테스트하기' 절이 여러 개 있으면 제목에 무엇을 테스트하는지 명시하세요.
- **일관성을 유지합니다.**
  제목을 모두 유사하게 조직화하세요. 문서가 작업을 완수하기 위한 절차 문서라면 모든 제목을 동사의 명사형으로 끝내세요. 더 큰 문서 세트의 일부가 될 문서를 작성한다면 제목의 스타일을 다른 문서와 맞추세요.

단락

단락은 독자가 문서의 맥락, 목적, 세부 정보를 이해하는 데 도움을 주는 문장들이 모여 만들어집니다. 단락은 절차를 언제 수행해야 하는지에 대한 맥락을 제시하거나 절차가 어떻게 작동하는지에 대한 세부 사항을 제공합니다. 단락은 개념을 더 이해하기 쉽게 해 주는 이야기를 포함할 수도 있고,

작업 진행 방법에 영향을 주는 이력 정보를 제공할 수도 있습니다.

문서에 넣을 수 있는 여러 다른 텍스트 유형 중에서 단락은 가장 많은 정보를 담고 있지만, 읽는 데 시간이 많이 걸리고 훑어보기도 어렵습니다. 단락을 작성할 때는 독자에게 그들이 이해하고 행동해야 하는 맥락을 제공하되, 간결하게 유지하세요. 가능하면 한 단락은 문장 5개를 넘지 않도록 구성합니다. 단락이 짧을수록 모바일 기기에서 읽기 더 쉽습니다!

절차

절차는 독자가 원하는 결과를 얻기 위해 취해야 하는 일련의 동작입니다. 절차는 독자가 수행해야 하는 작업의 순서를 이해하도록 항상 번호 매기기 목록으로 작성해야 합니다. 독자가 무슨 일을 하는지 이해하도록 절차의 시작 부분에 이루고자 하는 목표를 설명합니다. 절차의 끝에는 사용자가 절차를 올바르게 수행했는지 확인하는 방법을 덧붙입니다. 이는 문서에서 일종의 단위 테스트 역할을 하며, 사용자가 실수를 저지르지 않게 해 줍니다.

예를 들어, 다음은 'Corg.ly UI에 오디오 파일 업로드하기'의 절차입니다.

1. Corg.ly 앱을 엽니다.
2. '녹음'을 선택하여 강아지가 짖는 소리를 녹음합니다.
3. '업로드'를 선택하여 번역할 파일을 업로드합니다.

절차를 작성할 때 시스템의 시작 상태를 확인하세요. 독자가 로그인된 상태여야 하나요? 독자가 브라우저와 명령줄 중 어디에서 타이핑하나요? 이와 더불어 독자에게 그들이 원하는 상태에 도달하기 위해 필요한 안내를 제공해야 합니다.

절차의 각 단계에는 한 가지 동작만 나와야 합니다. 독자는 문서와 UI 또는 명령줄 사이에서 동작을 전환할 수 있고, 한 단계에 여러 개의 동작이 나오면 독자가 따라가기에 어려울 수 있습니다.

마지막으로, 독자에게 그들이 절차를 제대로 완료했음을 확인하기 위한 방법을 제공합니다. 예를 들어 Corg.ly 사용 절차의 끝에는 업로드가 성공했다면 확인 메시지를 받게 될 거라는 걸 알려줄 수 있습니다.

목록

목록은 연관된 정보를 훑어보기 좋은 형태로 그룹화해 줍니다. 다음과 같은 항목을 목록으로 작성합니다.

- 예시 목록
- 설정 방법
- 관련 주제

목록은 절차순으로 되어 있지 않지만, 그렇다고 완전히 무작위 순서인 것은 아닙니다. 목록을 만들 때는 사용자에게 가장 도움이 되는 방식으로 항목을 나열하도록 합니다. 예를 들어, 오디오 파일 업로드 절차에는 다음과 같은 글머리 기호 목록을 추가할 수 있을 겁니다.

Corg.ly에서 지원하는 오디오 파일 유형은 다음과 같습니다.

- MP3
- AAC
- WAV
- M4A
- FLAC

그림 3-3 오디오 파일 유형의 샘플 목록

이러한 파일 유형 목록의 경우, 사용자가 가장 흔히 사용하는 유형부터 가장 덜 흔히 사용하는 유형순으로 배열할 수 있습니다. 또는 알파벳순으로 나열할 수도 있는데, 이렇게 하면 훑어보기 쉬울 것입니다.

목록이 더 길어질수록 훑어보기에 불편해집니다. 항목이 10개가 넘는다면 더 적은 항목으로 구성된 목록으로 나누는 것을 고려하고, 각각을 제목과 단락으로 묶어서 구성해 보세요.

안내 문구

문서를 작성할 때 특정 시점에 독자가 알아야 하지만 콘텐츠의 흐름에 잘 맞지 않는 정보가 생길 수 있습니다. 독자가 안전을 위해 알아야 할 절대적으로 중요한 정보일 수도 있고, 문서의 해당 지점에서 강조하고 싶은 유용한 정보일 수도 있습니다. 이러한 경우 안내 문구[callout]를 사용할 수 있습니다.

다음은 안내 문구의 몇 가지 예와 사용해야 할 시점을 보여 줍니다.

- **경고:** 이 동작을 하지 마세요!
  독자가 위험에 처하거나 개인 데이터가 위기에 처할 수 있으며 시스템이 돌이킬 수 없는 손상이나 손실을 입을 수 있습니다.
- **주의:** 신중하게 진행하세요.
  동작이 예기치 않은 결과를 초래할 수 있습니다.
- **참고:** 현재 읽고 있는 내용에 대한 관련 정보 또는 팁입니다.

안내 문구는 문서의 흐름을 중단시키므로, 독자가 피해야 하는 시나리오를 강조하는 데 유용합니다. 색상, 아이콘 및 다른 신호를 사용하여 안내 문구의 심각도를 나타내고 독자가 관련된 동작을 취하기 전에 안내 문구를 볼 수 있게 하세요.

예를 들어, 다음은 오디오 파일을 Corg.ly에 업로드하기 위한 문서의 상단에 나올 수 있는 안내 문구입니다.

> **주의:** 주인이 녹음을 허락한 강아지에게게만 Corg.ly를 사용하세요. 강아지(및 그 주인)에게 접근하는 방법을 잘 모르겠다면 <u>이 글</u>을 참고하세요.

그림 3-4 '주의' 안내 문구의 예

시스템 경고가 지속적으로 발생하면 경고 누적으로 피로를 느낄 수 있는 것처럼 안내 문구를 너무 많이 사용하면 독자도 피로를 느낄 수 있습니다. 잘 판단하여 독자가 놓치면 안 되는 중요한 정보에 한해 안내 문구를 사용하세요.

1장에서 만든 마찰 로그를 다시 참고하면 '참고' 또는 '경고' 안내 문구가 독자에게 도움이 될 수 있는 위치를 알 수 있습니다.

훑어보기를 고려하여 문서 작성하기

기술 문서 독자에 대한 두 가지 근본적이고 역설적인 사실이 있습니다.

- 독자는 정보를 찾기 위해 문서를 봅니다.
- 독자들은 여러분이 쓴 글을 매우 조금 읽습니다.

온라인에서 대부분의 콘텐츠를 어떻게 읽는지 생각해 보세요. 아마도 눈에 띄는 특정 항목을 검색하면서 원하는 것을 찾을 때까지 여러 페이지의 처음 몇 개 절을 빠르게 훑어볼 것입니다. 원하는 것을 찾았을 때만 그 페이지에 머물러서 필요한 내용을 자세히 읽습니다. 이 과정 동안 여러 페이지를 조금만 읽으면서 이동한 것을 볼 수 있습니다.

대부분의 사람들은 이와 같은 방식으로 읽습니다. 즉, 질문에 대한 답을 주는 콘텐츠를 찾을 때까지 페이지 제목과 섹션 제목을 훑어봅니다. 실제로 독자가 페이지에서 보내는 시간을 기준으로 볼 때 기껏해야 페이지에 있는 단어의 28%를 읽을 수 있습니다(게다가 매우 빨리 읽는 독자인 경우에 해당됩니다).[2] 이는 문서를 시각적으로 훑어보는 독자와 스크린 리더(콘텐츠를 음성 또는 점자로 바꿔 주는 도구)를 사용하는 독자 모두에게 해당됩니다.

> **참고** 연구에 따르면 독자가 콘텐츠 페이지를 볼 때 일반적으로 'F' 패턴으로 콘텐츠를 훑어본다고 합니다. 다시 말해, 제목과 부제를 찾으려고 문서 상단을 두 개의 수평선으로 가로질러 훑어본 다음 페이지를 아래로 훑어본다는 것입니다. 그들은 페이지에 있는 모든 단어를 읽지 않습니다.

독자가 콘텐츠를 훑어보고 알맞은 정보를 찾을 수 있도록 문서를 작성하세요. 독자가 훑어보는 데 도움이 되도록 작성하면 독자는 원하는 콘텐츠를 더 빨리 찾을 수 있으며, 여러분은 더 직접적으로 정보를 제시하며 더 나은 콘텐츠를 만들 수 있습니다. 콘텐츠를 보다 쉽게 훑어볼 수 있도록 하는 여러 가지 전략이 있습니다.

가장 중요한 정보를 먼저 제시하자

독자가 문서를 훑어본다면 기껏해야 문서의 처음 몇 단락을 읽을 것입니다. 처음 몇 단락에서 '이게 도움이 될까?'라는 독자의 궁금증을 호기심으로 바꾸는 답이 제시되어야 합니다.

저자주[2] 제이콥 닐슨, "F-Shaped Pattern For Reading Web Content (original study)", 닐슨 노먼 그룹, 2006년 4월 16일 게시, https://www.nngroup.com/articles/f-shaped-pattern-reading-web-content-discovered/.

제목은 문서의 목표를 요약해야 합니다. 처음 두세 단락에는 중요한 정보를 담습니다. 작업 절차를 작성하는 경우 독자에게 문서를 읽고 나면 무엇을 달성할 수 있을지 알려 주세요. 더 개념적인 내용을 작성한다면 설명하는 개념의 중요성과 그것에 대해 많이 아는 것이 독자에게 어떤 도움이 되는지 설명합니다.

분량이 많은 텍스트는 나누자

단락이 길면 훑어보기 어렵습니다. 여러분이 주로 인쇄 출판물이나 학술 논문을 위한 글을 썼다면 긴 형식의 에세이를 쓰는 일이 더 익숙할 것입니다. 불행히도 대부분의 독자는 텍스트로 가득한 글을 보면 페이지를 건너뛸 것입니다.

대신 여러 개의 긴 단락을 하위 섹션으로 구분하거나, 목록, 샘플 코드 또는 그래픽 요소로 바꿔서 훑어보기 더 쉽게 만들 수 있습니다. 5장과 6장에서는 샘플 코드와 시각적 콘텐츠를 사용하여 텍스트를 나누는 방법을 다룹니다.

긴 문서는 나누자

모든 콘텐츠를 하나의 문서에 담고 싶을 수도 있지만, 긴 문서 하나에 너무 많은 독자를 위해 너무 많은 목표를 달성하려고 하는 경우가 많습니다. 예를 들어, 'Corg.ly에 오디오 파일 업로드하기'에 대한 [그림 3-5]의 개요를 살펴보세요.

- **필수 조건**
  - 파일 크기와 포맷 요구 사항
- **애플리케이션을 사용하여 오디오 파일 업로드하기**
  - 애플리케이션 다운로드
  - 애플리케이션 설치
  - UI를 사용하여 오디오 파일 업로드
  - 파일이 업로드되었는지 UI에서 확인
- **REST API를 사용하여 오디오 파일 업로드하기**
  - API 접근 권한 획득
  - API 호출하여 파일 업로드
  - 파일이 업로드되었는지 API로 확인

그림 3-5 너무 많은 목표를 충족하려는 개요 예시

애플리케이션을 사용하여 오디오 파일을 Corg.ly에 업로드하려는 독자는 API를 사용하여 업로드하려는 독자와 다른 수준의 기술 지식과 요구 사항을 가지고 있습니다. [그림 3-6]에서 볼 수 있듯이 이 문서를 두 개로 나눈 다음 세부 주제로 구성하는 것이 좋습니다.

애플리케이션을 사용하여 오디오 파일 업로드하기	REST API를 사용하여 오디오 파일 업로드하기
• Corg.ly 앱 사용을 위한 필수 조건 • 애플리케이션 다운로드 • 애플리케이션 설치 • UI를 사용하여 오디오 파일 업로드 • 파일이 업로드되었는지 UI에서 확인	• Corg.ly API 사용을 위한 필수 조건 • API 접근 권한 획득 • API 호출하여 파일 업로드 • 파일이 업로드되었는지 API로 확인

그림 3-6 개요를 두 문서로 나누기

대상 독자별로 문서를 나누는 방법이 효과가 없으면 문서를 나누는 다른 방법을 시도해 보세요. 문서를 정보 유형별로 나눌 수 있나요? 사용된 제품 기능별로 나눌 수 있나요? 콘텐츠 포맷별로 나누는 건 어떤가요?

단순함과 명확함을 추구하자

짧고 간결한 문서는 아름답습니다. 문서 초안을 작성할 때 다음과 같이 자문해 보세요.

'이 콘텐츠가 독자의 니즈를 충족하는가?'

프로젝트 이력이나 시스템에 적용한 설계 고려 사항과 같은 정보를 추가하고 싶을 수 있지만, 이는 절차 문서에는 적합하지 않습니다. 개발 이력, 설계 이론, 문서에 대한 해설서는 별도 위치에 두고 다르게 제목을 붙여 적절한 서식을 지정합니다.

막혔을 때 빠져나오기

누구나 글을 쓰다 막히는 일이 생깁니다. 글쓰기는 어렵고 창의적인 작업이며, 창의적인 작업은 때때로 지속하기 어렵습니다. 여러분이 글을 잘 쓰지 못해서 그런 게 아닙니다! 개요 작성의 초기 단계에서 헤매는 것이든 초안을 완성하는 도중에 헤매는 것이든 막히는 일은 글쓰기 과정의 일부입니다.

막혔을 때 빠져나오는 몇 가지 방법이 있습니다. 여러분을 가로막는 것이 무엇인지 알아내 보세요. 내용이 틀릴까봐 두렵습니까? 자료를 깊이 있게 살펴볼 시간이 부족합니까? 완성한 글이 좋지 못할까봐 걱정인가요? 글쓰기가 중단된 이유를 파악하면 문제를 해결하고 계속 진행하기가 더 쉽습니다.

이어지는 몇 개 절에서는 콘텐츠 초안을 작성하는 동안 막혔을 때 도움이 되는 전략을 소개합니다.

완벽함을 내려놓자

콘텐츠의 첫 번째 초안은 완벽할 리가 없습니다. 사실, 좋을 필요조차 없습니다. 첫 번째 초안의 목표는 배포를 위해 완벽하게 다듬어진 문서를 만드는 것이 아니라 독자에게 필요한 모든 정보를 적는 것입니다. (배포를 위해 문서를 다듬는 방법에 대한 정보는 4장을 참고하세요.)

그러니 긴장을 푸세요. 콘텐츠가 완벽해야 한다는 생각을 놓고, 문법에 대한 걱정을 멈추고, 아이디어를 페이지에 적는 데 집중하세요. 첫 번째 초안은 평가에서 자유로운 영역입니다.

도움을 청하자

막힌 상태에서 빠져나오는 좋은 방법 중 하나는 다른 사람과 이야기하여 문제를 해결하는 것입니다. 다른 누군가에게 지금까지 작성한 내용을 읽고 콘텐츠 개요를 함께 살펴보자고 요청해 봅니다. 여러분이 겪고 있는 문제와 막힌 부분에 대해 이야기하세요.

다른 사람에게 콘텐츠의 일부를 작성하도록 요청하여 어깨 너머로(화면을 공유할 수 있는 경우 가상의 어깨 너머로) 보면서 문서를 검토해 볼 수도 있습니다. 또한 동료에게 콘텐츠 검토를 요청할 수도 있습니다(4장 참고).

누락된 내용은 표시하자

[TODO].

우리는 모두 코드에 TODO 주석을 남기고, 문서에서도 같은 일이 생깁니다. 글을 쓰다 보면 섹션을 작성하는 데 필요한 모든 정보가 없을 수도 있고,

필수적인 부분이 누락되었음을 알아챌 수도 있습니다.

내용의 공백, 즉 중요한 정보가 누락된 부분을 발견하면 이를 표시해 두고, 확실히 채울 수 있는 부분에 대해 작업을 계속하세요. 이후 수정 또는 작성 단계에서 공백을 채울 수 있습니다.

처음부터 문서를 정확하고 순서에 맞게 작성하는 데 매달리지 마세요. 코드와 마찬가지로 문서 작성은 반복적인 과정입니다. 아는 내용을 작성하고, 누락된 내용을 확인하고, 조사하고, 새로 알게 된 내용을 추가하세요.

꼭 순서대로 작성할 필요는 없다

처음 나올 내용을 가장 먼저 작성할 필요는 없습니다. 때때로 사람들이 가장 먼저 읽는 것, 즉 도입부를 마지막에 작성하기도 합니다. 좋은 도입부는 문서의 주요 주제, 독자가 문서를 읽음으로써 얻을 수 있는 것과 그것이 중요한 이유를 설명합니다. 문서의 본문을 구성하는 단계나 개념적 세부 사항을 다 작성하기 전까지는 이러한 화제가 명확하지 않을 수 있습니다.

어떤 경우에는 절차 부분을 먼저 작성하고 싶은 마음이 들 수도 있습니다. 예를 들어, 방금 해당 절차를 익혔고 확실히 기억해 두고 싶은 경우가 그렇습니다. 먼저 절차를 작성한 다음에 필수 조건과 예상 결과를 작성할 수 있습니다.

자신에게 가장 잘 맞는 순서대로 작성하세요. 필요에 따라 간단히 용어를 변경하고 위치를 옮겨 볼 수도 있습니다.

작성 수단을 바꿔 보자

여전히 글을 쓰는 데 어려움을 겪고 있다면 문서 작성에 사용하는 도구를 바꿔 보세요. 텍스트 편집기로 잘 되지 않는다면 다른 프로그램으로 바꿔 보거나 컴퓨터에서 완전히 벗어나 보세요. 종이에 아이디어를 적거나 화이트보드에 스케치해 보는 것도 좋습니다. 쓰기보다 말하기가 더 편안하다면 음성 받아쓰기도 사용할 수 있습니다.

중요한 점은 다양한 도구로 시험하여 자신에게 가장 잘 맞는 도구를 찾는 것입니다.

템플릿으로 작성 시작하기

동일한 문서 패턴을 공유하는 유사한 문서를 여러 개 만드는 경우 템플릿^{template}을 만드는 것이 좋습니다. 템플릿은 일관성 있는 문서를 생성하고 향후 문서 생성을 간소화하는 안정적인 방법을 제공합니다.

템플릿은 일관성 있는 사용자 경험을 가능하게 합니다. 템플릿을 사용하면 구조보다는 내용에 집중할 수 있어 문서 작성이 더 쉬워집니다.

템플릿은 제목과 내용에 대한 자리 표시자^{placeholder}가 있는 표준화된 서식으로, 관련된 문서 그룹에 일관된 포매팅을 제공합니다. 예를 들어, 여러분의 릴리스 노트 템플릿은 새로운 기능, 문서 변경 사항, 모든 알려진 버그와 수정된 버그의 표를 포함하는 섹션으로 구성될 수 있습니다. 동일한 템플릿을 기반으로 하는 각 문서의 콘텐츠가 서로 다르더라도 템플릿 덕분에 일관된 스타일, 형식 및 구조가 드러납니다.

템플릿을 만들 때 기존 문서(자신의 문서든 다른 사람의 문서든)를 평가하고 여러분의 문서와 유사한 문서에서 일관성 있게 유지되어야 하는 섹션으로 구성된 개요를 만드세요.

예를 들어 버그 리포트에는 매번 동일한 정보가 포함되어야 하므로 버그 리포트 템플릿이 유용한 경우가 많습니다.

버그 리포트 템플릿

버그 제목

환경

  기기/OS, 브라우저, 소프트웨어 버전 등

재현 절차

  1.

  2.

  3.

  4.

  5.

  6.

  7.

  8.

  9.

  10.

  11.

  12.

예상 결과

실제 결과

스크린샷/이미지

템플릿화된 문서는 훑어보기가 더 쉽습니다.[3] 예를 들어, 버그 리포트가 포매팅 및 구조 면에서 공통 패턴을 공유하는 경우 여러 버그 리포트에서 특정 정보를 검색하기가 더욱 쉽습니다.

모든 종류의 문서에 템플릿이 필요한 것은 아닙니다. 예를 들어, 내용이 독특하거나 맥락이나 이야기에 중점을 둔 문서를 템플릿화하는 건 그다지 도움이 되지 않을 수 있습니다. 문서 유형이 더 일반적일수록 템플릿이 더 유용합니다. 버그 리포트 외에도 일반적으로 템플릿화하는 문서에는 다음이 포함됩니다.

- 유사한 앱에 대한 절차 가이드
- API 레퍼런스 및 통합 작업용 참조 문서
- 릴리스 노트

템플릿은 작성 형태를 쉽게 예측할 수 있는 용어집 항목 및 오류 메시지와 같은 작은 문서에도 사용할 수 있습니다.

온라인에서 사용 가능한 템플릿 자료 목록은 부록 '참고 자료'에서 찾아볼 수 있습니다.

첫 번째 초안 완성하기

결국은 문서 초안이 완성됩니다. 즉 여러분이 명시한 목표에 독자가 도달하는 데 필요한 모든 정보를 기록하는 시점이 올 겁니다. 완료 여부를 확인하려면 다음과 같이 자문해 보세요.

저자주 [3] "Reading: Skimming or scanning" BBC Teach, 2021년 9월 17일 접근, https://www.bbc.co.uk/teach/skillswise/skimming-and-scanning/zd39f4j.

- 문서 제목에 문서의 목표가 요약되어 있는가?
- 섹션 제목들이 모여 문서를 적절히 요약하는가?
- 초안의 처음부터 끝까지 독자의 니즈를 다루는가?
- 정보의 흐름이 독자가 이해하기에 적절한가?
- 초안이 마찰 로그에서 찾아낸 문제를 다루는가?
- 초안이 문서화 패턴이나 템플릿을 올바르게 따르고 있는가?
- 절차 일부 또는 전체가 작동하는지 테스트하고 확인했는가?

위의 모든 질문에 '예'라고 답할 수 있으면 첫 번째 초안이 완료된 것입니다. 초안을 완성했다고 해서 콘텐츠를 배포할 준비가 되었다는 의미는 아니지만, 글을 쓰는 데 있어 중요한 이정표에 도달했음을 의미합니다. 즉 독자가 성공하는 데 필요한 모든 정보를 전달했음을 뜻합니다.

요약

편안하고 친숙한 문서 작성 도구를 선택하여 성공적인 글쓰기를 위한 준비를 하세요. 코드 작성에 사용하는 툴체인[4]은 문서화에 활용하기에도 좋습니다.

- 문서의 대상, 목적, 패턴을 정의하는 것으로 시작하세요. 문서의 목표가 문서의 제목에서 드러나야 합니다.
- 문서의 개요를 만들고 제목, 단락, 목록, 안내 문구를 사용하여 구체화하세요. 문서화 계획(2장 참고)의 세부 사항을 채워 넣으세요.
- 독자는 문서를 훑어볼 것이므로 가장 중요한 정보를 먼저 제시하고 독자를 위해 내용을 나누어 정보를 쉽게 찾을 수 있도록 합니다.

역자주 [4] 어떤 소프트웨어를 만드는 데 사용되는 서로 관련된 개발 도구들의 집합을 의미합니다.
출처: ko.wikipedia.org/wiki/툴체인

- 유사한 문서를 여러 개 만든다면 일관성 있는 문서를 만들 수 있도록 템플릿을 만들어 사용하세요.

첫 번째 초안은 완벽할 필요가 없고, 좋을 필요조차 없습니다. 다음 장에서는 초안을 다듬어서 배포하기에 적합한 문서로 바꿀 수 있게 콘텐츠를 편집하는 방법에 대해 설명합니다.

문서 편집하기

Corg.ly
콘텐츠 편집하기

카틱은 커피를 한 모금 마시고 샬럿이 작성한 Corg.ly 문서 초안을 다시 한 번 읽어보았다.

문서에 나오는 지시 사항은 카틱에게 꽤 간단하게 느껴졌다. 그는 2분 안에 내용을 따라가며 번역 기능이 작동하게 할 수 있었다. 이미 잠재 고객에게 시스템이 어떻게 작동하는지 시연할 때 아인과 함께 여러 번 했던 일이니까. 하지만 작성된 모든 지시 사항을 보고 나니, 사용자가 제대로 구현하려면 얼마나 많은 것들을 이해해야 하는지를 간과했음을 깨달았다.

Corg.ly API를 사용하기 위한 문서는 기본적으로 API에 인증하고, 분석할 오디오 파일을 업로드하기 위한 긴 단계의 목록이었다. 그는 그 단계들을 다시 읽고서 첫 번째 고객인 메이를 생각했다.

카틱은 메이가 이 문서를 보면서 던질 모든 질문에 대해 생각했다. 아마도 그녀가 가장 먼저 할 질문은 '이 단계들 중 어떤 것들이 필수 단계인가요?'일 것이고, 다음으로는 '이 API 호출을 우리 목적에 맞게 조정하려면 어떻게 해야 하나요?', 마지막으로는 '발생 가능성이 높은 오류는 어떤 것이 있나요?'가 되리라.

카틱은 이러한 질문을 염두에 두고 샬럿의 초안에 의견을 달았다. 실제로 이 과정은 일반적인 코드 리뷰와 크게 다르지 않았다. '여기에 세부 설명을 추가하고, 저기에 제목을 추가하고, 이 링크를 수정하고, 다음 단계를 몇 개 추가하세요.'와 같은 식이었다. 그는 메이에게 보여주기 전에 샬럿과 함께 최소한 한 번 더 피드백을 주고받아야 함을 알고 있었다.

사용자의 니즈에 맞춰 편집하기

창조적 행위인 글쓰기는 분석적 행위인 텍스트 검토 및 평가와는 다릅니다. 콘텐츠 초안 작성이 모든 아이디어를 써내려가는 일이라면, 편집은 문서를 살펴보고 사용자의 니즈를 충족하도록 수정하는 과정입니다. 문법과 가독성을 넘어서, 편집은 텍스트가 최대한 명확하고 빠르며 유용하게 사용자에게 정보를 전달하도록 합니다.

작성과 편집을 동시에 하는 것은 각 작업을 따로 하는 것보다 진행 속도가 느립니다. 몇 시간 동안 첫 문장을 계속 다시 쓰기를 반복하면서 문서 작성 시작 부분에서 막힌 경험이 있는 사람에게 물어보세요. 작성과 편집을 분리하면 창작 과정과 평가 과정을 분리할 수 있으며, 처음에 정보를 써내려가려고 노력했던 단계에서 벗어나 작성한 내용을 비판적인 시각으로 검토할 수 있습니다.

문서 편집은 코드를 검증하고 테스트하고 리뷰하는 과정과 유사합니다. 코드가 실행되고, 예상한 기능을 수행하며, 다른 코드에 문제를 일으키지 않는지 확인하려면 다양한 방법으로 코드의 유효성을 검증해야 합니다. 린터[linter][1]를 완벽하게 통과한 코드에 버그가 있을 수 있는 것처럼, 문법적으로 완벽하지만 사용자에게 도움을 주지 못하는 문서가 있을 수 있습니다.

코드 리뷰와 마찬가지로, 편집은 다른 사람과 콘텐츠를 공유하고 가정한 바를 시험하고 피드백을 수집하는 협업 프로세스입니다. 처음에는 다른 사람의 의견을 받아들이기 어려울 수 있지만, 이 과정에서 가장 많이 배울 수 있기도 합니다. 받은 피드백을 통합하다 보면 문서화하는 문제에 대한 보다 명쾌한 접근법을 찾거나 문서를 보다 효과적으로 작성하는 멋진 방법을

역자주 [1] 소스 코드나 문서를 분석하여 오류나 의심스러운 부분을 표시해 주는 도구입니다.
출처: ko.wikipedia.org/wiki/린트_(소프트웨어)

발견할 수도 있습니다.

이 장에서는 다음을 포함한 문서 편집 프로세스를 차례로 안내합니다.

- 편집에 대한 다양한 접근 방식 이해하기
- 표준화된 편집 프로세스 만들기
- 편집 피드백 받아서 통합하기

편집에 대한 여러 가지 접근법

문서를 편집할 때는 개선하려는 한 가지 측면에 집중하는 것이 좋습니다. 예를 들어, '이 문서의 모든 기술 정보는 정확한가?' '이 문서는 잘 구성되어 있는가?'처럼 한 번에 하나씩 점검하는 것입니다. 좋은 문서를 위한 모든 요소에 한꺼번에 집중하려고 하면 지나치게 힘들고 작업이 느려집니다. 편집 프로세스를 일련의 단계[pass]로 나누면 일이 더 빨라집니다. 여기서 각 단계는 잘 편집된 문서의 한 가지 측면에 집중합니다.

사용자와 사용자의 니즈에 따라, 콘텐츠를 편집할 때 집중하는 측면이 달라질 수 있습니다. 하지만 대부분의 개발자 문서에서 각 편집 단계는 다음 측면에 중점을 두어야 합니다.

- 기술적 정확성
- 완전성
- 구조
- 명확성과 간결성

이 순서로 편집하면 개발자인 여러분이 가장 잘 아는 것(기술적 정확성)부터 시작해서 사용자가 원하는 것(사용자의 니즈를 해결하는 잘 작성된 문서)을 향해 점진적으로 나아갈 수 있습니다.

이러한 각각의 특성을 고려하여 편집할 때는 이 정보를 처음 접하는 사람처럼 문서를 읽으세요. 제품이나 기술을 잘 알고 있으면 친숙한 내용을 당연시하여 새로운 독자가 필요로 하는 중요한 소개 정보를 얼버무리기 쉽습니다. 편집 프로세스는 이러한 빈틈을 메우고 사용자의 성공에 도움이 되는 정보를 추가하기에 좋은 시점입니다.

기술적 정확성을 위한 편집

기술적 정확성을 위한 편집 단계에서는 콘텐츠의 정확성을 염두에 두고 편집해야 합니다. 여러분은 다음 질문에 답할 수 있어야 합니다.

- 누군가가 이 지시 사항을 따라가면 약속한 결과를 얻을 수 있는가?
- 혼동을 일으킬 수 있는 기술적인 은어나 용어가 있는가?
- 코드의 함수, 파라미터, 엔드포인트가 올바르게 명명되고 설명되었는가?

단계별 절차를 문서화하는 경우에는 지시 사항을 직접 따라가면서 잘 되는지 확인합니다. 제품이 여러 운영 체제 및 개발 환경을 지원한다면, 지시 사항이 작동하는지 확인하고 절차 중에서 환경에 맞춰 조정이 필요한 부분이 있다면 문서에 반영하세요. 그리고 마찰 로그를 만들었다면(1장 참고) 거기에서 식별한 임시 대처법이나 문제를 문서에 반영했는지 확인합니다.

기술 개념을 설명하는 문서의 경우에는 사용자에게 적합한 수준에서 개념을 설명했는지 확인합니다. 용어에 불일치가 있으면 일관성 있도록 수정하세요. 예를 들어, 문서를 편집할 때 '암호화encryption'와 '해싱hashing'이 같은 뜻으로 섞여서 사용되는 경우 어느 쪽이 정확한지 명확히 해야 합니다. 이를 위해서는 다른 개발자들과 함께 콘텐츠를 검토하면서 의견 일치를 봐야 할 수 있습니다.

또한 기술적 정확성을 위한 편집 단계에서는 사용자에게 미리 경고해야 하는 사항, 즉 장애, 데이터 손실, 신체적 상해 등을 일으키는 중요한 요소가 있는지 확인해야 합니다. 중대하거나 예기치 않은 장애를 일으킬 수 있는 모든 문제에는 경고성 안내 문구를 제공하도록 합니다.

완전성을 위한 편집

완전성을 위한 편집 단계에서는 콘텐츠에 사용자가 성공하는 데 필요한 모든 정보가 포함되어 있는지 확인해야 합니다. 이 단계에서는 콘텐츠에 빈틈이 없는지, 초안에 있던 [TODO] 또는 [TBD][2]가 채워졌는지 확인합니다.

완전성 측면에서 편집할 때는 사용자와 사용자의 소프트웨어 사용 방식을 고려하세요. 여러분이 리눅스를 주 개발 환경으로 사용하지만 사용자는 맥OS를 주 개발 환경으로 사용하는 경우에도 문서에 포함된 지시 사항이 잘 작동할까요? 사용자가 소프트웨어의 최신 버전 대신에 다른 버전을 사용하고 있다면 예상치 못한 오류가 발생할 가능성이 있을까요?

마찬가지로, 어떤 정보가 곧 만료될 예정이고 그 일정을 알고 있는 경우 이와 관련된 제약 사항을 명확히 기록하세요. 예를 들어, 세금 신고서 작성을 위한 지시 사항에는 '이 지시 사항은 2021년 과세 연도에만 적용됩니다.'라고 표시할 수 있습니다. 문서가 소프트웨어의 특정 버전에만 적용되는 경우 버전별 제약 사항을 명확하게 문서화해야 합니다.

완전성을 위한 편집 단계는 새로운 독자를 참여시키기에 좋은 시점입니다. 설명과 지시 사항 간의 차이를 새로운 독자가 여러분보다 훨씬 빨리 발견할 때가 많습니다. 처음으로 다른 사람이 문서를 보면서 작업하는 과정을

역자주 [2] 'To be determined'의 약자로, 어떤 사항이 결정된 이후에 채워질 부분을 표시하는 키워드입니다.

보면 여러분이 어떤 내용을 당연하다고 여기고 빠뜨렸는지 이해할 수 있습니다. 새로운 독자가 작성한 마찰 로그는 여러분 자신의 마찰 로그를 재확인하거나 껄끄러운 상황을 일으킬 만한 다른 부분을 강조해 주어 마찰 로그에 깊이를 더하는 데 도움이 될 수 있습니다. 마찰 로그에 대한 자세한 내용은 1장을 참고하세요.

완전성은 '모든 것'을 이야기한다는 의미가 아닙니다. 정보가 너무 적은 경우와 마찬가지로 정보가 너무 많아도 독자를 잃기 쉽습니다. 완전한 문서는 문서가 필요한 사람들에게 도움을 주기에 충분한 정보를 포함하되, 그들이 원하는 것을 찾을 수 없을 정도로 지나치게 많은 정보를 포함하지는 않아야 합니다.

구조 측면에서의 편집

사람들이 문서를 열고 가장 먼저 보게 되는 것은 문서 제목, 섹션 제목과 목차입니다. 처음에 보게 되는 이 몇 개의 단어들은 문서에서 가장 중요한 부분에 속하며, 독자에게 그들이 원하는 정보로 가는 길을 가리키는 일련의 이정표가 됩니다. 구조 측면의 편집 단계에서는 이 이정표가 정확한지, 이 문서가 무엇에 관한 것이며 주제가 어떻게 분류되어 있는지가 독자에게 명확한지 확인해야 합니다.

구조 측면에서 편집할 때는 다음 질문에 답하고자 노력해야 합니다.

- 문서 제목과 섹션 제목에서 문서가 무엇에 관한 것인지 명확히 드러나는가?
- 문서가 일관되고 논리적인 방식으로 구성되어 있는가?
- 문서에 다른 문서에 포함시키는 것이 더 적절한 섹션이 있는가?
- 템플릿이 있는 경우, 문서가 템플릿을 충실히 따르는가?

참고 2장에서는 일반적인 콘텐츠 유형별로 문서화를 계획하는 과정과 사람들이 그러한 유형을 사용하는 이유를 설명합니다. 구조 측면의 편집 단계는 자신이 세운 문서화 계획을 잘 따르고 있는지 확인하기에 좋은 시점입니다.

문서에 일관되고 예측 가능한 구조를 사용하면 사용자가 자신이 원하는 정보와 가장 관련성이 높은 부분을 쉽게 찾을 수 있습니다. 예를 들어 음식 조리법을 다루는 웹사이트를 생각해 보세요. 어떤 독자는 조리법이 개발된 역사에 관심이 있을 수 있지만, 다른 독자는 조리법 설명으로 바로 건너뛰고 싶어 할 수 있습니다. 이 예에서 '조리법' 부분과 '역사' 부분을 명확히 구분하여 이정표로 만들면 문서 구조가 예측 가능해져서 다양한 독자가 필요한 정보를 빠르게 찾을 수 있습니다.

문서에 포함된 내용을 이정표로 만드는 것 외에도, 독자가 콘텐츠를 읽기 전과 후에 수행해야 할 작업을 나타내고 있는지 확인해야 합니다. 대부분의 사람들은 검색을 이용하여 필요한 정보를 찾습니다. 만일 사용자가 검색을 통해 다른 내용을 읽지 않고 페이지에 찾아왔다면 문서를 이해하는 데 필요한 필수 기술과 지식을 갖추고 있을까요?

필수 조건 단계가 있다면 명확히 제시해야 합니다. 예를 들어 '이 단계들을 완료하려면 관리자administrator 권한이 있어야 합니다.' 또는 '이 문서에서는 사용자가 API 설정을 완료했다고 가정합니다.'처럼 말이죠.

마찬가지로, 독자가 문서를 읽은 후에 일반적으로 수행해야 하는 다음 단계나 필요한 추가 정보가 있다면 해당 링크를 나열해야 합니다. 이러한 이정표는 사용자가 정보를 탐색하는 여정 중 어디에 있는지 알려줍니다.

명확성과 간결성을 위한 편집

명확성과 간결성을 위한 편집 단계에서는 문서를 한 줄씩 검토하여 각 문장과 단락이 얼마나 이해하기 쉬운지 확인해야 합니다. 어색한 문구를 수정하고, 중복된 정보가 있다면 제거하고, 불필요한 단어를 잘라냅니다. 명확성과 간결성을 위한 편집은 문서를 위한 코드 리팩터링이라고 볼 수 있습니다.

이 단계에는 언어 편집의 모든 고전적 요소, 즉 문법, 어조, 간결함을 고려한 교정이 포함됩니다. 맞춤법 및 문법 검사기와 같은 도구가 이 작업의 일부를 수행할 수 있지만, 그것만으로는 충분하지 않으므로 문서 전체를 직접 검토해야 합니다. 문서의 각 섹션을 읽으면서 다음과 같이 자문해 보세요.

- ☑ 최대한 명확하게 표현되었는가?
- ☑ 일관성 없이 사용되어 수정해야 할 용어가 있는가?
- ☑ 잘라낼 수 있는 불필요한 단어나 문구가 있는가?
- ☑ 독자를 혼란스럽게 할 수 있는 특정 표현, 비유, 속어가 있는가?
- ☑ 피해야 할 편향된 언어[3]를 사용하고 있는가?

콘텐츠를 최대한 간결하고 목적에 딱 들어맞게 만드세요. 편집하는 동안 많은 콘텐츠를 잘라내게 될 수 있습니다. 이건 좋은 일입니다! 이는 독자가 문서 전체를 훑어보지 않고도 올바른 정보를 빠르게 찾을 수 있음을 의미합니다.

역자주 [3] 성차별적, 인종차별적이거나 특정 그룹을 모욕하는 것으로 간주되는 표현을 의미합니다. 반대 개념으로는 편향 없는 언어(bias-free language), 포용적 언어(inclusive language)가 있습니다.
출처: https://en.wikipedia.org/wiki/Inclusive_language

편집 프로세스 만들기

작성하는 모든 문서에 대해 모든 편집 단계를 혼자서 수행할 수도 있겠지만, 그렇게 하면 시간이 지남에 따라 피로도가 높아집니다. 또한 작성한 직후에 문서를 검토하는 것은 잠시 떨어져 있다가 새로운 마음으로 검토하는 것만큼 효과적이지 않습니다. 편집을 잘하려면 시간과 노력이 필요한 만큼, 편집 프로세스를 만들어 다른 사람들과 편집 업무를 나누는 것이 가장 좋습니다. 편집 프로세스는 검토를 위한 일련의 공통 절차와 표준을 마련해 줍니다.

편집 프로세스를 만드는 것은 코드 리뷰 프로세스를 만드는 것과 비슷하며 그와 유사한 이점이 있습니다. 편집 프로세스는 문서를 편집하는 속도를 높여서 새로운 관점을 가진 사람이 객관적인 피드백을 제공할 수 있도록 합니다. 또한 검토자 간에 지식을 공유하고 팀 내에서 작성되는 문서 전반에 걸쳐 표준을 수립하는 데 도움이 됩니다.

일반적인 편집 프로세스는 [그림 4-1]과 같습니다.

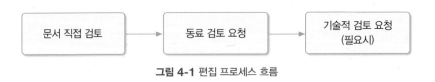

그림 4-1 편집 프로세스 흐름

작성한 문서 먼저 검토하기

모든 검토 프로세스의 첫 번째 단계는 문서를 직접 편집하는 것입니다. 자신이 쓴 글을 읽는 것은 감정적으로 어려울 때가 있습니다. 비디오에 찍힌 자신의 모습을 보거나 녹음된 자신의 음성을 듣기가 어려운 것과 마찬가지입니다. 내면에서 바라볼 때는 모든 것이 다르게 보이고, 외부에서 자신을 경험하려면 공감과 연습이 필요합니다.

자신이 만든 콘텐츠를 보다 수월하게 검토할 수 있는 한 가지 방법은 편집 체크리스트를 사용하는 것입니다. 편집 체크리스트를 사용하면 문장을 완벽하게 만드는 데 얽매이지 않고 중요한 사항을 검토하면서 순조롭게 진행할 수 있습니다. 체크리스트에는 다음 항목들이 포함될 수 있습니다.

- ☑ 문서 제목이 짧고 구체적이다.
- ☑ 섹션 제목이 논리적인 순서로 배치되고 일관성이 있다.
- ☑ 문서의 목적이 첫 번째 단락에 설명되어 있다.
- ☑ 절차가 테스트되었고 잘 작동한다.
- ☑ 기술적 개념에 대한 설명이나 해당하는 링크를 제공한다.
- ☑ 문서가 템플릿의 구조를 따른다.
- ☑ 모든 링크가 작동한다.
- ☑ 맞춤법 및 문법 검사기를 실행했다.
- ☑ 그래픽과 이미지가 명확하고 유용하다.
- ☑ 모든 필수 조건과 다음 단계가 명시되어 있다.

작성하는 문서 유형에 따라 필요에 맞게 이 체크리스트를 조정해야 할 수도 있습니다. 또한 편집에 쓰는 시간을 제한하고 싶을 수도 있습니다. 그렇지 않으면 동료 검토로 넘어가는 대신 세부 사항을 다듬는 데 얽매이기 쉽습니다.

동료 검토 요청하기

문서화에서 동료 검토는 소프트웨어 개발에서 코드 리뷰와 유사합니다. 이 단계에서는 다른 사람이 여러분의 문서를 검토하고 이 문서가 독자에게 유용하고 그들의 목적에 적절한지 확인하도록 요청하게 됩니다. 이 장의 도입부에서 카틱이 샬럿이 쓴 문서를 읽으며 했던 일이 바로 동료 검토입니다.

여러분이 자신의 문서를 검토할 때 확신이 들지 않거나 불편함을 느꼈을 수 있는 것처럼, 문서 검토자가 여러분이 어떤 종류의 편집을 원하는지 모른다면 불편함을 느낄 수 있습니다. 요청 사항이 명확하면 유용한 피드백을 받을 가능성이 높아집니다. 어떤 종류의 피드백을 원하는지 검토자에게 알려주세요. 구조적인 관점의 피드백인가요? 기술적인 관점의 피드백인가요? 아니면 명확성과 간결성을 위한 피드백인가요?

동료 검토에서 특정 피드백을 요청하는 것 외에, 어떤 방법으로 피드백을 받고 싶은지 구체적으로 알려주는 것도 중요합니다. 출력된 문서에 교정하기, 인라인 주석으로 주고받기, 공유 문서의 사이드바에 메모 달기 중 어떤 형태로 피드백을 받는 것을 선호하나요? 동료 검토의 목표는 껄끄러운 요소를 줄여서 검토자가 효율적으로 의견을 추가하고 여러분이 피드백을 쉽게 취합하도록 하는 것입니다.

코드 리뷰에 사용하는 것과 동일한 시스템을 문서 검토에도 사용할 수 있습니다. 또한 코드 리뷰와 유사하게 반복적 검토 프로세스로 문서에 대해 동료 검토를 요청할 수 있습니다. 기존 코드 리뷰 시스템을 문서 검토에 활용하면 검토자가 배우고 적응해야 하는 새로운 도구의 수를 줄여서 문서를 개선하는 데 더 집중할 수 있습니다.

첫 번째 초안을 검토할 때는 카틱이 샬럿의 문서를 검토했던 것처럼 문서화하는 제품이나 개발 절차를 잘 알고 있는 팀 내 검토자에게 검토를 요청하는 편이 좋을 것입니다. 문서 배포에 가까워질수록 타깃 독자와 비슷한 사람들에게서 추가로 검토를 받아서 독자에게 필요한 내용을 작성했는지 확인할 수 있습니다.

기술적 검토 요청하기

완벽한 세상이라면 여러분이 문서화하는 기술의 모든 측면을 스스로 알고 있겠지만, 현실에서는 여러분이 기술적으로 이해한 바가 맞는지 다른 사람과 확인해야 합니다. 여기에서 기술적 검토가 필요해집니다.

기술적 검토는 동료 검토의 한 가지 유형으로, 특정 주제의 기술 전문가가 문서를 검토하고 세부 정보를 추가하거나 확인하는 과정입니다. 기술적 검토는 두 가지 이상의 기술을 통합하는 제품을 문서화할 때 특히 중요합니다. 이 경우 여러분이 한 가지 기술에는 전문가일 수 있어도 다른 하나에는 전문가가 아닐 가능성이 큽니다.

예를 들어 Corg.ly에서 샬럿과 카틱이 하고 있는 일을 생각해 보겠습니다. 그들은 강아지 음성 번역 소프트웨어의 기술은 모두 알고 있을 수 있지만, 번역기가 장착된 애견용 목걸이를 만드는 방법은 모를 수도 있습니다. 그들이 하드웨어를 Corg.ly API에 연결하기 위한 문서 작성을 시작했다면 해당 분야에서 일하는 다른 기술 전문가의 도움이 많이 필요할 것입니다.

기술 정보를 직접 조사하고 배우려고 시도하는 것보다는 전문가에게 목적이 명확하고 구체적인 기술적 검토를 수행하도록 요청하는 것이 더 빠를 때가 많습니다. 도움을 요청하는 것은 부끄러운 일이 아닙니다. 특히 그렇게 하여 문서의 품질이 높아지고 독자가 더 명확히 이해할 수 있게 된다면 더욱 그렇습니다.

피드백 받아서 반영하기

검토를 받은 후에는 사람들이 문서를 어떻게 바꿨으면 하는지 적은 글, 풀 리퀘스트^{pull request}[4], 다른 메모들이 쌓이게 됩니다. 다음 단계는 무엇일까요?

먼저 심호흡을 하세요. 글쓰기에 대한 피드백이 개인을 향한 의견처럼 느껴질 수 있습니다. 문서 검토는 여러분 개인의 흠을 들추려는 것이 아니라 여러분의 콘텐츠를 개선하는 데 도움을 주기 위한 것임을 기억하세요. 문서의 목표는 독자에게 지식을 효과적으로 전달하는 것입니다. 궁극적으로 문서 검토는 여러분이 독자를 도와서 목표에 더 가까워지는 데 도움을 줍니다.

> **참고** 여러 문서 작성자들로부터 검토를 받다 보면 스스로 생각하는 것보다 훨씬 잘하고 있다는 걸 깨달을 겁니다.

다음으로 각 검토자의 코멘트를 차례로 살펴보세요. 가장 많은 피드백을 준 사람부터 시작하면 다른 검토자가 제공한 피드백까지 미리 처리할 확률이 높아집니다. 특정 항목에 대한 피드백을 한꺼번에 통합하려다 보면 의견 충돌을 해결하려다 진도가 느려질 가능성이 더 커집니다.

받은 피드백 각각을 고려해야 하지만, 그렇다고 해서 무작정 받아들여야 하는 것은 아닙니다! 검토자가 좋은 의도로 피드백을 제공했더라도 모든 제안이 유용하거나 반드시 필요하지는 않습니다. 피드백 수락 여부와 무관하게 검토자의 도움에 감사를 표하는 것이 중요합니다. 마찬가지로 피드백을 즉각 거부하지는 마세요. 검토자의 관심사를 이해하고 문서 품질을 극

역자주 [4] 소스 코드 저장소에 기여할 때 사용하는 작업 단위로, 서비스에 따라 '풀 리퀘스트' 또는 '머지 리퀘스트(merge request)'라는 용어를 사용합니다. 풀 리퀘스트에 대한 리뷰(검토)가 완료되면 해당 코드를 병합하여 코드베이스에 반영합니다.

대화하려면 모든 피드백을 검토하는 것이 중요합니다.

상반되는 피드백을 받게 된다면 사용자에게 가장 도움이 되는 방안이 무엇인지 고려합니다. 한 검토자가 문서에 기술적 세부 정보를 더 많이 넣어야 한다고 제안하지만 다른 검토자는 줄여야 한다고 주장하는 경우 다음 질문에 대한 답을 생각해 보세요.

'이 문서의 사용자가 알아야 할 사항은 무엇인가?'

모든 변경 사항을 통합한 후에는 두 번째 검토를 요청하여 변경 부분에 대한 피드백을 추가로 받고 문서가 검토자들이 예상했던 대로 수정되었는지 확인할 수 있습니다. 특정 변경 사항에 대한 후속 검토는 코드 리뷰를 할 때 풀 리퀘스트에 추가된 커밋을 리뷰하는 것과 비슷합니다.

좋은 피드백 제공하기

검토자로부터 좋은 피드백을 받고자 한다면 좋은 피드백을 주는 방법을 아는 것도 중요합니다. 동료 검토는 '건설적인 태도'로 접근할 때 가장 효과적입니다. 즉 다른 사람의 실수를 고치는 것이 아니라, 그들의 이해에 보탬을 주는 과정으로 바라봐야 합니다.

픽사[Pixar] 애니메이션 스튜디오에서 작업 결과를 검토하고 비평하는 방법을 참고해 볼 필요가 있습니다. 픽사에서는 창의적이거나 기술적인 작업에 대한 피드백을 제공할 때 플러싱[plussing5]이라는 규칙을 따라야 하며, 이 규칙은 다음과 같습니다.

저자주 [5] 에린 '폴레토' 카살리(Erin 'Folleto' Casali), "Pixar's plussing technique of giving feedback," Intense Minimalism, 2015년 6월 24일 게시, https://intenseminimalism.com/2015/pixars-plussing-technique-of-giving-feedback/.

플러싱 방법으로 피드백을 제공할 때는 사람이 아니라 아이디어에 집중하세요. 예를 들어, "이 부분을 잘못 하셨네요."가 아니라 "이 부분이 명확하지 않아 보입니다."와 같은 말로 시작해 봅니다.

비판을 제기한 다음에는 개선을 위한 구체적인 제안을 제공하세요. 건설적인 제안은 문제의 해결책이 될 거라 생각하는 방안에 대한 맥락을 추가로 제공합니다. 이 '더하는 행위'가 픽사가 이 시스템을 '플러싱'이라고 부른 이유입니다. 문서화의 경우, 어색한 문장이나 정의가 불명확한 개념을 다시 작성하는 구체적인 방법을 제안하는 것이 도움이 됩니다. 건설적인 제안이 더 구체적일수록 피드백이 더 좋아지고 사용자에게 더 많이 도움이 될 수 있습니다.

건설적인 피드백을 많이 덧붙인다면 문서 작성자에게 제안을 고려할 시간을 주세요. 사람들은 피드백을 받고 평가하고 구현하는 데 시간이 필요합니다. 특히 검토자가 여러 명이라면 즉각적인 응답을 기대하지는 마세요.

요컨대, 좋은 피드백을 제공하려면 다음을 명심해야 합니다.

- 사람이 아니라 아이디어에 집중하기
- 건설적인 제안 덧붙이기
- 피드백을 받는 사람이 피드백에 반응할 시간 주기

피드백에 대해 추가로 유의할 점이 있습니다. 좋다고 생각하는 점을 언급해도 됩니다! 예를 들어, 작성자가 매우 기술적인 개념을 명쾌하게 설명했다면 특별히 언급하고 칭찬할 필요가 있습니다. 또한 훌륭한 글을 언급하여 알리면 다른 사람들이 따라 하기 쉬워집니다.

마지막으로, 여러분이 받게 되면 고마워할 만한 종류의 피드백을 주세요.

피드백을 주고받고 피드백을 통해 배우는 것과 관련하여 놈 커스^{Norm Kerth}는 애자일 프라임^{Agile Prime} 지시문에서 다음과 같이 잘 설명했습니다.

> 우리가 무엇을 발견하든 우리는 모든 사람이 당시에 알고 있던 것,
> 그들의 기술과 능력, 사용 가능한 자원, 당면한 상황에서
> 최선을 다했다는 점을 이해하고 진정으로 믿습니다.

요약

문서 편집은 코드를 테스트하고 리팩터링하는 것과 유사하며, 그만큼이나 중요합니다.

일의 초점을 좁히고 복잡성을 줄이기 위해 문서를 여러 단계에 걸쳐 편집하세요. 편집 단계별로 기술적 정확성, 완전성, 구조, 간결성 및 명확성을 고려해야 합니다.

동료 검토는 여러분이 문서를 더 잘 작성하는 법을 익히고 동료들이 여러분의 작업에 대해 알게 해 주는 데 중요한 역할을 합니다.

피드백을 받을 때는 검토자의 의견을 하나씩 고려하여 콘텐츠에 반영할지 결정하세요. 매 피드백을 반드시 받아들여야 하는 건 아니지만, 고려는 해야 합니다.

피드백을 제공할 때는 플러싱 규칙을 따르세요. 즉 건설적인 제안을 더하는 경우에만 아이디어를 비판하세요. 좋다고 생각하는 점에도 피드백을 남기세요!

다음 장에서는 샘플 코드를 문서에 통합하는 방법을 다뤄 봅니다.

샘플 코드 통합하기

Corg.ly
어떻게 작동하는지 보여주기

샬럿은 그녀가 작성한 초안을 훑어보면서 카틱이 남긴 피드백을 살펴보았다. 필요한 편집 작업은 대부분 간단했다. '여기 오타를 수정하고 저기 텍스트를 살짝 재구성하세요' 같은 식이었다. 나머지 코멘트는 크게 두 가지 질문으로 나눌 수 있었다.

- 이 내용을 어떻게 더 잘 설명할 수 있을까요?
- 이 기능은 실제로 어떻게 작동하나요?

샬럿은 팀에서 개발 초기에 진행했던 조사를 통해 Corg.ly 사용자가 제품이 실제로 작동하는 모습을 보고 싶어한다는 사실을 알고 있었다. 제품 데모가 팀의 로드맵에 포함돼 있었지만, 샘플 코드가 있다면 개발자에게 훨씬 적은 단어로 Corg.ly가 실제로 어떻게 작동하는지 보여줄 수 있을 것이다. API는 개발자가 소프트웨어를 Corg.ly와 통합하는 데 필수 요소였고, 참조 문서는 요청 및 응답 예제를 보여주기에 완벽한 공간이었다.

이를 깨닫고 샬럿은 문서 초안의 맨 위로 다시 스크롤한 후 샘플 코드가 도움이 될 만한 부분을 표시하기 시작했다.

샘플 코드 사용하기

> 코드는 다른 언어로 되어 있으므로 이 다른 언어로 이루어지는 커뮤니케이션을 텍스트 만으로 설명하기에는 부족할 때가 많습니다. 개발자가 문서에 포함된 코드를 보면 그 코드를 읽고 자연스럽게 이해할 수 있는 경우가 많습니다.[1]
>
> – 톰 존슨[Tom Johnson][2], I'd Rather Be Writing[3]

샘플 코드는 효과적인 개발자 문서에서 결정적인 역할을 하는 중요한 부분입니다. 텍스트와 코드는 서로 다른 언어이며, 문서의 독자인 개발자가 궁극적으로 관심을 갖는 것은 코드입니다.[4] 단어로 아무리 명확하고 아름답게 표현하더라도 독자가 개발을 시작하는 데 도움을 주거나 특정 기능의 사용 방법을 보여주는 데는 잘 만들어진 샘플 코드보다 좋은 것이 없습니다. 좋은 샘플 코드는 그것을 설명하는 글보다 더 많은 내용을 전달하는 동시에, 독자들이 참고하여 코드 작성의 기반으로 삼을 만한 유용한 틀을 제공할 수 있습니다.

개발자에게 샘플 코드가 어떤 의미를 갖는지 보여주는 좋은 사례가 있습니다. 트윌리오[Twilio] 문서 팀의 조사에 따르면 개발자가 트윌리오의 제품으로 특정 작업을 수행하려고 할 때 샘플 코드가 있는 페이지를 특별히 찾아서 좋게 평가했다고 합니다. 게다가 그들은 문서에 포함된 코드를 뒤지면서 소개 부분은 대충 읽었다고 합니다.[5] 이 책을 읽는 동안 여러분도 그렇게

저자주 [1] 톰 존슨, "Code samples", I'd Rather Be Writing, 2021년 6월 26일 접근, https://idratherbewriting.com/learnapidoc/docapis_codesamples_bestpractices.html.

역자주 [2] 영문학을 전공하고 아마존을 거쳐 구글에서 일하고 있는 테크니컬 라이터로, 테크니컬 라이팅을 다루는 인기 있는 블로그를 운영하고 있습니다.

역자주 [3] 톰 존슨이 운영하는 테크니컬 라이팅 전문 블로그로, API 문서화 교육 자료도 포함하고 있습니다. https://idratherbewriting.com/

저자주 [4] "Creating sample code." Google Technical Writing One, 2021년 6월 15일 접근, https://developers.google.com/tech-writing/two/sample-code.

저자주 [5] 재러드 레예스(Jarod Reyes), "How Twilio writes documentation" Signal 2016, 유튜브, 2021년 6월 26일 접근, www.youtube.com/watch?v=hTMuAPaKMI4.

했을지도 모릅니다!

샘플 코드가 독자들이 찾는 황금이라면, 샘플 코드는 구체적이고 유용하며 유지 관리가 가능해야 합니다. 이 장에서는 다음 내용을 다룹니다.

- 샘플 코드의 유형
- 좋은 샘플 코드의 원칙
- 유용한 샘플 코드 설계하기
- 소스 코드에서 샘플 코드 생성하기

샘플 코드의 유형

일반적으로 문서에는 두 가지 유형의 샘플 코드가 있습니다. 실행 가능형과 설명형입니다.

실행 가능형 샘플 코드는 실행 가능한 형태입니다. 독자가 복사 & 붙여넣기 할 수 있는 코드로, 필요에 따라 일부 수정하여 사용할 수도 있습니다. 예를 들어, [예제 5-1]에 나오는 Corg.ly API로 보내는 요청은 특정 짖는 소리에 대한 정보를 가져옵니다. 이 장에 나오는 샘플 코드는 Corg.ly 팀이 문서를 마크다운으로 작성한다고 가정하여 마크다운 형식으로 제공됩니다.[6]

예제 5-1 샘플 API 요청

```shell
요청 예제:
```shell
$ curl 'https://corgly.example.com/api/v1/bark/1' -i
```
```

저자주 [6] 문서에 example.com 사용을 허용하는 RFC 676에 따라 example.com을 Corg.ly의 도메인으로 사용했습니다. https://tools.ietf.org/html/rfc6761

설명형 샘플 코드는 실행 가능할 것으로 기대되지 않는 형태로, 일반적으로 독자가 뭔가 배우거나 자신의 코드와 비교하고자 사용하는 출력 결과나 코드 블록입니다. 독자는 설명형 샘플 코드가(특히 출력 결과인 경우) 자신의 환경에서 어떤 코드를 실행하여 나오는 결과와 일치할 거라 기대합니다. 또한 출력 결과나 오류 코드를 복사하여 사이트에서 검색하면 관련된 검색 결과가 명확하게 나올 거라 기대합니다.

API 문서에 나올 수 있는 아래 응답 예제를 살펴보세요(예제 5-2).

예제 5-2 샘플 API 응답

```
응답 예제:
```
{
  "id": 1,
  "name": "으르렁",
  "created": "2021-02-22T14:56:29.000Z",
  "updated": "2021-02-29T17:56:28.000Z",
  "tags": [
    "행복한",
    "불안한",
    "배고픈"
  ]
}
```
```

좋은 샘플 코드의 원칙

좋은 문서와 마찬가지로 독자는 샘플 코드가 그냥 잘 작동하기를 기대합니다. 독자는 문서를 훑어보고, 샘플 코드를 찾고, 샘플 코드에서 나타나는 개념을 파악하고, 가능하면 코드를 복사하여 붙여넣을 수 있기를 원합니다. 그들은 또한 이 코드가 항상 최신 상태이고 실제 운영 환경에서 작동하기를 원합니다.

이러한 기대를 충족시키기 위해 샘플 코드가 '그냥 잘 작동'하게 하려면 상당한 노력이 필요하며, 여기에는 명심해야 할 몇 가지 원칙이 있습니다. 좋은 샘플 코드는 다음과 같은 특징을 갖습니다.

- **설명이 제공됨**: 필요한 경우 맥락과 설명을 제공하고자 텍스트 본문 또는 코드 주석에 설명이 함께 나옵니다.
- **간결함**: 독자가 필요로 하는 만큼의 정보를 제공합니다.
- **명확함**: 샘플 코드가 작성된 언어에 대해 독자가 기대하는 규칙을 따릅니다.

실행 가능형 코드는 또한 다음과 같은 특징이 있어야 합니다.

- **사용 가능함(& 확장 가능함)**: 독자가 샘플 코드를 사용하는 방법과 자신만의 데이터를 입력해야 하는 위치가 명확합니다.
- **신뢰할 수 있음**: 복사 & 붙여넣기가 가능하고, 잘 돌아가며, 독자가 기대하는 기능만 수행합니다.

설명이 제공됨

샘플 코드와 함께 제공되는 설명은 샘플 코드 자체만큼 중요합니다.[7] 아주 뛰어난 샘플 코드라도 독자에게 전후 맥락을 제공하려면 문서 작성 기술이 필요합니다.

특정 라이브러리를 설치하거나 환경 변수를 설정하는 것처럼 샘플 코드를

저자주 [7] 세예드 메디 나세히(Seyed Mehdi Nasehi), "What makes a good code sample? A study of programming Q&A in Stack Overflow," 2013 IEEE International Conference on Software Maintenance, 2012.

실행하기 위한 필수 조건이 있다면 문서에서 해당 내용을 설명해야 합니다. 예를 들어, 코드가 프로그래밍 언어의 특정 버전에서만 실행된다면 코드에 적용되는 제약 사항을 설명하세요.

독자가 이 코드를 실행하거나 만나는 경우 무슨 일이 있을지 알 수 있도록 명확한 설명과 함께 샘플 코드를 소개해도 좋습니다. 특히 설명에는 코드가 무슨 일을 하는지가 아니라 코드가 그 일을 왜 하는지, 즉 관련 정보와 배경 설명이 포함되어야 합니다. 정말로 유용한 샘플 코드는 여러분의 소프트웨어에서 독특한 부분을 모두 설명합니다. 예를 들면 색다른 명명 규칙이나 특이한 메서드가 설명의 대상이 될 수 있습니다.

영어로 문서를 작성할 때는 아래처럼 샘플 코드가 지시 사항이나 설명하는 문장 바로 다음에 오는 경우 해당 문장을 콜론으로 끝냅니다(예제 5-3).

예제 5-3 영문 문서에서 지시 사항이나 설명이 샘플 코드 앞에 오는 경우 콜론으로 끝내기 ─

```
The response you receive from the Corg.ly API should look similar to the
following:
(Corg.ly API에서 받은 응답은 다음과 유사해야 합니다.)
```
{
  "id": 1,
  "name": "으르렁",
  "created": "2021-02-22T14:56:29.000Z",
  "updated": "2021-02-29T17:56:28.000Z",
  "tags": [
    "행복한",
    "불안한",
    "배고픈"
  ]
}
```
```

샘플 입력을 제공하는 경우, 사용자에게 표시될 결과와 일치하는 성공적인 출력에 대한 설명이나 샘플 코드를 제공하세요.

API 문서화를 하는 경우, 샘플 요청과 파라미터를 제시한 후에는 해당 파라미터 사용 시 독자가 받게 될 결과와 정확히 같은 응답을 제공해야 합니다(예제 5-4).

예제 5-4 샘플 요청을 정확한 출력 결과와 일치시키기 ─────────────

```shell
HTTP 메서드와 URL:
```shell
$ curl 'https://corgly.example.com/api/v1/translate' -i -X POST \
  -H 'Content-Type: application/json' \
  -d '{"query": "으르렁 으르렁 아르르 으르렁 "}'
```

응답:
```http request
HTTP/1.1 200 OK
Content-Length: 456
Content-Type: application/json
{
  "meta": {
    "total": 5
  },
  "data": [
    {
      "translation": "만나서 정말 반가워요!",
      "confidence": 0.99
    },
    {
      "translation": "나랑 놀아줘요!",
      "confidence": 0.90
    },
    {
```
```

```
      "translation": "산책 가고 싶어요",
      "confidence": 0.76
    },
    {
      "translation": "배고파요",
      "confidence": 0.60
    },
    {
      "translation": "낮잠 자고 싶어요",
      "confidence": 0.51
    }
  ]
}
```

사용자가 일반적으로 경험할 수 있는 오류의 샘플 코드를 포함시키세요. 그리고 오류 샘플 코드가 실제 출력 결과와 일치하는지 확인합니다.

샘플 코드가 복잡하거나 긴 경우, 실행 가능형 코드와 함께 인라인 주석을 제공하는 것을 고려하세요. 분량이 많은 샘플 코드 중간중간에 주석을 넣는 경우 요점을 담아 짧게 작성합니다. 주석을 활용하여 코드 이면의 의도를 설명하고, 코드를 처음 보는 사람이 모를 수 있는 '왜 그렇게 하는지'를 설명하세요.

설명이 너무 길어진다면, 덜 복잡한 코드를 사용하는 것이 샘플 코드를 더 낫게 만들지 생각해 보세요. 가능하면 코드를 더 간단한 형태로 리팩터링합니다.

그렇게 하기 어렵다면 제품 자체의 코드를 개선하도록 유도해 볼 수도 있습니다. 즉, 제품 담당 엔지니어에게 특정 유스 케이스를 구현하기가 복잡하며 사용자가 혼동을 겪을 수 있음을 알려 코드를 개선하도록 하세요.

간결함

샘플 코드를 간결하게 만든다는 것은 단순히 더 짧게 만드는 것을 의미하지 않습니다. 이는 샘플 코드가 사용자가 작업을 완료하는 데 필요한 필수 정보만 전달하도록 하는 것을 의미합니다. 불필요한 요소는 빼고, 강조하고자 하는 특정 유스 케이스에 집중하세요. 문서의 해당 지점에서 설명하는 기능만 보여주어야 합니다.

관련 없는 코드나 지나치게 복잡한 예제는 독자를 혼란스럽게 하고 코드의 의도를 파악하기 어렵게 만들 수 있습니다. 또한 독자가 코드를 복사하여 붙여넣고 자신의 용도에 맞게 수정하기가 더 어려워집니다.

> 참고 기본 화면 너비에서도 코드 전체가 표시될 수 있도록 샘플 코드의 라인 폭을 조절하세요. 가로 스크롤 바가 생기면 사용하기에 불편해집니다!

때로는 긴 샘플 코드가 독자에게 더 유용하지만, 읽기 더 어려울 수 있습니다. 사용자에게 도움이 되도록 긴 코드를 나누세요(예제 5-5).

- 일정한 수의 문자 다음에는 줄바꿈을 하세요(구글 스타일 가이드에서는 80자를 권장합니다).
- 줄임표(...)를 사용하여 코드를 생략하는 부분을 나타냅니다.

예제 5-5 80자 다음에 줄바꿈하고 생략된 부분을 줄임표로 표시하기

````
응답:
```http request
HTTP/1.1 200 OK
Content-Length: 456
Content-Type: application/json
{
  "meta": {
````
````

```
    "total": 5
  },
  "data": [
    {
      "translation": " 만나서 정말 반가워요!",
      "confidence": 0.99
    },
    ...
    {
      "translation": " 낮잠 자고 싶어요",
      "confidence": 0.51
    }
  ]
}
```
```

## 명확함

좋은 샘플 코드를 만들려면 코드를 리팩터링해야 할 수도 있습니다. 소프트웨어를 문서화하는 과정에서 기존에 변경 사항을 반영해서 릴리스하기 위해 작성한 온갖 종류의 편법적 코드나 부스러기 코드를 찾게 될 수 있습니다. 이러한 코드가 여러분에게는 도움이 될지 몰라도 독자에게는 혼란을 줄 수 있습니다.

독자가 각 샘플 코드에서 무엇을 필요로 하는지 고려하고 그에 따라 편집하세요. 예를 들면 다음과 같습니다.

- 코드에 포함된 클래스, 메서드, 변수에 독자가 이해할 수 있는 설명 형식의 이름을 사용합니다.
- 난해한 프로그래밍 트릭, 불필요하게 복잡한 코드, 너무 깊이 중첩된 코드로 독자에게 혼란을 주지 않습니다.
```

- 코드에 별칭[alias8]이 포함된 경우, 반드시 필요하고 독자도 동일한 별칭을 사용할 거라고 확신하지 않는 한 빼고 다른 이름을 사용합니다.

또한 프로그래밍 언어나 프로젝트에 적용되는 기존 코딩 스타일 규칙을 따르세요. 일부 대규모 오픈 소스 프로젝트에서는 고유한 스타일 규칙을 만들어서 적용하고, 대부분의 프로그래밍 언어에도 스타일 규칙이 있습니다. 기존 스타일 가이드를 따르면 독자가 코드를 인지하는 데 드는 수고가 줄어듭니다. 이렇게 정리된 샘플 코드는 명확하고 가독성이 좋고 일관성이 있어야 합니다. 덕분에 독자는 이미 모범 사례를 따르는 코드를 사용할 수 있게 됩니다.

사용 가능함(& 확장 가능함)

잘 만들어진 샘플 코드가 주는 즐거움 중 하나는 독자가 코드를 복사&붙여넣기하여 시간을 절약할 수 있다는 것입니다. 하지만 독자가 코드를 실제로 적용하려면 일부 데이터를 교체해야 하는 경우가 많습니다. 독자가 샘플 데이터를 언제 교체해야 하는지와 어떤 값으로 교체해야 하는지를 모두 아는 것이 중요합니다.

개발 팀에는 큰 의미가 있을지 몰라도 독자에게는 그다지 의미가 없는 foo, bar[9], 두문자어[10]와 같은 뜻 모를 용어를 사용하지 마세요. foo와 bar 같은 용어는 전통적인 컴퓨터 교육을 받은 개발자에게는 친숙한(심지어 표준화된) 용어일 수 있겠지만, 이제는 다른 전공과 경험을 갖고 IT 분야에 진입

역자주 [8] 주로 시스템 명령어를 단축한 형태로 만든 이름으로, 유닉스 운영체제의 alias 명령어 등을 사용하여 만들어집니다. 출처: ko.wikipedia.org/wiki/Alias_(명령어)

역자주 [9] 컴퓨터 프로그래밍 또는 컴퓨터 관련 문서에서 정확한 실체 없이 변수, 함수, 명령어 등의 개체를 나타내는 데 사용하는 이름입니다. 출처: ko.wikipedia.org/wiki/푸바

역자주 [10] 낱말의 머리글자를 모아서 만든 준말로, IT, OS 등이 포함됩니다. 여기서는 일반적으로 사용되지 않는 비공식 두문자어를 편의상 사용하는 것을 가리킵니다.

하는 개발자에게는 낯설 수 있습니다. 점차 이러한 개발자가 늘어남에 따라 과거에 얽매이기보다는 미래 지향적으로 문서를 작성하는 것이 좋습니다.

교체할 데이터를 나타내기 위해 일관성 있는 스타일로 된 설명 형식의 문자열을 사용하세요. 예를 들면 your_password(여러분의_비밀번호) 또는 replace_with_actual_bark(실제_짖는_소리로_바꾸세요)와 같은 문자열을 사용하세요(예제 5-6).

예제 5-6 독자가 코드를 실제 데이터로 바꿔야 하는 부분을 설명 형식의 문자열로 나타낸 사례

```shell
# 사용자에게 무엇을 업데이트하거나 바꿀지 알려주는 코드 주석을
제공하세요
$ curl 'https://corgly.example.com/api/v1/translate' -i -X POST \
  -H 'Content-Type: application/json' \
  -d '{"query": "replace_with_actual_bark"}'
```

독자가 바꿔 넣을 데이터를 획득할 위치가 문서에 명확히 나타나는지 확인하세요. 예를 들어, 샘플 코드에서 독자가 액세스 토큰[11]을 제공해야 한다면 독자가 액세스 토큰을 찾거나 생성할 수 있는 위치를 알려주세요.

신뢰할 수 있음

간결하고 명확하며 사용하기 좋은 샘플 코드는 일관성을 확보하여 독자와 신뢰를 쌓습니다. 부정확하거나 작동하지 않는 샘플 코드가 단 한 개만 있

역자주 [11] 컴퓨터 시스템에서 인증 정보를 포함하며 사용자 또는 특정 애플리케이션을 식별하는 데 사용되는 객체입니다. 출처: https://en.wikipedia.org/wiki/Access_token

어도 독자가 문서에 대한 신뢰를 잃을뿐더러 소프트웨어에 대한 신뢰까지 잃을 수 있습니다. 예를 들어 샘플 오류 코드가 독자에게 실제로 표시되는 결과와 일치하지 않으면 사용자가 문제를 진단하고 수정하기가 훨씬 어려워집니다.

가능하면 실제 운영 환경에서 작동하는 코드를 사용하여 독자가 확신을 갖고 샘플 코드를 사용할 수 있도록 합니다. 알파 기능이나 베타 기능이 있다면 명확하게 표시하여 독자에게 해당 기능이 변경될 수 있음을 알리세요.

샘플 코드를 신뢰할 수 있는지 확인하려면 샘플 코드를 정기적으로 테스트하고 리뷰하세요. 이 장의 뒷부분에서는 테스트에 대한 조언을 제공합니다. 11장에서는 정기적 샘플 코드 리뷰를 포함하여 전반적인 문서 유지 관리에 대한 자세한 지침을 제공합니다.

샘플 코드 설계하기

샘플 코드를 설계할 때는 코드에 넣을 내용을 선택하는 일과 독자에게 코드를 최적의 방식으로 제시하는 일 모두가 중요합니다.

프로그래밍 언어 선택하기

가끔은 샘플 코드를 어떤 언어로 작성해야 하는지 고민에 빠질 수 있습니다. 사용자가 주로 하나의 프로그래밍 언어로 작업한다면 답은 간단합니다. 사용자가 개발에 사용하는 언어로 샘플 코드를 제공하세요.

사용자가 여러 가지 프로그래밍 언어로 작업하는 경우 샘플 코드에서 어떤 언어를 지원할지, 몇 개의 언어를 지원할지 결정하는 데 어려움을 겪을 수 있습니다. 일반적으로는 독자가 친숙하고 사용할 가능성이 가장 높은 하나의 언어로 샘플 코드를 제공하세요. 예를 들면 여러분의 API에 지원되는 인기 있는 클라이언트 라이브러리의 언어를 선택할 수 있습니다. API 문서의 경우 curl 샘플 코드를 제공하여 독자가 선호하는 언어로 코드를 생성할 수 있게 하는 방법도 고려할 수 있습니다.

시간이 충분하고 도구가 갖춰져 있다면 샘플 코드를 여러 언어로 제공할 수 있겠지만, 샘플 코드를 여러 가지 언어로 제공하면 문서화 유지 관리에 더 많은 노력이 든다는 점을 명심하세요.

복잡도 강조하기

독자들이 여러분의 소프트웨어를 사용하는 데 대해 느끼는 편안함과 자신감에는 수준 차이가 있습니다. 문서에 비교적 간단한 것부터 더 복잡한 것까지 다양한 샘플 코드를 제공하여 편안함과 익숙함의 정도가 서로 다른 독자들을 지원해야 합니다. 다양한 샘플 코드를 제공하면 독자는 자신에게 가장 유용한 수준의 샘플 코드를 읽고 따라할 수 있습니다.

제품을 완전히 처음 접하는 사용자에게는 시작하는 데 도움이 되는 간단한 예제가 일반적으로 가장 유용합니다. 짧은 샘플 코드가 있는 전형적인 "Hello World" 튜토리얼을 생각해 보세요. Hello World 예제는 빨리 완료할 수 있고, 추가 입력이 별로 필요하지 않으며, 무슨 일이 일어나고 왜 일어나는지 설명하고자 배경 설명을 많이 제공합니다.

여러분의 제품에 더 익숙한 독자를 위해 초보자용 샘플 다음에 더 복잡한 예제를 제공할 수 있습니다. 독자가 제품의 핵심 개념을 이미 잘 알고 있다면 특정 유스 케이스에 대한 샘플 코드를 제공할 수 있습니다. 예제를 페이지당 하나의 유스 케이스로 제한하세요. 단, 신규 사용자가 고급 예제가 포함된 문서를 사용하다 어려움을 겪는 일이 없도록 하세요!

코드 적절히 표시하기

샘플 코드는 화면에 적절히 표시되어야 합니다.

샘플 코드는 독자가 찾고 있는 정보이므로 코드가 페이지에서 시각적으로 부각되는 데 도움이 되는 포매팅과 스타일을 선택하세요. 박스 스타일로 둘러싸고 본문과 다른 글꼴 및 배경색을 사용하여 샘플 코드를 문서의 나머지 부분과 시각적으로 구분되게 할 수 있습니다.

샘플 코드의 텍스트도 코드처럼 보여야 합니다. 샘플 코드의 한 라인을 80자로 제한하고 고정 너비 글꼴로 포매팅하세요. 예를 들어 마크다운에서는 코드 블록을 표현하기 위한 백틱(```)을, HTML에서는 코드를 나타내기 위한 요소를 사용하세요[12].

대부분의 문서화 도구에는 샘플 코드를 보기 좋게 포매팅하고 화면에 표시하는 데 도움이 되는 사전 정의된 스타일이 있습니다. 예를 들어, 일부 문서화 플랫폼에서는 여러 개의 탭을 사용하여 서로 다른 언어로 된 샘플 코드를 표시할 수 있습니다.

샘플 코드를 위한 도구

도구 활용과 관련된 모든 조언이 그렇듯이 각자 환경에 따라 다양한 차이가 생길 수 있습니다. 자신의 워크플로에 어떤 유형의 도구가 가장 적합할지 결정하는 것은 여러분의 몫이지만, 샘플 코드와 관련된 도구는 대략 세

역자주 [12] 마크다운에서는 코드 블록을 백틱(```)으로 감싸서 표현하고, HTML에서는 ⟨pre⟩ 및 ⟨code⟩ 태그를 이용하여 표현합니다.

가지 유형으로 나뉩니다.

- 테스트
- 샌드박스[sandbox 13]
- 자동 생성

> 참고 도구는 계속 바뀌기 때문에 이 장에서는 샘플 코드를 생성하고 처리하기 위한 특정 도구에 대한 언급은 일부러 하지 않았습니다.

도구에 대한 권장 사항을 깊이 살펴보기 전에 잠시 멈춰 생각해 보세요. 모든 자동화 구현이나 도구 선택과 마찬가지로 일의 비결은 가치 있는 결과를 얻기 위해 시간과 에너지를 투자할 때를 아는 것입니다. 자동화가 적합한 해결책일 수 있지만, 자동화만으로는 사용성 및 유지 관리 문제를 해결할 수 없습니다. 뭔가를 자동화하기 전에, 거기에 투자할 시간과 에너지를 문서 작성, 편집, 정보 아키텍처, 사용자 조사 또는 제품 자체에 투자하는 것이 더 유용한 결과를 낳을지 검토하세요.

샘플 코드 테스트하기

샘플 코드, 특히 독자가 실제 운영 환경에서 사용할 가능성이 있는 실행 가능형 샘플 코드는 제대로 작동해야 합니다. 문서에 샘플 코드를 추가하기 전에 테스트하는 데 도움이 되는 패키지가 많이 있습니다. 깃헙이나 다른 소스 저장소에 샘플 코드 자체를 저장하고 거기에서 테스트를 실행할 수도 있습니다. 샘플 코드가 테스트를 통과하면 문서에 포함시킬 수 있습니다.

역자주 [13] 코드를 실행할 수 있도록 미리 구성된 환경으로, 코드의 동작을 쉽게 테스트하게 해 줍니다.
출처: ko.wikipedia.org/wiki/샌드박스_(소프트웨어_개발)

코드 샌드박싱하기

코드를 샌드박스 안에서 제공하면 독자가 샘플 코드를 안전하게 다룰 수 있습니다. 다른 유형의 샘플 코드와 달리, 샌드박스는 독자가 샘플 코드를 자신의 코드에 추가해서 구현하기 전에 샘플 코드와 상호 작용할 수 있도록 해 줍니다. 샌드박스를 사용하면 독자가 여러분의 소프트웨어를 실제 운영 환경에 사용하기 전에 소프트웨어에 대한 더 큰 신뢰를 쌓을 수 있습니다.

샌드박스를 제대로 생성하려면 많은 시간과 노력이 듭니다. 여러분의 소프트웨어가 어떤 면에서 특히 위험하거나 민감하고, 여러분에게 샌드박스를 유지 관리할 시간과 여력이 있다고 확신한다면 샌드박스에 시간과 노력을 투자할 가치가 있을 수 있습니다. 샘플 코드를 독자가 실제로 적용하려면 맞춤형 수정이 많이 필요한 경우에도 샌드박스가 크게 도움이 됩니다.

대부분의 경우 샌드박스는 관리에 노력이 지나치게 들 수 있으며, 이 대신 샘플 코드를 위한 테스트 수행 범위를 넓히는 데 투자하거나 소스에서 샘플 코드를 자동 생성하여 독자의 니즈를 더 잘 충족할 수 있습니다.

샘플 코드 자동 생성하기

소스에서 직접 샘플 코드를 자동 생성하는 것은 매우 유용할 수 있습니다. 문서와 코드를 긴밀하게 결합하면 유지 관리가 더 쉬워지고 여러분과 독자 모두에게 더 나은 경험을 제공하는 경우가 많습니다.

예를 들어, OpenAPI 사양[14]이나 유사한 도구를 활용하여 API 응답, 오류

역자주 [14] OpenAPI 사양(스펙)은 RESTful 웹 서비스를 기술하고 생성하기 위한 인터페이스 정의 언어에 대한 사양입니다. 출처: https://en.wikipedia.org/wiki/OpenAPI_Specification

코드와 같은 출력 코드를 생성하면 이상적으로는 API에 변경이 생길 때마다 해당 변경 사항이 샘플 코드에 자동으로 반영됩니다. 하지만 어떤 도구를 사용하든 샘플 코드를 자동 생성하려면 사람이 코드에 내용을 입력하고 검토하는 작업이 필요합니다. 독자가 코드 이면의 의도를 이해하려면 배경 설명이 필요합니다. 적어도 사람이 입력한다는 것은 독자가 설명을 읽기 쉽도록 코드 주석을 다시 작성하는 것을 뜻할 때가 많습니다.

요약

문서에서 본문의 설명과 함께 샘플 코드를 사용하세요. 샘플 코드 내에도 주석으로 간략한 설명이 필요합니다.

샘플 코드가 다음과 같은지 확인하세요.

- **설명이 제공됨:** 코드가 무슨 일을 하는지가 아니라 왜 이렇게 하는지 샘플 코드 이면의 정보를 제공하세요.
- **간결함:** 사용자가 재현할 수 있는 최소한의 예제를 목표로 하세요.
- **명확함:** 기존 규칙 및 스타일 가이드를 따르세요.
- **확장 가능함:** 독자가 자신의 코드를 수정해야 하는 위치와 방법을 명확히 알려주세요.
- **신뢰할 수 있음:** 일관성을 유지하고, 테스트하고 테스트하고 다시 테스트하세요.

샘플 코드를 위한 도구로는 테스트, 샌드박싱 및 자동 생성을 활용할 수 있습니다. 자동화하기 전에 먼저 생각하세요!

이제 문서에 샘플 코드를 추가할 준비가 되었으므로, 다음 장에서는 시각적 콘텐츠를 추가하는 방법을 설명합니다.

시각적 콘텐츠 추가하기

Corg.ly
백 마디 말보다···

샬럿은 카틱이 초안에 남긴 코멘트를 살펴보았다. 일부는 쉽게 고칠 수 있었지만 ('여기 오타가 있네요' '여기는 단락을 재배치해야 되겠어요' 등), 다른 것들은 분명히 더 많은 일이 필요해 보였다.

Corg.ly 아키텍처에 대해 자신이 작성한 개요에 달린 코멘트 한 개가 눈에 띄었다.

"이 내용이 강아지로부터 시작해 번역 서비스, 그리고 사용자의 웹 애플리케이션으로 이어지는 데이터 흐름을 명확하게 설명하는지는 잘 모르겠어요. 덧붙일 내용이나 다르게 설명할 방법이 있을까요?"

그녀는 해당 섹션을 한 줄씩 다시 읽어 보았다. 초안 작성 후 시간이 지나 다시 읽어 보니 카틱이 말하려는 요점을 바로 알 수 있었다. 정보가 누락된 것 같지는 않았지만, 대부분의 사용자가 어떤 어려움을 겪을지 알 수 있었다.

그녀는 초기 계획 단계에서 수집한 조사 결과를 다시 살펴보았다. 조사에 참여한 사용자들은 모두 시간이 부족했으며 Corg.ly가 그들의 제품과 어떻게 통합될지 빨리 판단해야 했다. 말만으로는 부족했다. 그녀는 Corg.ly를 얼마나 쉽게 그들의 제품과 통합할 수 있는지 빠르게 보여줄 다른 방법을 찾아야 했다. 아무래도 다이어그램이 필요한 때가 온 것 같다···

말로는 부족할 때

여러분의 두뇌는 이 문장을 읽고 있습니다. 그리고 이 문장도요. 텍스트 덩어리를 받아들이는 중이라고 생각할 수도 있지만, 실제로 뇌는 문장의 각 단어를 모양으로 바꾸고 이러한 모양들을 개념이나 아이디어와 연결합니다. 우리는 이처럼 단어로 이루어진 부분들을 인식하여 전체 내용을 이해합니다.[1] 글 읽기가 빠른 과정처럼 보일 수 있지만, 엄청나게 비효율적인 과정일 수도 있습니다.

'백 마디 말보다 한 장의 그림이 낫다'라는 표현을 들어본 적이 있을 것입니다. 단어 백 개를 읽는 데 얼마나 걸릴까요? 0.013초 이상인가요? 인간의 두뇌가 이미지 한 개를 처리하는 데 그 정도 시간이 걸립니다. 어떤 이미지를 봤다가 순식간에 다른 새로운 이미지를 보더라도 여러분의 두뇌는 첫 번째 이미지를 짧은 시간 동안 처리합니다.[2]

이미지를 하나씩 제공하면 인지 처리가 덜 필요하고, 두뇌가 연결 관계를 도출하는 데 도움이 되며, 텍스트보다 훨씬 빨리 이해를 이끌어 냅니다. 또한 우리는 정보가 이미지와 함께 제공되면 정보를 더 잘 기억합니다. 정보를 귀로 듣는 경우에는 약 10%만 기억합니다. 그러나 정보를 들을 때 이미지가 함께 나온다면 65%를 기억할 수 있습니다.[3]

효과적인 시각적 콘텐츠는 문서화에서 위험이 높지만 보상이 큰 요소에 속합니다. 이 장의 목표는 다음과 같습니다.

저자주 [1] 데니스 G. 펠리(Denis G. Pelli), 바트 패럴(Bart Farell), 데보라 C. 무어(Deborah C. Moore), "The remarkable inefficiency of word recognition," 네이처(Nature) 2003년 6월호, 423, 752−756.

저자주 [2] 포터 M.C(Potter M.C), 와이블 B.(Wyble B.), 해그먼 C.E(Hagmann C.E), 맥코트 E.S(McCourt E.S), "Detecting meaning in RSVP at 13 ms per picture," Attention, Perception and Psychophysics (2013년 12월).

저자주 [3] 존 메디나(John Medina), 『Brain rules: 12 principles for surviving and thriving at work, home and school』 (Seattle: Pear Press, 2008).

- 시각적 콘텐츠 사용의 위험과 이점을 평가하는 데 도움을 줍니다.
- 접근성이 높은 시각적 자료를 만들기 위한 지침을 제공합니다.

시각적 콘텐츠를 만들기 어려운 이유

텍스트 문서와 마찬가지로, 가장 효과적인 시각적 콘텐츠는 독자에게 자연스럽게 정보를 전달합니다. 굳이 생각하거나 뭔가 받아들이고 있다는 사실을 알아채려고 멈출 필요가 없습니다. 시각적 콘텐츠가 잘 작동하면 정보가 매우 빨리 전달되어 독자가 필요한 작업을 순식간에 훑어볼 수 있습니다. 통계학자면서 데이터 시각화의 선구자이자 만능 비주얼 콘텐츠 전문가인 에드워드 터프티[Edward Tufte]는 다음처럼 말합니다.

"그래픽 콘텐츠의 우월함은 아주 작은 공간에 최소한의 잉크를 사용하여 최단 시간에 가장 많은 아이디어를 보는 사람에게 제공한다는 점입니다."[4]

우리의 두뇌가 이미지와 텍스트를 처리하는 방식을 알면 작게는 타이포그래피[5] 선택까지 포함하여 더 나은 콘텐츠를 만드는 데 도움이 됩니다. 사람의 두뇌는 산세리프체[6]에서 사용되는 것과 같은 각 글자의 곡선과 획을 더 쉽게 인식할 수 있어서 단순하고 꾸미지 않은 서체를 처리하기가 더 쉽다고 인식합니다. 대문자로만 이루어진 'UPPER CASE TEXT LIKE THIS'의 경우 글자의 높이와 크기가 같아서 읽기 어렵습니다. 이처럼 다양성은 콘텐츠 이해에 도움을 줍니다.

3장에서 단락, 글머리 기호 목록, 번호 매기기 목록 등을 다양하게 사용하는 것이 텍스트 더미를 나누는 데 어떻게 도움이 되는지 이야기했습니다.

저자주 [4] 에드워드 터프티, 『The visual display of quantitative information』 2002, 2nd Edition
저자주 [5] 편집 디자인에서 활자의 서체나 글자 배치 등을 구성하고 표현하는 일을 의미합니다.
역자주 [6] 로마자 서체의 유형으로, 세리프(획의 시작이나 끝부분에 있는 작은 돌출선)가 없는 서체입니다.

시각적 콘텐츠는 문서에 다양성을 더하는 또 다른 방법으로, 효과는 더 큽니다. 한 연구에 따르면 독자에게 지시 사항이 주어졌을 때 일러스트레이션이 함께 제공된 경우에는 없는 경우보다 지시 사항을 323% 더 잘 완료했다고 합니다.[7]

하지만 시각적 콘텐츠는 텍스트 문서를 보완하는 요소이지 완전히 대체하는 것은 아닙니다. 시각적 콘텐츠의 목적은 독자의 이해를 높이는 데 도움을 주는 것이며, 그 외의 군더더기는 방해 요소가 될 수 있습니다. 터프티는 "모든 픽셀 하나 하나가 콘텐츠를 정확히 입증해야 합니다."라고 말합니다.[8]

화살표, 레이블, 계층 구분이 너무 많은 아키텍처 다이어그램을 한 번이라도 본 적이 있다면 시각적 콘텐츠가 도움이 되기보다 금방 혼란을 줄 수 있다는 걸 알고 있을 겁니다. 시각적 콘텐츠의 평가는 종종 주관적으로 이루어집니다. 우리는 어떻게 하면 좋은 다이어그램이나 그래픽 요소를 만들 수 있는지 알고 있다고 생각할 때가 많습니다. 그러나 가장 유용한 시각적 콘텐츠는 독자에게 가장 유용한 종류입니다. 우리는 1장에서 했던 사용자 조사를 통해 콘텐츠를 만드는 사람이 좋아하는 것이 종종 독자가 필요로 하는 것과 다르다는 점을 알고 있습니다.

비효율적인 시각적 콘텐츠는 정보 전달을 방해합니다. 일반적으로 다음과 같은 점이 부족하기 때문에 그렇습니다.

- 이해 용이성
- 접근성
- 성능

저자주 [7] W. 하워드 레비(W. Howard Levie), 리처드 렌츠(Richard Lentz), "Effects of text illustrations: A review of research," Educational Technology Research and Development, 30, 195–232 (1982).

저자주 [8] 에드워드 터프티, The art of data visualisation, PBS film, 2013.

사용자가 보는 시각적 콘텐츠가 스크린샷, 일러스트레이션, 그래프, 비디오, 인포그래픽, 다이어그램, 사진 중 어떤 것인지는 중요하지 않습니다. 모든 유형의 시각적 콘텐츠와 이를 포함하는 모든 문서는 때때로 위와 같은 문제 때문에 사용자에게 도움을 주지 못합니다.

이해 용이성

닐슨 노먼 그룹[Nielsen Norman Group9]이 시선 추적 기법으로 수행한 연구에 따르면 독자는 자신의 관심사와 관련된 정보가 포함된 이미지에 더 주의를 기울이며, 다른 이미지는 아무리 아름답게 디자인되어도 무시한다고 합니다.[10]

> 참고 사람들이 서로 다른 학습 스타일을 통해(예를 들어, 일부는 시각적 콘텐츠보다 글에서) 더 잘 학습한다고 배웠을지도 모르겠습니다. 하지만 이는 사실이 아닌 것으로 밝혀졌습니다.[11] 잘 디자인된 시각적 콘텐츠는 거의 모든 독자에게 도움이 될 수 있습니다.

미적인 요소가 독자를 돕는 데 중요한 역할을 하지 않는다는 말은 아닙니다. 사실 그 반대가 맞습니다. 미적으로 부족한 콘텐츠는 독자가 읽고 싶은 의욕을 낮출 수 있습니다. 『아름다운 시각화(Beautiful Visualization)』(인사이트, 2012)의 공동 저자인 줄리 스틸[Julie Steele]은 "우리는 콘텐츠 안에 포함된 정보에 반응하는 만큼 디자인과 콘텐츠의 미적인 면에도 반응합니다."라고 말합니다.[12]

역자주 9 제이콥 닐슨과 돈 노먼(Don Norman)이 1998년에 설립한 미국 컴퓨터 사용자 인터페이스 및 사용자 경험 컨설팅 회사입니다. 출처: https://en.wikipedia.org/wiki/Nielsen_Norman_Group

저자주 10 제이콥 닐슨, "Photos as Web Content," 닐슨 노먼 그룹, 2021년 6월 26일 접근, www.nngroup.com/articles/photos-as-web-content/.

저자주 11 칼훈(Calhoun), 래고우스키(Ragowsky), 탈랄(Tallal), "Matching learning style to instructional method: Effects on comprehension," Journal of Educational Psychology, Vol. 107 (2015).

저자주 12 줄리 스틸, The art of data visualisation, PBS film, 2013.

화살표가 마구 교차하거나, 레이블이 누락되거나, 계층마다 추상화 수준이 다른 복잡한 다이어그램은 혼란스러울 뿐만 아니라 보기에도 매력적이지 않기 때문에 정보를 받아들이는 데 방해가 됩니다.

접근성

우리 모두는 명확하고 유용한 시각적 콘텐츠가 필요하지만, 비효율적인 시각적 콘텐츠는 접근성 면에서 도움이 필요한 독자를 오히려 더 어렵게 합니다. 스크린 리더를 사용하는 사람은 대체 텍스트[alt text13] 없이는 이미지를 '읽을' 수 없습니다. 색각 이상이 있는 사람은 이미지의 색 대비가 충분히 높지 않은 경우 이미지 안에 있는 요소를 구별하기 어려울 수 있습니다. 아무리 좋은 의도이더라도, 텍스트로 가득 찬 다이어그램은 시각적 콘텐츠에서 이득을 봐야 하는 난독증 독자에게 오히려 도움이 되지 않을 수 있습니다.[14]

> 참고 영국에서는 인구의 10%가 난독증 환자입니다. 미국에서는 인구의 약 5~15%가 난독증을 겪고 있습니다.

성능

시각적 콘텐츠의 디자인만 주로 신경 쓰기 쉽다 보니, 콘텐츠를 만드는 사람들은 대부분 이미지나 비디오를 독자에게 어떻게 제공할지는 깊이 고려하지 않습니다. 문서를 읽는 모든 사람이 최고 사양의 컴퓨터나 고속 인터넷

역자주 [13] 웹에서 이미지 등의 페이지 구성 요소가 렌더링되지 못할 때 표시되는 문자열입니다. 스크린 리더를 사용하는 경우 해당 문자열을 읽어주게 됩니다. 출처: ko.wikipedia.org/wiki/Alt_속성

저자주 [14] 데이비드 로버츠(David Roberts), "The power of images in teaching dyslexic students," Loughborough University, 2021년 6월 26일 접근, https://blog.lboro.ac.uk/sbe/2017/06/30/teaching-dyslexic-students/.

연결을 사용하는 것은 아닙니다.

문서를 프린터로 출력하여 보는 것을 고려하면 이미지 크기가 커야 하지만, 한편으로 이는 온라인에서 문서가 로딩되는 속도에 영향을 줄 수 있습니다. 화면 전체나 일부를 확대해서라도 내용을 잘 확인할 수 있을 만큼 이미지를 크고 선명하게 만드는 것이 중요하기는 하지만, 애초에 이미지를 로드하는 데 문제가 생길 정도로 커서는 안 됩니다.

지금까지 좋은 시각적 콘텐츠를 위해 유념할 점을 살펴보았습니다. 이러한 교훈을 어떻게 적용하면 가치 있고, 이해하기 쉽고, 접근성이 높고, 성능 면에서 우수한 콘텐츠를 만들 수 있을까요?

스크린샷 사용하기

스크린샷은 주로 사용자 인터페이스^{UI}를 보여주는 데 도움이 됩니다. 스크린샷이 독자에게 유용하도록 하기 위해 다음을 만족하는지 확인해 봅니다.

- 스크린샷을 소개하거나 가리키는 문장이 함께 나옵니다.
- 지시 사항이나 관련된 내용 근처에 나타납니다.
- 깔끔하고 불필요한 요소가 없어야 합니다. 스크린샷에 UI의 일부가 아닌 어떤 것도 포함하지 마세요.
- 독자가 올바른 화면을 보고 있음을 확신할 수 있을 정도로 충분한 맥락과 함께 UI에서 관련된 모든 부분을 포함합니다.
- 너무 크지 않아야 합니다. 독자가 이미지의 모든 부분을 알아보고 읽을 수 있어야 합니다.
- 너무 작지도 않아야 합니다. 독자가 실제로 경험하는 UI와 스크린샷을 연결 지어 생각할 수 있어야 합니다.

스크린샷에 주석을 달아 독자가 이미지의 특정 부분에 주의를 기울이도록 하는 것도 도움이 됩니다. 블록과 화살표는 이미지의 일부를 강조하는 데 도움이 될 수 있습니다. 다른 영역을 음영 처리하면 해당 부분의 중요성을 낮추는 데 도움이 됩니다.

스크린샷을 포함하여, 이미지에 대체 텍스트를 사용하는 것에 익숙한 독자도 있을 겁니다. 스크린 리더는 페이지에서 찾을 수 있는 모든 텍스트를 읽습니다. 대체 텍스트를 작성하는 것은 스크린 리더를 사용하는 독자에게 콘텐츠 접근성을 높여 주는 한 가지 방법입니다.

더 나은 방법은 이미지가 보여주는 내용에 대한 전체 설명을 텍스트 본문에 포함시키는 것입니다. 대체 텍스트를 비워 두면 스크린 리더가 이미지를 무시하게 됩니다. 대신 이미지가 전혀 없는 것처럼 이미지 내용에 대한 설명을 본문에 추가합니다. 예를 들어, '메뉴 상단의 작은 톱니바퀴 이미지'라는 대체 텍스트를 사용하는 대신 '메뉴 상단에 작은 톱니바퀴가 있습니다.'라고 본문에서 설명할 수 있습니다. 이처럼 작성하기 어렵다면 이미지를 소리 내어 설명해 보세요. 다른 사람에게 이미지를 어떻게 설명하시겠습니까?

> **참고** W3C는 대체 텍스트를 사용하는 데 도움이 되는 유용한 '결정 트리'를 제공합니다. www.w3.org/WAI/tutorials/images/decision-tree/를 참고하세요.

마지막으로, IP 주소나 샘플 코드처럼 독자에게 필요할 가능성이 있는 중요한 정보를 제공할 경우에는 텍스트 없이 스크린샷만 사용하지는 마세요. 독자는 종종 이러한 정보를 직접 사용하고자 샘플 코드나 텍스트를 복사하고자 하는데, 스크린샷으로는 이런 작업이 불가능합니다.

일반적인 다이어그램 유형

다이어그램은 단어에만 의존하지 않고 복잡한 정보를 전달하는 효과적인 방법이 될 수 있습니다. 특히 프로세스를 시각화하는 데 도움이 됩니다.

문서화에 특히 도움이 되는 몇 가지 유형의 프로세스 다이어그램이 있습니다.

- 상자와 화살표
- 순서도
- 스윔레인[15]

상자와 화살표

상자 및 화살표 다이어그램은 한 항목에서 다음 항목으로 연결되는 흐름을 나타냅니다. 상자 및 화살표 다이어그램이 자주 사용되는 데는 그럴 만한 이유가 있습니다. 상자 및 화살표 다이어그램을 잘 사용하면 텍스트만으로는 설명하기 어려운 개체 간의 관계나 데이터 흐름을 명확하게 보여줄 수 있습니다.

표현하고자 하는 개체와 관계를 글로 작성하는 것으로 시작하세요. 예를 들어, 다음처럼 작성할 수 있습니다.

데이터베이스 ▶ API ▶ 프론트엔드 ▶ 사용자

그리고 보여주고자 하는 각 항목과 관계나 흐름을 나타내는 도형과 선을 선택합니다. 각 개체를 서로 구분되는 모양과 디자인으로 일관성 있게 표현해야 합니다. 예를 들어 서로 다른 앱을 나타낼 용도로 각진 사각형 상자를 사용할 수 있습니다(그림 6-1).

역자주 [15] 비즈니스 프로세스의 하위 프로세스에 대한 작업 공유와 책임을 시각적으로 구분하는 다이어그램으로, 수영장 레인과 닮아서 붙여진 이름입니다. 출처: https://en.wikipedia.org/wiki/Swimlane

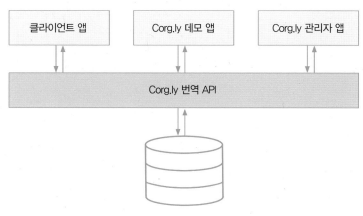

그림 6-1 상자와 화살표로 아키텍처 표현하기

다이어그램에 불명확한 부분이 없도록 정리해 봅니다. 이때 어떤 선이나 화살표도 교차하지 않도록 해야 합니다. 연결선이 단방향 또는 양방향 데이터 흐름을 나타내는지, 아니면 의존성과 같은 다른 관계를 나타내는지 명확히 합니다. 확신이 들지 않는다면 요소나 연결선에 레이블을 추가하고 각 요소가 무엇을 나타내는지 명확히 정의하는 범례를 추가하세요.

[그림 6-2]에서 점선과 레이블은 독자가 어떤 요소가 마이크로서비스인지 이해하는 데 도움이 됩니다.

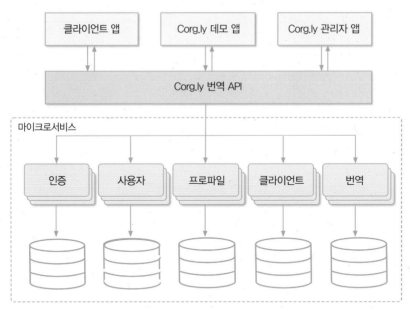

그림 6-2 마이크로서비스 아키텍처를 보여주는 상자와 화살표 예제

순서도

순서도는 시작 지점부터 완료 지점까지 사용자를 안내하며 프로세스를 문서화하는 데 특히 유용합니다.

문서 초안에 프로세스가 아직 정리되어 있지 않다면 전체 프로세스를 작성해 보세요. 결과를 얻기 위해 택할 수 있는 모든 가능한 방향이나 단계를 고려합니다. 포함해야 하는 옵션이 몇 개인지 알면 얼마만큼의 공간이 필요할지 파악하는 데 도움이 됩니다.

모든 다이어그램 유형과 마찬가지로 일관성을 유지하는 것이 중요합니다. 순서도에서는 특정 행동 유형을 나타내는 데 동일한 모양을 사용하는 경우가 많습니다(그림 6-3). 예를 들어 직사각형은 프로세스를 나타내고 마름

모꼴은 결정이 필요한 지점을 나타낼 수 있습니다. 도형 안의 모든 텍스트는 크고 선명한 글꼴을 사용하여 읽기 쉽게 해야 합니다.

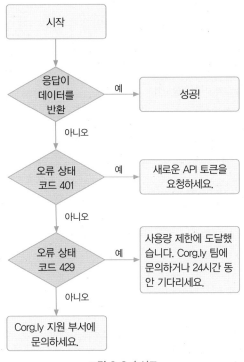

그림 6-3 순서도

스윔레인

스윔레인 다이어그램은 프로세스 참여자나 특정 역할을 담당하는 개체(앱, API 등)가 여러 개 있는 상황에서 특히 유용합니다. 순서도와 유사하게 스윔레인 다이어그램은 프로세스를 시작부터 끝까지 보여 줍니다. 각 참여자나 개체는 자신만의 레인을 가지며, 프로세스의 각 단계는 해당 레인 중 하나에서 발생합니다. 이렇게 하면 누가 각 단계를 담당하는지 한 눈에 쉽게 확인할 수 있습니다.

수평 또는 수직 레인을 사용하거나 둘을 섞어서 사용할 수 있습니다. [그림 6-4]에서 각 레인은 프로세스 흐름에서 서로 다른 참여자 또는 개체를 나타냅니다. 각 단계에서 독자는 누가 어떤 작업을 수행하는지 알 수 있습니다.

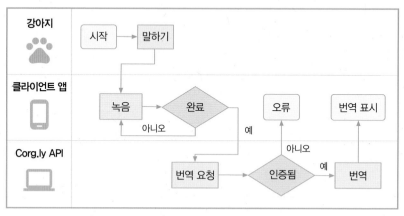

그림 **6-4** 스윔레인 다이어그램

프로세스 도형과 흐름선에 순서도와 유사한 일관성 규칙을 적용합니다. 연결선이 스윔레인 자체와 명확하게 구분되고, 수평 또는 수직 스윔레인에 레이블이 명확하게 지정되어 있는지 확인하세요.

다이어그램 그리기

선택한 다이어그램 유형이 무엇이든 간에 단순화하는 것을 목표로 삼아야 합니다. 만화가들은 이 기술을 연마해 왔습니다. 스콧 맥클라우드^{Scott McCloud}가 쓴 『Understanding Comics: The Invisible Art(만화 이해하기: 보이지 않는 예술)』에서 그는 만화가 글보다 정보를 적게 전달하는 것으로 어떻게 잘못 해석되는지 살펴봅니다. 반대로 맥클라우드는 불필요한 세부 사항을 제거함으로써 만화의 진정한 의미가 증폭된다고 주장합니다. 좋은 예술 작품이나 다이어그램은 사용자가 이해할 수 있도록 이끌어 줍니다. 맥클라우드가 조언하는 것처럼 '증폭하기 위해 단순화'하려면 사용자에 맞춰 다이어그램을 작성해야 합니다. 대상 독자와 그들이 하려는 작업에 대해 알고 있는 것들을 기억하세요.

다이어그램당 하나의 아이디어만 설명해야 합니다. 예를 들면, 시스템의 추상화 수준 하나, 프로세스 흐름 한 개 또는 로직의 특정 부분 하나를 보여주세요. [그림 6-5]와 [그림 6-6]은 동일한 프로세스를 나타내지만, [그림 6-6]의 경우 독자가 필요로 하지 않을 가능성이 있는 불필요한 세부 사항으로 가득 차 있습니다.

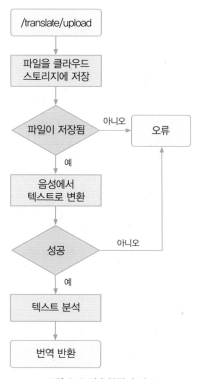

그림 6-5 단순화된 순서도

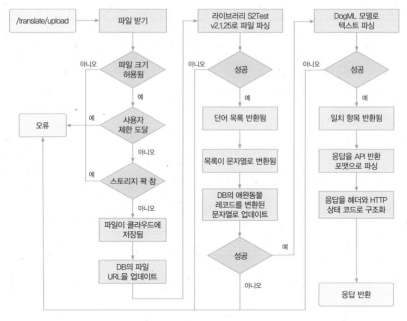

그림 6-6 지나치게 복잡한 순서도

정보를 나눠도 단순한 상태가 유지된다면 다이어그램을 여러 개 사용하는 것도 괜찮습니다. 독자에게 여러분의 시스템이나 프로세스를 단계별로 안내하는 방법에 대해 생각해 보세요. 개요 다이어그램은 개념 문서에 유용한 추가 정보가 될 수 있으며, 여러분의 제품이나 해당 분야를 처음 접하는 독자에게 특히 도움이 됩니다. 특정 마이크로서비스 간의 데이터 흐름을 자세히 설명하는 하위 수준 다이어그램은 참조 문서에 더 유용할 수 있습니다. 정보를 덩어리나 계층으로 나누면 독자에게 적합한 디자인을 만들 수 있고, 독자의 다양한 학습 지점에서 적절한 수준의 정보를 제공할 수 있습니다.

먼저 종이에 그려보기

문서 작성과 마찬가지로, 효과적인 다이어그램은 좋은 계획 세우기에서 시작됩니다. 화이트보드나 펜과 종이를 준비합니다. 구성 요소가 많아서 많은 공간을 필요로 할 경우 붙이는 메모지를 사용하여 구성 요소나 프로세스를 표현해 보세요. 직접 스케치하거나 붙이는 메모지의 위치를 옮겨 보면 구성 요소를 그룹화하는 데 도움이 될 수 있으며 (종종 다루기 힘든) 디지털 도구를 본격적으로 사용하기 전에 다양한 디자인의 프로토타입을 만들어 볼 수 있습니다.

이 과정은 일부 기본적인 사용자 테스트에 유용할 수 있습니다. 스케치나 붙이는 메모지들을 다른 사람에게 보여 주어 그들이 이해한 내용이 여러분과 일치하는지 확인합니다. 각 개체의 의미와 개체 간의 관계가 명확한가요? 프로세스가 논리적인가요?

독자를 위한 출발점 찾기

독자가 다이어그램을 볼 때 어느 지점부터 보기를 원하는지도 고려해야 합니다. 그 출발점을 명확하게 파악할 수 있게 하고, 사용자의 읽기 패턴을 고려하세요. 예를 들어 독자가 아랍어나 히브리어 사용자를 제외한 일반적인 독자의 경우 왼쪽에서 오른쪽으로, 위에서 아래로 읽는 경향이 있으므로 다이어그램의 왼쪽 상단 지점이 독자의 시선이 끌리는 지점이 됩니다.

레이블 사용하기

도형과 연결선을 깔끔하게 정리하는 것으로는 충분하지 않습니다. 레이블을 적절히 사용하면 훨씬 명확하게 표현할 수 있습니다. 레이블을 잘 만드

는 것은 묘하게 까다로울 수 있습니다! 레이블은 읽기 쉽고(조그만 텍스트
는 피하세요) 이해하기 쉬워야 합니다. 공간을 아끼려고 약어를 사용하고
싶은 마음이 들 수 있지만, 독자는 그 약어에 익숙하지 않을 수 있습니다.
확실하지 않다면 용어를 풀어 쓰도록 하세요.

색상 일관성 있게 사용하기

데이터베이스를 표시할 때 특정 색을 사용했다면 다이어그램의 다른 곳에
서 마이크로서비스를 표시할 때는 다른 색을 사용합니다. 색을 구별하는 데
어려움을 겪는 독자도 있음을 잊지 말아야 합니다. 의미를 전달하기 위해서
는 색상만 사용하는 대신에 레이블까지 적절히 사용하는 것이 좋습니다.

> **참고** 배경에 색상이 지정된 경우 텍스트의 가독성이 우려된다면 온라인에 있는 색상 대
> 비^{contrast} 검사기를 사용하여 배경과 텍스트의 색상 대비가 4.5:1 이상인지 확인하세요.

다이어그램 배치하기

다이어그램의 위치도 다른 사항들만큼 중요합니다. 다이어그램이 관련된
지시 사항이나 설명 근처에 나오도록 해야 합니다. 다이어그램만 단독으로
사용하지 말고 해당 이미지가 나타나는 맥락에 맞는 대체 텍스트를 작성하
세요.

다이어그램 게시하기

가능하면 SVG $^{Scalable\ Vector\ Graphics}$ 포맷으로 이미지를 게시합니다. 다른 포맷을
사용할 수도 있지만, SVG는 확장성이 뛰어나 독자가 모든 화면 크기에서

다이어그램의 정보에 접근하고 필요 시 확대하여 볼 수 있도록 해 줍니다.

주변의 도움 받기

다이어그램을 만들기는 어려울 수 있습니다. 하지만 다행히도 여러분이 다이어그램을 만드는 데 도움을 주는 전문가와 활용할 수 있는 표준이 있습니다.

사이먼 브라운[Simon Brown]이 만든 C4 모델은 소프트웨어 아키텍처 다이어그램 작성에 특히 유용합니다. 이 모델은 추상화 수준을 시각화하는 표준화된 방법을 제공합니다. 브라운의 『Software Architecture for Developers』[16]시리즈의 두 번째 볼륨에서는 C4 모델을 자세히 다룹니다.[17]

웹 콘텐츠 접근성 지침[Web Content Accessibility Guidelines, WCAG]은 웹 콘텐츠를 모든 사람이 사용할 수 있게 만들기 위한 폭넓은 조언을 제공합니다.[18] 웹 콘텐츠 접근성 지침은 프론트엔드 개발 및 디자인뿐만 아니라 다이어그램 작성에도 유용합니다. 다이어그램 디자인과 관련된 추가 자료 목록은 부록 '참고 자료'에서 확인할 수 있습니다.

비디오 콘텐츠 만들기

'비디오가 소프트웨어 문서와 관련된 모든 문제의 해결책'이라고 말하는 사람은 조심해야 합니다. 좋은 비디오 콘텐츠가 효과적인 소프트웨어 문서의

역자주 [16] 전자책으로만 구할 수 있고, 다음 링크에서 찾아볼 수 있습니다.
　　　 https://softwarearchitecturefordevelopers.com/
저자주 [17] C4 모델에 대한 자세한 내용은 c4model.com에서 확인할 수 있습니다.
저자주 [18] 웹 콘텐츠 접근성 지침은 www.w3.org/WAI/에서 확인할 수 있습니다.

일부가 될 수 없다는 말은 아닙니다. 하지만 성공한 사례보다는 아무도 찾지 않는 유튜브 채널과 십수 년 전에나 사용자에게 마지막으로 도움이 된 기능의 영상이 더 많다는 점에 유념해야 합니다.

비디오 콘텐츠는 새로운 개념을 소개할 때 유용할 수 있습니다. 마케팅 담당자는 제품이나 기능의 개요를 짧은 시간에 요약할 수 있다는 점 때문에 비디오를 좋아합니다. 대부분의 테크니컬 라이터는 비디오를 경계합니다. 비디오는 만들기 어렵고, 유지 관리 비용이 많이 듭니다. 대부분의 테크니컬 라이터는 비디오가 사용자에게 가치를 제공한다는 것을 증명하는 데 어려움을 겪을 것입니다. 독자 입장에서 생각해 보세요. 제품에 대한 비디오 개요가 독자에게 정말 도움이 될까요? 잘 작성된 문서와 이미지로 비디오와 유사한 개요를 더 빠르고 저렴하게 제공할 수 있지 않을까요?

정말로 비디오 제작에 필요한 시간과 비용을 투입하고 싶다면 전문가를 찾으세요. 비디오 콘텐츠는 잘 만들기가 정말, 정말 어렵습니다. 비디오 콘텐츠를 작성하고 촬영하고 편집하는 작업은 항상 예상보다 오래 걸리며 전문가의 전문성이 필요합니다.

정적인 콘텐츠와 마찬가지로, 비디오를 만들 때도 독자의 접근성을 염두에 두어야 합니다. 여러분이 선택한 호스팅 서비스를 사용하여 모든 독자가 콘텐츠에 접근할 수 있나요? 비디오의 길이가 사용자가 시청하기에 적절한가요? 비디오에 자막을 추가했나요? 비디오와 함께 타임스탬프가 포함된 전체 스크립트를 제공했나요?[19] 스크립트를 배포하면 청각 장애가 있는 시청자를 도울 뿐만 아니라 검색 엔진에서 스크립트에 대한 인덱스를 생성하여 비디오가 검색될 가능성을 높일 수 있습니다.

역자주 [19] 영어권에서는 콘텐츠 접근성 향상을 위해 비디오와는 별도로 스크립트 파일까지 제공하는 것이 일반적이라고 합니다.

글로 된 문서나 정적인 이미지를 변경하는 것이 비디오를 수정하는 것보다 훨씬 쉽다는 것을 기억하세요. 그리고 비디오의 유지 관리를 미리 계획합니다. 언제까지 최신 상태로 업데이트할 건가요? 새로운 기능을 출시할 때 비디오를 재촬영하거나 재배포할 준비가 되었나요?

시각적 콘텐츠 검토하기

아무리 단어를 적게 포함하더라도 시각적 콘텐츠도 여전히 콘텐츠입니다. 즉, 4장에서 설명한 것과 동일한 편집 프로세스를 거쳐야 합니다.

절대로 시각적 콘텐츠만 따로 검토하지 말고, 주변의 텍스트와 함께 확인하세요. 글 내부에서 시각적 콘텐츠의 위치가 적절한가요? 앞에 적절한 소개 문장이 있나요? 모바일이나 더 큰 화면에서 콘텐츠를 볼 때 위치가 바뀔 경우 여전히 이해에 어려움이 없나요? 사이트 성능에 영향을 주었나요?

시각적 콘텐츠가 이해 용이성, 접근성, 성능 요구 사항을 충족한다는 것을 확인하면 동료들에게 보여주고 검토를 요청합니다. 디자인은 주관적이며 여러분에게 여전히 '지식의 저주'가 남아 있을 수 있다는 사실도 기억하세요. 여러분이 문서화한 내용에 지나치게 익숙하면 시각적 콘텐츠를 객관적으로 평가하기가 더 어려워집니다. 이후 장에서는 시각적 콘텐츠를 포함하여 문서의 유효성을 테스트하는 방법을 살펴볼 것입니다.

시각적 콘텐츠 유지 관리하기

11장에서는 문서화 실패의 가장 큰 이유를 설명합니다. 그 이유는 바로 유지 관리입니다. 텍스트 콘텐츠도 빨리 시대에 뒤떨어질 수 있지만 시각적 콘텐츠는 훨씬 빨리 구식이 될 수 있습니다. 한 번의 UI 변경만으로 기존 스크린샷이 쓸모없게 될 수 있습니다. 프로세스가 빨리 바뀌면 다이어그램의 선 하나가 갑자기 사용자를 잘못 안내하게 될 수도 있습니다. 새로운 기능이 추가되면 높은 비용을 들여 잘 제작한 비디오를 거의 가치가 없게 만들 수도 있습니다.

이미지를 만드는 데 사용하는 포맷이나 도구에 관계없이 이미지를 쉽게 업데이트할 수 있도록 원본 파일을 다른 사람과 공유해야 합니다.

요약

시각적 콘텐츠는 텍스트보다 정보를 더 빠르게 전달하지만, 제대로 만들기는 어렵습니다. 이미지와 텍스트가 서로를 잘 보완하는지 확인하세요. 스크린샷이 사용자에게 유용하려면 많은 특수한 요구 사항을 만족해야 합니다. 복사 & 붙여넣기 가능한 텍스트를 사용해야 할 부분에 스크린샷을 사용하지 마세요. 다이어그램, 레이블, 색상을 모두 일관성 있게 사용하고 깔끔하게 정리해야 합니다.

비디오 콘텐츠 사용에 주의하세요! 인원과 예산이 적다면 장점보다는 단점이 거의 항상 더 크게 작용합니다. 디자인에서 유지 관리에 이르기까지 시각적 콘텐츠의 세 가지 원칙을 항상 마음에 새기세요.

- **이해 용이성:** 이 콘텐츠가 독자에게 도움이 되는가?
- **접근성:** 일부 독자에게 사용하기 어렵지는 않은가?
- **성능:** 콘텐츠의 크기와 포맷이 독자에게 도움이 되는가 아니면 방해가 되는가?

다음 장에서는 콘텐츠를 만들고 다듬는 단계에서 문서를 다른 사람들이 볼 수 있도록 세상에 공개하는 단계로 도약하는 절차를 안내합니다.

문서 배포하기

corg.ly

Corg.ly
배포!

샬럿은 기대감을 느끼며 문서를 마지막으로 한 번 살펴보았다. 카틱의 도움 덕분에 문서는 예상보다 빨리 정리되었다. 그녀는 문서를 훑어보고 샘플 코드와 다이어그램을 살펴보면서 모든 것이 정확해 보이는지 확인했다. 그녀는 '이제 준비가 됐어'라고 생각했다.

다음 단계는 문서를 개발자들에게 선보이는 것이었다. 메이의 팀이 개발을 시작할 수 있도록 문서 사본을 메이에게 이메일로 보낼 수도 있겠지만, 향후 Corg.ly의 잠재적 사용자인 수천 명의 개발자에게 계속 전달하기에 이메일은 무리였다. 문서를 온라인에 배포해야 하는데, 어디에 하는 것이 좋을까?

그녀는 카틱에게 메시지를 보냈다. "의견을 구하고 싶어요. 이 문서를 어디에 배포할지 고민 중인데, 몇 가지 다른 방법이 있거든요."

"물론이죠." 카틱이 대답했다. "어떤 방법을 생각 중이신가요?"

샬럿은 콘텐츠를 배포할 수 있는 위치와 배포 관리에 사용할 수 있는 도구를 하나씩 설명했다. 결국 그들은 이용 가능한 가장 간단한 해결책을 사용하는 것으로 정했다. 즉 문서를 회사 웹사이트의 새 섹션에 추가하고, 코드에 사용한 것과 동일한 버전 관리 시스템으로 콘텐츠를 관리하기로 했다.

카틱이 제안했다. "회사 블로그에 간단한 게시물을 작성할 수도 있어요. 언제 문서가 게시되고 어디서 찾을 수 있는지 모두가 알게 될 겁니다."

"멋진 생각이에요." 샬럿이 미소를 지었다. "모든 사람이 볼 수 있게 문서가 공개되면 기념 회식이라도 해야겠어요."

콘텐츠 선보이기

과거에는 콘텐츠를 배포하는 프로세스가 명확했습니다. 정합 마크[1]와 잉크 번호가 포함된 교정본을 인쇄소로 보냈고, 몇 주 후에 인쇄된 설명서의 형태로 문서를 받았습니다. 이후 물리적 사본을 독자에게 직접 배송해야 했습니다.

이제 그런 시절은 지났습니다. 오늘날 문서 배포란 사용자가 콘텐츠를 읽고 따라할 수 있도록 하는 것을 의미하며, 소프트웨어가 릴리스되었음을 알리는 것과 유사합니다. 이제 배포는 일반적으로 '여러분의 콘텐츠를 대상 독자에게 전자 매체를 통해 제공하는 것'을 뜻합니다.

뭔가를 선보이는 일은 때때로 감정적으로 어려울 수 있습니다. 일단 세상에 나오면 사람들은 그것에 대해 반응을 보이게 마련이니까요. 그래서 '몇 가지만 더 고쳐야지'라는 생각에 사로잡혀 문서를 실제로 독자에게 내놓지 않는 함정에 빠지기 쉽습니다. 또는 사람들이 문서를 혹독하게 평가할 거라는 걱정, 문서가 불완전하거나 여러분이 뭔가 깜빡하거나 놓쳤을지도 모른다는 염려 때문에 문서 배포를 늦추고 싶어질 수도 있습니다.

긴장을 푸세요. 코드와 마찬가지로 릴리스 시점에 완벽한 문서는 거의 없습니다. 문서 배포에 대한 두려움을 다루는 가장 좋은 방법은 배포 후에 피드백을 기반으로 그동안 했던 과정을 반복하는 것입니다. 문서를 배포한 후에 패치하고, 업데이트하고, 수정해도 괜찮습니다. 소프트웨어를 배포한 후에 패치하고 업데이트해도 괜찮고 심지어 그런 일이 있을 거라고 사람들이 예상하는 것과 마찬가지입니다. 소프트웨어 릴리스를 더 이상 CD로 하지 않는 것처럼 문서 배포 또한 더 이상 인쇄물로 하지 않아서 가능한 일입니다.

역자주 [1] 인쇄에서 '정합(registration)'은 여러 색상이 겹쳐서 인쇄되는 부분이 잘 맞도록 하는 것으로, '정합 마크'는 인쇄 위치에 어긋남이 없는지 확인하기 위한 표시입니다. 잉크 번호는 각 컬러 인쇄에 사용되는 잉크의 번호입니다. 출처: https://en.wikipedia.org/wiki/Printing_registration

문서 배포용으로 선택할 수 있는 도구와 공간은 아주 많습니다. 문서를 배포한다는 것은 웹사이트, 블로그 게시물, 깃헙 지스트^{GitHub gist 2} 또는 내부 전용 위키를 만드는 것을 의미할 수 있습니다. 이 장에서는 여러분이 배포 프로세스를 탐색하는 데 도움을 주고자 여러분이 내려야 할 몇 가지 결정과 관련된 과정을 안내합니다. 주요 단계는 다음과 같습니다.

- 콘텐츠 릴리스 프로세스 구축하기
- 배포 타임라인 만들기
- 배포 확정 및 승인하기
- 독자에게 콘텐츠 알리기

콘텐츠 릴리스 프로세스 구축하기

조직에 (다행히!) 소프트웨어 릴리스 프로세스가 있는 것처럼, 문서의 릴리스 프로세스도 구축해야 합니다. 콘텐츠 릴리스 프로세스는 콘텐츠를 배포하기 위한 계획입니다. 여기에는 배포 타임라인을 결정하고, 최종 콘텐츠 검토와 배포에 대한 책임을 할당하고, 콘텐츠 배포 위치를 지정하는 일이 포함됩니다.

콘텐츠 릴리스 프로세스는 다음 질문에 대한 답을 제공해야 합니다.

- 콘텐츠를 언제 배포할 것인가?
- 최종 검토와 배포는 누가 담당하는가?
- 콘텐츠를 어디에 배포할 것인가?
- 콘텐츠를 배포하려면 어떤 소프트웨어 도구가 추가로 필요한가?
- 새로운 콘텐츠를 사용자에게 어떻게 알릴 것인가?

역자주 [2] 깃헙에서 제공하는 서비스로, 코드 조각(code snippet), 로그, 메모 등을 남기는 데 사용합니다.
https://gist.github.com/discover

콘텐츠 릴리스 프로세스는 체크리스트를 만들어서 따르는 것처럼 간단한 일이 될 수도 있고, 스크립트를 작성하여 기존 소프트웨어 릴리스 프로세스와 완전히 통합하는 작업이 될 수도 있습니다. 중요한 점은 독자에게 콘텐츠를 전달하기 위한 방안을 마련한다는 것입니다.

콘텐츠 출시 규모에 맞게 콘텐츠 릴리스 프로세스를 맞춤화해야 합니다. 예를 들어 Corg.ly를 처음으로 릴리스할 경우, 샬럿은 소프트웨어와 콘텐츠의 배포 타임라인, 콘텐츠에 대한 최종 검토자, Corg.ly 사용자에게 릴리스를 알리는 블로그 게시물을 포함하여 계획이 완전히 갖춰진 릴리스를 진행할 수 있습니다. 하지만 카틱이 작은 버그를 수정한 게 전부이고 그 작업이 주요 릴리스의 일부가 아니라면, 간단한 업데이트를 위해 한 번의 동료 검토로 충분할 수 있습니다.

배포 타임라인 만들기

배포 타임라인을 만들어 놓으면 모든 필수 작업이 포함되었는지, 그 작업들을 완료할 시간이 충분한지 확실히 알 수 있습니다. 사용자 조사를 하고, 문서화 계획을 세우고, 문서 초안을 작성하고, 검토를 받는 각 과정에는 모두 시간이 걸립니다. 간트^{Gantt} 차트는 전체 릴리스에 드는 업무 계획을 표현하는 데 유용한 방법입니다(그림 7-1). 예를 들어 웹 팀이 내용을 검증하고 업로드하는 데 3일, 피드백을 통합하는 데 2일, 문서를 편집하는 데 1주가 필요한 경우 배포 목표일의 2주 전에는 편집할 초안이 마련되어야 함을 알 수 있습니다.

배포 타임라인		릴리스
개발		
테스트/QA		
문서 초안 작성		
문서 편집		
배포		
코드 릴리스		

그림 7-1 배포 타임라인이 포함된 간트 차트

배포 타임라인을 설정할 때는 소프트웨어 릴리스나 기타 관련 일정과 잘 연계되어 있는지 확인하는 것이 좋습니다. 예전에는 개발 프로젝트에 독립적인 QA 주기를 위한 시간이 별도로 할당되어 있었고, 문서화도 마찬가지였습니다. 하지만 더 빠르고 민첩한 개발 세계에서는 그런 사치가 허락되지 않습니다. 이제는 그 대신 제품 릴리스 타임라인의 나머지 부분에 문서 배포 타임라인을 정하고, 문서화와 관련된 팀들이 필수적인 문서 작성 및 검토 업무에 시간을 확보해야 함을 알려야 합니다.

배포 타임라인을 만들 때 릴리스 이해 관계자들의 동의를 받으면 각자의 일정을 타임라인에 맞춰 조정하고 릴리스 일정에 영향을 줄 만한 잠재적인 문제를 미리 발견하는 데 크게 도움이 됩니다. 또한 배포 타임라인은 프로세스의 각 부분에 대한 담당자를 명확하게 정의해 줍니다.

모든 문서 릴리스에 대해 배포 타임라인을 설정하세요. 소규모 릴리스라도 다른 사람의 참여가 어느 정도 필요합니다.

코드 릴리스에 맞춰 일정 조율하기

개발자 문서는 설명의 대상이 되는 소프트웨어와 함께 릴리스되어야 합니다. 문서가 누락된 것을 교육이나 UI 디자인으로 채울 수는 없습니다. 문서 배포 일정을 제품 릴리스 일정에 맞춰 조정하면 모든 사람이 제품과 문서 둘 다 같은 릴리스에 포함되므로 함께 출시해야 한다는 것을 이해할 수 있습니다.

소규모 문서 릴리스의 경우 전체 배포 주기가 필요하지 않을 수도 있습니다. 이 경우 릴리스 노트에서 문서 변경 사항 및 업데이트를 사용자에게 알리도록 합니다.

배포 확정 및 승인하기

문서 릴리스를 허가하거나 중지시킬 책임이 있는 한 명의 최종 승인자를 지정해야 합니다. 이 승인자는 배포 타임라인에 명시되어야 하며, 문서를 릴리스하기 전에 콘텐츠의 양과 품질 수준에 대해 최종 결정을 내려야 합니다. 어떤 문서도 완벽할 수는 없지만, 릴리스된 문서가 사용자에게 해를 줘서는 안 됩니다. 그러므로 릴리스 여부 결정에 책임을 지는 담당자를 반드시 지정하세요.

승인자는 문서를 릴리스하기 전에 테스트하고 검토하는 일도 담당해야 합니다. 여러분이 승인자라면 그 과정에서 오류를 발견하게 될 수 있습니다. 오류를 발견할 경우에 대비해서 릴리스를 지연시키는 데 대한 기준을 미리 결정하세요. 문서 버그에도 코드 버그에 사용하는 것과 동일한 문제 분류 체계를 적용할 수 있습니다. 예를 들면, '사람들에게 피해를 주는가?' '시스템이나 소프트웨어에 손상을 입히는가?' '데이터 손실을 일으키는가?'처럼요. 대부분의 문서는 그렇게까지 문제가 될 만한 가능성이 낮지만, 대부분의 소프트웨어도 그러함에도 불구하고 대부분의 조직에서는 소프트웨어에 대해 여전히 위와 같은 문제 분류 카테고리를 사용합니다.

조직에서 동료 리뷰와 자동화된 테스트를 거친 다음에 코드를 릴리스한다면, 문서 또한 유사한 절차를 거쳐서 릴리스해야 합니다. 절차의 일관성을 보장하는 가장 간단한 방법은 문서화를 위해 코드 리뷰 프로세스를 사용하는 것입니다. 문서가 코드베이스에 포함되려면 당연히 코드에 대해 수행하는 모든 통합 테스트를 통과해야 합니다. 동료 리뷰나 QA 테스트를 수행하는 문화가 있다면 문서에도 동일한 기준을 적용해야 합니다.

문서가 코드베이스의 일부가 아니더라도 문서를 테스트하세요. 샘플 코드에 대한 단위 테스트가 없으면 문서의 지시 사항을 수동으로라도 테스트하세요. 예를 들어, 문서에 나온 절차를 따라가면 사용자가 예상한 결과를 얻을 수 있는지 확인해야 합니다. 여러분이 절차를 작성할 때 대부분의 사용자보다 그 절차에 대해 더 많이 알고 있으므로 모든 사람이 알지는 못하는 '명백한' 단계를 건너뛸 가능성이 있음을 명심하세요. 예를 들어 지시 사항을 다음과 같은 명령어로만 작성할 가능성이 있습니다.

```
$ brew install --cask firefox
```

하지만 이 명령어가 작동하려면 사용자가 맥OS를 사용하고, 홈브루[Homebrew]가 설치되어 있어야 하며, 충분한 권한을 갖고 명령줄에 명령어를 입력해야 합니다. 이러한 필수 조건을 아는 사용자도 있겠지만, 알지 못하는 사용자도 있습니다. 따라서 독자 분석이 매우 중요합니다.

다소 지나칠지라도 상세히 설명하는 편이 더 안전하기는 하지만, 지시 사항이 너무 길어지거나 독자와 작성자 모두에게 힘겨운 수준이 되지 않도록 유의해야 합니다. 샌드위치를 만드는 절차가 빵 봉지의 묶음을 푸는 방법부터 시작한다고 생각해 보세요. 이런 수준의 세부 사항은 일부 독자에게는 필요할 수 있지만, 대부분의 독자에게는 너무 지나칩니다. 모든 사용자를 위해 문서를 작성하려고 하면 가장 중요한 유스 케이스에서 독자와 멀어질 수 있습니다. 테스트를 위해, 문서에서 제공하거나 독자가 이미 알 법한 정보로 대상 독자가 문서에서 설명하는 작업을 수행할 수 있는지 확인하세요.

이때가 릴리스 중단 기준을 결정하기에 좋은 시점이기도 합니다. 문서에 다소 미흡하거나 약간 어색한 부분이 있다고 배포 날짜를 미룰 필요는 없을 것입니다. 하지만 문서에 중대한 문제가 있어 해를 끼칠 가능성이 있다면 해당 부분이 수정될 때까지 배포를 중단해야 합니다. 자체 기준을 정하고 그 기준을 충실히 지키세요. 간단한 일처럼 들릴지 모르지만, 중요한 판단이 필요한 경우가 생길 수 있으므로 미리 기준을 정의해 두면 도움이 됩니다.

콘텐츠 전달 방식 결정하기

이미 존재하는 사이트에 콘텐츠를 추가하는 경우 전달 방법을 따로 고민할 필요는 없습니다. 그러나 완전히 새로운 콘텐츠를 배포한다면 해당 콘텐츠가 어디에 저장되고 사용자가 콘텐츠를 어떻게 찾을지 신중하게 고려해야 합니다.

콘텐츠를 배포할 위치를 결정할 때는 다음 규칙을 기억하는 것이 중요합니다.

사용자가 있는 곳에서 콘텐츠와 만나게 하세요.

문서를 배포할 위치는 독자가 콘텐츠를 경험하고자 하는 방식에 달려 있습니다. 사용자가 있는 곳에서 콘텐츠와 만나게 하려면 다음 질문과 시나리오를 생각해 보세요.

- 사용자가 여러분의 조직에서 뭔가를 사용할 올바른 방법을 찾고 있는 내부 팀입니까?
  → 비공개 위키나 인트라넷 사이트가 좋은 위치입니다.

- 독자가 코드나 엔드포인트를 사용해서 작업하는 외부 사용자입니까?
  → 문서가 코드와 동일한 저장소에 있으면 독자에게 편리합니다.

- 독자가 뭔가 설치하려는 최종 사용자 또는 시스템 관리자입니까?
  → 의존성 루프를 피하기 위해 문서가 소프트웨어 외부에 있도록 하세요[3].

독자 조사를 바탕으로 독자가 문서를 어떻게 사용하기를 기대하는지 알 수 있을 것입니다. 인터넷처럼 인덱스가 생성되는 공간에 문서를 제공한다면 섹션 제목들이 명확한지 확인하고 검색 인덱싱을 허용하여 문서가 잘 검색될 수 있도록 합니다. 문서화에 노력을 쏟았다가 사람들이 문서를 찾을 수 없어서 아무도 읽고 있지 않다는 것을 알게 되면 실망하게 됩니다.

또한 문서를 처음으로 새로운 위치에 배포하고 새로운 도구 세트를 사용한다면 미리 해당 위치에 테스트 문서를 수동으로 배포해 보세요. 실제로 해 보면서 기존에 이해하고 있던 내용이나 도구 사용 절차와 차이점을 발견한다면 기록해 두세요. 맞습니다! 여러분의 문서를 위한 또다른 문서화가 필요하며, 적어도 문서를 릴리스하는 프로세스는 문서화해 두어야 합니다. 프로세스에 따라 테스트 문서를 배포해 보면 문서 세트 전체를 배포할 때도 이상이 없을 것임을 확실히 하여 다른 사람들도 프로세스를 따를 수 있게 됩니다.

역자주 [3] 문서와 소프트웨어를 묶어서 제공하면 한쪽에 오류가 있을 경우 전체를 새로 제공해야 하는 위험이 있습니다. 별도로 제공할 경우 문서에만 오류가 있다면 소프트웨어와는 별개로 문서만 수정하여 제공하면 됩니다.

문서 배포 알리기

문서가 배포된 후에는 문서를 이용할 수 있다고 독자에게 알리는 것이 중요합니다. 코드 릴리스에 맞춰 배포한 문서의 경우, 새 릴리스를 알리는 곳에서 기술 문서로 가는 링크를 쉽게 제공할 수 있습니다.

전체 문서 세트를 처음 릴리스한다면 독자가 진입하기에 가장 적절한 지점으로 가는 링크를 제공하세요. 예를 들어 Corg.ly 최초 릴리스의 경우 새로운 사용자에게 Corg.ly의 새로운 '시작하기' 페이지로 가도록 안내할 수 있을 겁니다. 이것이 신규 사용자에게 논리적으로 가장 적절한 진입점이 될 것입니다.

새 문서에 대한 공지를 사용자에게 보내는 이메일에 포함시키거나 릴리스 노트나 인앱 알림과 묶어서 구성할 수도 있습니다. 중요한 점은 이용할 수 있는 새로운 자료가 나왔음을 사람들에게 알리는 것입니다.

앞날을 위해 준비하기

문서는 코드와 마찬가지로 계속 변하므로 앞으로 문서에 일어날 일에 대한 계획을 마련해야 합니다.

개발자들은 종종 중요한 문제에 대응하고자 대기 상태('호출 업무')로 시간을 보냅니다. 문서에도 중요한 문제에 대한 대응이 필요할 수도 있다는 걸 알면 놀라는 분도 있을 겁니다. 문서 오류가 사고에 준하는 문제가 되고 사람들이 이에 대해 호출을 받는 업종이나 제품이 있습니다. 문서가 이 정도로 중요한 경우에는 다른 운영 문제에 대해 하는 것과 마찬가지로 런북^{runbook4}을 사용하여 중요한 문제에 대한 대응을 계획해야 합니다.

문서를 얼마나 자주 업데이트하나요? 콘텐츠가 릴리스와 연계되어 있다면 릴리스와 같은 주기로 업데이트해야 합니다(일부 콘텐츠의 배포가 늦춰지더라도 그렇게 해야 합니다). 코드 배포가 더 지속적으로 일어난다면 문서 업데이트에 대해 예측 가능한 날짜를 정하고 독자에게 미리 알리세요. 문서 업데이트 일정을 정하면, 문서화 업무의 우선순위가 낮아져서 나중에 해결해야 할 기술 부채가 쌓이는 문제를 방지할 수 있습니다.

배포 주기를 알고 릴리스 프로세스를 몇 번 거치고 나면 한 발 물러서서 프로세스에서 개선할 수 있는 부분을 찾으세요. 처음에 바로 도구와 스크립트를 사용하여 배포 프로세스를 자동화하고 싶은 마음이 들 수도 있습니다. 하지만 잘 돌아가는 가장 덜 복잡한 프로세스에서 시작하여 점진적으로 개선하는 것이 더 좋습니다. 수고가 드는 부분이 어디인지 이해해야만 그러한 부분을 자동화할 수 있습니다. 실제로 해 보면서 마찰 지점을 찾는 방식이 경험하기 전에 추측하는 방식보다 시간을 훨씬 더 절약하게 해 줍니다.

콘텐츠 유지 관리 및 콘텐츠 자동화에 대한 자세한 내용은 11장을 참고하세요.

역자주 4 컴퓨터 시스템이나 네트워크에서 시스템 관리자나 운영자가 수행하는 일상적인 절차와 작업의 모음을 의미합니다. 출처: https://en.wikipedia.org/wiki/Runbook

요약

소프트웨어 릴리스 프로세스에 맞춰진 문서 릴리스 프로세스를 만드세요. 릴리스 프로세스는 배포 타임라인을 포함해야 하고, 최종 콘텐츠 검토 및 배포 담당자를 할당하고 콘텐츠를 어디에 배포할지 지정해야 합니다.

문서 릴리스를 허가하거나 중지할 책임이 있는 한 명의 최종 승인자를 지정합니다. 배포 타임라인에 이 승인자를 명시하세요.

릴리스하기 전에 문서를 테스트하세요. 문서가 정확하고 샘플 코드가 작동하며 적절하게 설명되어 있는지, 콘텐츠가 배포 기준을 충족하는지 확인하세요.

문서가 배포된 후에는 제품 릴리스 공지, 블로그 게시물, 고객에게 보내는 이메일 또는 릴리스 노트와 같은 채널을 통해 새 문서를 이용할 수 있다고 알리세요.

더 나은 계획 수립, 커뮤니케이션, 도구 활용으로 릴리스 프로세스를 반복하고 개선하세요.

피드백 수집하고
통합하기

Corg.ly

Corg.ly
첫 번째 피드백

샬럿의 팀이 Corg.ly 문서를 웹사이트에 처음으로 배포한 지 2주가 지났다. 첫 릴리스를 축하하고 한숨 돌릴 겸 잠시 휴식을 취하고 나자, 이제 샬럿과 카틱은 독자들이 어떻게 반응하는지 알고 싶었다. 그들이 희망했던 만큼 문서가 도움이 되었을까?

카틱은 개발 팀의 피드백이 있는지 확인하고자 메이에게 짧은 설문조사를 포함한 이메일을 보냈다. 설문조사 결과를 받은 후 카틱은 메이에게 후속 회의를 요청했다.

메이가 말을 꺼냈다. "피드백을 요청하고 회의를 마련해 줘서 고마워요. 문서는 전반적으로 좋아 보이지만, 몇 가지 질문이 있어요. 문서에서 강아지 음성 길이에 대한 포매팅 파라미터를 다루지 않는 것 같네요..."

메이가 그녀의 팀이 발견한 다른 문제를 설명하는 동안 카틱은 메모를 했다. 문제 중 일부는 제품 문제였고 일부는 문서 문제였다. 그는 마음 속으로 메이의 질문에 놀라면서 이러한 문제를 어떻게 정리해야 할지 생각하기 시작했다.

"피드백을 전달하기에 더 좋은 방법이 있을까요?" 메이가 물었다. "시간을 내 줘서 고맙지만, 이런 소통 방식을 모든 사용자에게 적용하기에는 무리가 있을 거예요."

메이의 말이 옳았다. 그녀의 팀이 겪는 문제를 해결하는 일은 비교적 간단하겠지만, 이처럼 일대일로 피드백을 받는 방식을 Corg.ly의 모든 사용자에게 확장해서 적용할 수는 없었다. 게다가 만일 메이의 팀이 보내준 피드백이 주로 예외적인 문제에 불과하다면? 카틱은 이런 잠재적인 상황에 대해 더 생각하고 샬럿과 몇 가지 아이디어를 논의해야 한다는 것을 알고 있었다.

사용자 의견에 귀 기울이기

문서는 사용자와 소통하는 주요 방법 중 하나이며, 사용자는 여러분에게 자신의 의견을 전달할 수 있기를 기대합니다. 사용자 피드백을 수집하면 제품과 문서에서 어떤 부분이 성공적인지, 개선이 필요한 부분은 어디인지 파악하는 데 도움이 될 수 있습니다. 또한 초기 사용자 평가(1장 참고)에서 사용자에 대해 세운 모든 가정을 검증(또는 수정)하는 데 도움이 됩니다.

언뜻 보기에는 사용자의 피드백을 모두 수집하고 이해하는 일이 부담스럽게 다가올 수 있습니다. 여러분이 코드와 문서에 많은 노력을 기울였던 만큼, 사용자 피드백은 성급한 판단처럼 보이거나 혼동을 주거나 그냥 도움이 되지 않는 것처럼 느껴질 수 있습니다. 특히 많은 피드백 중에서 유용하지 않은 의견과 유용하고 건설적인 의견을 골라내는 일은 어렵습니다.

그럼에도 불구하고 문서는 사용자의 니즈를 해결하고 사용자가 제품을 이해하고 생산성을 높이도록 하는 데 중요한 역할을 합니다. 사용자 피드백은 문서와 제품이 기능을 얼마나 잘 구현하고 있는지에 대한 중요한 정보를 제공하며, 사용자는 종종 콘텐츠와 코드를 개선하는 데 활용할 수 있는 의견을 줍니다.

이 장에서는 사용자 피드백을 수집하고 조치를 취하도록 해 주는 프로세스를 안내합니다. 이를 위해서는 다음과 같은 작업이 필요합니다.

- 사용자 피드백 채널 만들기
- 피드백에 대한 조치 취하기
- 사용자로부터 받은 피드백 분류하기

> **참고** 피드백과 메트릭(측정 항목)은 밀접하게 관련되어 있습니다. 메트릭에 대한 자세한 내용은 9장을 참고하세요.

피드백 채널 만들기

사용자 수가 적다면 이메일과 채팅을 통해 개별적으로 소통하거나 카틱이 메이와 한 것처럼 소규모 회의를 통해 소통할 수 있습니다. 하지만 사용자 수가 증가할수록 이처럼 임시 방편으로 피드백을 받는 방법은 확장하여 적용하기 어려워집니다. 사용자는 수많은 이메일, 트위터 게시물, 스택 오버플로 질문을 통해 계속 커뮤니케이션을 요청할 것이며, 여러분은 받는 모든 메시지를 따라잡으려고 '두더지 잡기'를 하는 괴로운 상황에 빠지게 될 것입니다.

해결책은 문서와 코드를 개선하는 데 사용할 수 있는 사용자 피드백용 채널을 만드는 것입니다. 피드백 채널은 사용자가 여러분과 연결을 맺을 수 있는 특정 수단이나 공간입니다. 피드백 채널에는 사용자가 문서에 대해 직접 이슈를 제출할 수 있게 하는 것부터 고객 설문조사를 통해 피드백을 요청하는 것까지 모든 방법이 포함됩니다.

사용자로부터 피드백을 수집하기 위한 독창적인 방법이 많이 있습니다. 이 장의 목적에 따라 여기서는 문서와 밀접하게 관련된 채널을 주로 살펴봅니다.

- 문서 페이지를 통해 직접 피드백 받기
- 고객 지원 문제 모니터링하기
- 문서 감정 수집하기
- 사용자 설문조사 만들기
- 사용자 위원회 만들기

이러한 각 채널을 통해 사용자로부터 서로 다른 종류의 피드백을 얻을 수 있습니다. 예를 들어, 문서 페이지에서 사용자가 직접 제출한 이슈를 접수하면 개별 페이지에 대한 피드백을 얻을 수 있는 반면, 고객에게 주기적으로 연락을 취하면 문서와 제품 모두에 대해 더 상위 수준의 피드백을 얻을 수 있습니다.

이 목록이 피드백 채널의 전부는 아니며, 모든 채널을 구현하려고 시도해서도 안 됩니다. 사용자의 의견에 귀를 기울인다는 것은 그들의 시간을 존중하는 것을 의미하므로, 어떤 채널이 여러분에게 가장 유용하면서 독자에게 가장 시간이 덜 걸리고 방해가 덜 되는지 신중하게 고려해 보세요. 결국 독자가 문서에 찾아온 이유는 피드백을 제출하기 위해서가 아니라 제품을 이해하려는 것입니다.

문서 페이지를 통해 직접 피드백 받기

문서 페이지를 통해 직접 피드백을 받으면 독자가 페이지에서 특정한 문제를 발견했을 때 여러분에게 알려줄 수 있습니다. 예를 들어, 설명된 과정의 단계 중 하나가 혼동을 주거나 샘플 코드가 작동하지 않는다는 것을 사용자가 찾아서 알려줄 수 있습니다.

소규모 프로젝트의 경우 이메일 링크를 표시하고 보내는 이메일에 페이지 제목과 URL을 추가하는 짧은 스크립트를 페이지에 추가할 수 있습니다. 또는 코드의 버그와 이슈를 관리하는 데 사용하는 시스템에 피드백을 보내는 링크를 제공할 수도 있습니다. 이는 사용자가 피드백을 많이 제출하는 대규모 프로젝트에 특히 유용합니다. 코드 이슈와 같은 공간에서 사용자 피드백을 관리하면 피드백을 추적하고 평가하고 대응하기가 더 쉬워집니다.

대부분의 이슈 추적 시스템은 입력 양식이나 템플릿을 통해 정보를 수집하게 해 줍니다. 이는 사용자로부터 피드백을 수집할 때 특히 유용합니다. 이슈 템플릿은 사용자에게 피드백을 입력하기 위한 구조를 추가로 제공하여, 문서와 관련하여 보다 유용하고 명확한 피드백을 제출하게 해 줍니다. 다음 예제는 Corg.ly 문서를 위한 이슈 템플릿입니다. Corg.ly 문서에서 마크다운 포맷 기반으로 된 이슈 템플릿을 사용한다고 가정했습니다.

제목
<!-- 문제를 간략히 요약해 주세요. -->

문서 URL
<!-- 관련 URL을 복사하여 이 섹션에 붙여넣으세요. -->

무엇이 잘못되었거나 누락되었습니까?
<!-- 문제의 영향을 구체적으로 명확하게 설명해 주세요. 필요한 경우 스크린샷을 첨부해 주세요. -->

가능한 해결책
<!-- 필수 항목은 아닙니다. 어떻게 하면 문서가 더 도움이 될지 설명해 주세요. -->

페이지 수준 피드백 메커니즘의 목표는 사용자가 콘텐츠에서 직접 응답할 수 있는 기회를 제공하는 것입니다. 이 경우 문서에서 개선해야 할 부분에 대해 가장 세부적인 피드백을 받을 수 있습니다.

고객 지원 문제 모니터링하기

조직에 고객 지원 팀이 있다면 사용자 피드백을 수집하고 이해하기 위한 좋은 파트너가 될 수 있습니다. 고객 지원 팀에는 고객이 도움을 받는 데 사용하는 자체 피드백 채널이 있을 수 있으며, 고객 문제를 기록하고 임시 대처법을 문서화하고 보고서를 생성하기 위한 사고^{incident} 관리 시스템도 있을 가능성이 있습니다.

가능하면 고객 지원 팀과 긴밀하게 협력하여 일반적으로 보고되는 문제와 고객 피드백의 동향을 파악하면 좋습니다. 고객이 동일한 문제를 계속 겪는다면 문서나 제품 업데이트로 해결해야 합니다.

문서 감정 수집하기

문서 감정^{document sentiment}은 독자가 문서에 대해 느끼는 감정을 뜻합니다. 문
서 감정을 알아내고 측정하려면 간단한 설문조사를 실시하거나 간단히 예
또는 아니오를 클릭하여 페이지가 도움이 되었는지 알려주도록 요청하는
코드를 페이지에 포함시킬 수 있습니다(그림 8-1).

이 페이지가 도움이 되었나요?

예
아니오

그림 8-1 구글 문서 페이지의 문서 감정 도구

페이지의 평점이 낮으면 페이지를 개선한 다음, 이러한 변화가 문서 감정
에 미치는 영향을 측정할 수 있습니다. 페이지가 높은 평점을 받고 그 이유
를 알고 있다면 다른 페이지에도 적용해서 그 성공을 재현할 수 있습니다.[1]

문서 감정을 측정하는 데는 상당한 제약이 있습니다. 데이터가 유용하려면
예/아니오 감정 설문조사에서 많은 수의 응답을 수집해야 합니다. 많은 응
답을 받을수록 데이터가 실제로 사용자의 의견을 나타낸다고 더 확신할 수
있습니다. 또한 문서를 변경한 후에는 문서 감정에 영향이 있는지 평가하
려고 응답을 추가로 수집하기 전에 일정 시간을 기다려야 합니다.

문서 감정은 또한 사용자가 겪는 상황에 따라 변동이 클 수 있습니다. 예

저자주 [1] "Widgets," 피트 르페이지(Pete LePage), Google Web Fundamentals, 2021년 1월 28일 접근,
https://developers.google.com/web/resources/widgets.

를 들어 문제 해결 페이지는 독자들이 실망한 상태로 찾아오게 마련이므로 평점이 낮을 가능성이 있습니다. 그렇기 때문에 페이지가 도움이 되더라도 낮게 평가하는 사용자도 있을 겁니다. 후속 질문이나 설문조사를 통해 사용자가 페이지에 대해 느끼는 감정의 이유와 관련된 더 많은 맥락을 파악할 수 있습니다.

사용자 설문조사 만들기

설문조사를 활용하면 집계하기 쉬운 자동화된 방식으로 사용자에게 제품과 문서에 대한 구체적인 질문을 할 수 있습니다. 짧은 설문조사는 문서에 링크나 팝업 형태로 포함시킬 수 있고, 더 긴 설문조사는 고객에게 이메일로 보낼 수 있습니다.

사용자에게 설문조사를 어떤 경로로 요청하든 간에, 측정 가능한 결과를 얻을 수 있는 구체적인 질문에 집중하는 것이 중요합니다. 예를 들어 카틱이 Corg.ly의 문서에 대한 사용자 만족도를 파악하고자 한다면 다음 질문을 포함한 설문조사를 만들 수 있을 것입니다.

1. Corg.ly의 문서에 얼마나 만족하십니까?
2. 원하는 정보를 찾을 수 있습니까?
3. 이 정보를 찾는 데 얼마나 걸렸습니까?
4. 찾는 데 걸린 시간이 예상했던 시간과 일치했습니까?
5. 문서를 개선하기 위한 방법으로 어떤 것이 있을까요?

설문조사는 CSAT라고도 하는 고객 만족도 점수customer satisfaction score를 도출하는 데 도움이 됩니다. 기준선을 설정하기에 충분한 응답이 확보되면, 문서를 더 게시하거나 현재 문서에 대해 사용자가 제기한 문제를 해결함에 따라 CSAT에 생기는 변화를 추적할 수 있습니다.

좋은 고객 설문조사를 만들려면 특정 지식과 기술이 필요합니다. 통찰력 있는 결과를 얻을 수 있는 유용한 설문조사를 만드는 데 도움이 되는 많은 안내 자료와 도구가 있습니다. 설문조사를 게시하기 전에 안내 자료나 도구를 조사하고 반영하면 훨씬 좋은 결과를 얻을 수 있고, 사용자가 불쾌한 경험을 하는 사태를 방지할 수 있습니다.

사용자 위원회 만들기

제품에 중요한 영향을 미치는 사용자의 수가 적다면 사용자 위원회를 구성하여 피드백을 받을 수 있습니다. 사용자 위원회는 제품에 대해 기꺼이 조언을 제공할 현재 사용자 또는 잠재적 사용자로 이루어진 그룹입니다.[2] 일반적으로 그러한 사용자들은 제품이 성공하기를 원하는 얼리 어답터거나 제품이나 서비스에 크게 투자할 작정인 현재 고객이기 때문에 좋은 후보가 됩니다. 이 책의 Corg.ly 이야기에 나오는 메이는 사용자 위원회 구성원으로 완벽하게 들어맞는 인물의 좋은 예입니다.

사용자 위원회가 있으면 구성원들이 새로운 서비스를 사용해 보면서 문서와 제품에 대한 피드백을 제공할 수 있습니다. 또한 일대일 인터뷰, 사용성 테스트, 설문조사를 통해 질문에 답을 줄 수 있습니다. 사용자 위원회가 있다는 것은 새로운 기능이나 문서에 대한 의견이나 피드백이 필요한 경우 언제든 우선적으로 요청할 사람들이 있음을 의미합니다. 또한 사용자 위원회는 다른 사람들에게 제품을 전파할 수 있는 핵심 사용자 그룹과의 관계를 구축하는 데 도움이 됩니다.

저자주 [2] "What we learnt from building a User Council," 찰리 위처(Charlie Whicher), 미디엄, 2017년 11월 13일 게시, https://medium.com/@CWhicher/what-we-learnt-from-building-a-user-council-541319c5c356.

피드백에 대해 조치 취하기

다양한 피드백 채널을 만들어 데이터를 수집하면 사용자가 원하는 변경 사항에 대한 정보를 축적하게 됩니다. 어떤 피드백은 구체적이고 쉽게 조치를 취할 수 있습니다. "이 문서의 이 샘플 코드는 업데이트가 필요합니다." 처럼 말이죠. 하지만 더 복잡한 피드백도 있고, 코드를 개선하거나 정보 아키텍처를 변경해야 하는지 고려해야 하는 피드백도 있습니다.

사용자 피드백에 대해 조치를 취하기 위한 프로세스도 필요합니다. 이를 통해 사용자에게 가장 중요한 문제들의 우선순위를 높이고, 무시하거나 나중으로 미룰 수 있는 문제를 예비 상태로 둘 수 있습니다.

이처럼 피드백을 선별하고 우선순위를 지정하는 과정을 분류^{triage}라고 합니다. 사용자의 의견 모두를 고려해야 하는 것은 아니며, 훌륭한 아이디어라고 모두 즉각적으로 조치를 취해야 하는 것도 아닙니다. 분류 과정은 한정된 자원으로 달성할 수 있는 가장 가치 있는 개선 사항을 선택하는 데 도움이 됩니다.

피드백 분류하기

환자가 도착하면 상태를 평가하여 각 환자가 적절한 수준의 진료를 받도록 하는 의료 환경과 마찬가지로 사용자 피드백에도 비슷한 분류 과정이 필요합니다. 피드백으로 받은 문제 각각을 신속하게 평가하여 다음 질문에 답할 수 있는지 확인해야 합니다.

1. 이 문제가 유효한가?
2. 이 문제를 해결할 수 있는가?
3. 이 문제가 얼마나 중요한가?

다음 절에서는 각 질문을 자세히 살펴보고 각 단계에 답하기 위한 구체적인 요구 사항을 정의합니다. 이러한 질문에 답하면 조치 가능한 사용자 피드백과 추가 정보가 필요하거나 무시할 수 있는 피드백을 구분하는 데 도움이 됩니다. 표준화된 분류 프로세스를 적용하는 것이 중요한 이유는 다음과 같습니다.[3]

- 사용자 문제에 대한 응답 시간 단축
- 요청된 작업이 미처리 상태로 계속 남아 있는 것을 방지
- 문제에 대해 표준화된 우선순위 설정
- 한정된 자원을 가장 필요하고 영향이 큰 변경 작업에 투입

문서에 대한 피드백을 분류하는 작업은 코드나 제품 이슈를 분류하는 일과 다르지 않습니다. 이미 사용 중인 이슈 관리 시스템이 있다면 해당 시스템을 사용자 피드백 관리에도 적용해야 합니다.

■ 1단계: 문제가 유효한가?

사용자 피드백으로 접수된 문제를 평가할 때 '신뢰하되 확인'하는 접근 방식을 취하는 것이 중요합니다. 사용자는 좋은 의도로 피드백을 제출하지만, 때로는 피드백이 문서와 관련이 없거나 사용자가 설명하는 문제가 이미 해결된 경우가 있습니다.

사용자 피드백을 분류하는 첫 번째 단계는 그것이 유효한지^{valid} 확인하는 것입니다. 이 경우 유효성은 문제가 문서와 관련이 있음을 의미합니다.

문서 전용 피드백 채널을 구축하더라도 문서와 무관한 문제에 대한 피드백을 계속 받을 가능성이 있습니다. 일반적인 예로는 제품 피드백(기능이 예

저자주 [3] "Issue Triage Guidelines," 쿠버네티스, 2021, 2021년 6월 27일 접근, www.kubernetes.dev/docs/guide/issue-triage/.

상대로 작동하지 않거나 원하는 기능이 누락됨)이나 고객 지원 요청(독자가 로컬 환경에서 특정 작업을 완료하는 데 어려움을 겪음)이 있습니다. 이는 유효한 문제일 수 있지만 문서의 문제는 아닙니다. 그러므로 효과적인 분류 과정은 문서 이외의 문제를 보다 적절한 팀에 전달하는 것을 의미합니다.

■ 2단계: 문제를 해결할 수 있는가?

피드백을 문서에 적용할 수 있다고 판단했다면 다음 단계는 피드백이 조치 가능한지^{actionable}, 즉 문서를 더 나은 방향으로 바꾸고자 조치를 취할 수 있는지 정하는 것입니다.

문서 문제가 조치 가능하려면 다음과 같아야 합니다.

- 중복되지 않음
- 재현 가능함
- 범위가 정해짐

우선 문제가 다른 사용자가 제출한 문제와 중복되지 않아야 합니다. 검색 기능을 지원하는 이슈 추적 시스템이 있으면 중복 항목을 훨씬 쉽게 검색할 수 있습니다. 중복 항목이 많다면 처음 보고된 이슈에 중복 항목이 있음을 표시하고 중복된 이슈를 모두 닫습니다. 사용자 여러 명이 같은 이슈를 보고한다면 처음 보고된 이슈의 우선순위를 높이는 것도 고려해야 합니다.

그런 다음 문제를 재현해 봅니다. 사용자가 코드나 문서의 결함이라고 생각하는 문제이더라도 실제로는 로컬 환경의 문제일 수도 있습니다. 문제를 재현할 수 없다면 문제를 더 잘 이해하는 데 필요한 정보를 추가로 요청하여 피드백에 대응할 수 있습니다. 사용자의 환경과 사용하는 특정 코드에 대한 세부 정보를 추가로 요청하면 문제를 진단하는 데 도움이 될 수 있습니다.

마지막으로 문제의 범위를 해결할 수 있는 수준으로 설정합니다. 범위가 너무 막연한 피드백(예: 문서가 도움이 되지 않았음)은 조치를 취할 수 있는 피드백이 아닙니다. 범위가 너무 큰 피드백(예: 보안 섹션 전체를 다시 작성하세요)도 마찬가지입니다.

문제의 범위를 해결할 수 있는 수준으로 좁히세요. 예를 들어 "오디오 번역을 위한 설정 섹션은 따라가기 어려워 다시 작성해야 합니다."처럼요. 사용자 경험을 직접 개선하는 구체적인 문서 수정 작업으로 각 문제의 범위를 제한합니다. 범위가 명확한 일련의 작업이 정의될 때까지 필요한 변경 사항을 더 작은 단계로 나눕니다.

■ 3단계: 문제가 얼마나 중요한가?

분류 과정의 마지막 단계는 문제에 우선순위를 지정하는 것입니다. 문제의 우선순위는 문제가 얼마나 중요한지, 얼마나 빨리 해결해야 하는지를 요약합니다.

대부분의 프로젝트에는 표준화된 문제 우선순위 값들이 있습니다. 예를 들어, [표 8-1]은 크로미엄Chromium[4] 프로젝트에서 사용하는 문제 우선순위 값들을 보여 줍니다.[5]

표 8-1 문제 우선순위

우선순위	의미
P0	긴급: 즉각 해결되어야 함
P1	다가오는 릴리스까지 해결되어야 함

역자주[4] 구글에서 주로 개발 및 유지 관리하는 오픈 소스 웹 브라우저 프로젝트로, 구글 크롬 브라우저 이외에도 마이크로소프트 에지(Edge), 삼성 인터넷(Samsung Internet), 오페라(Opera) 등 여러 브라우저가 크로미엄 코드를 기반으로 하고 있습니다. 출처: https://en.wikipedia.org/wiki/Chromium_(web_browser)

저자주[5] "Triage Best Practices", The Chromium Project, 2021년 5월 14일 접근, www.chromium.org/for-testers/bug-reporting-guidelines/triage-best-practices.

P2	다가오는 릴리스까지 해결되면 좋음(필수는 아님)
P3	일정과 무관함

이러한 우선순위는 크로미엄 개발 조직 전체에서 동일하게 적용됩니다. 이 우선순위는 이해하기 쉽고, 새로 만들어지는 문제에 빠르게 적용할 수 있습니다. 이와 같은 우선순위 체계를 활용하면 문서와 관련해서 신속하게 다룰 문제와 나중으로 미룰 문제를 한 눈에 쉽게 확인할 수 있습니다.

사용자에게 후속 조치 취하기

이 장의 시작 부분에서 언급한 것처럼 피드백은 사용자와 대화를 나누는 방법입니다. 사용자가 제기한 문제에 대해 어떻게 조치를 취하고 있는지 그들과 소통하는 것이 중요합니다.

예를 들어 사용자가 보고한 문제를 재현할 수 없다면, 문제에 대처하는 가장 빠른 방법은 보다 구체적인 정보를 요청하는 것입니다. 즉 사용자에게 문제 진단에 도움이 될 만한 코드나 문서에서 다루지 않을 가능성이 있는 특정 환경에 대한 정보를 제공해 달라고 요청할 수 있습니다. 사용자에게 피드백에 대한 더 자세한 정보를 요청하는 것이 보고된 문제를 스스로 파악하려고 시간을 들이는 것보다 빠릅니다.

사용자가 보고한 문제를 해결하고 나서 해당 사용자에게 후속 조치를 취하는 것도 중요합니다. 일부 이슈 추적 시스템은 문제를 제출한 사용자에게 후속 조치를 취하는 기능을 제공합니다. 그렇지 않으면 사용자에게 직접 연락을 취해 피드백에 대해 감사를 전할 수 있습니다. 어떤 사용자가 유용한 피드백을 계속 제공한다면, 문제를 해결한 후 릴리스 노트나 블로그 게시물에서 해당 사용자를 특별히 언급하여 고마움을 전할 수도 있습니다.

여러분이 사용자의 피드백에 귀를 기울였음을 고객이 알아채도록 하세요. 사용자는 시간을 들여 피드백을 제출하므로, 사용자에게 그들의 의견을 들었음을 알리면 신뢰를 쌓을 수 있습니다.

요약

문서는 사용자와 소통하기 위한 주요 방법 중 하나이며, 사용자는 사용자 피드백을 통해 의견을 전달할 수 있기를 기대합니다.

문서와 관련된 사용자 피드백를 수집하기 위해 다음처럼 다양한 피드백 채널을 구축할 수 있습니다.

- 문서 페이지를 통해 직접 피드백 받기
- 고객 지원 문제 모니터링하기
- 문서 감정 수집하기
- 고객 설문조사 만들기
- 주기적으로 고객에게 연락하기
- 사용자 위원회 만들기

피드백을 수집한 후에는 각 문제가 유효한지 확인하고 문제의 우선순위를 지정하는 프로세스로 문제를 분류합니다. 사용자가 보고한 문제를 해결하면 사용자에게 후속 조치를 취하세요.

다음 장에서는 피드백이 문서 품질 측정과 어떻게 밀접하게 관련되어 있는지 설명하고 문서가 어떤 부분에서 어떻게 성공하고 있는지 측정하는 수단을 제공합니다.

문서 품질 측정하기

corg.ly

Corg.ly
출시 후 다음 주 화요일

성공적!

샬럿과 카틱은 Corg.ly API 사용자 수가 증가하는 것을 지켜보았다. 주초에는 메이가 문서와 코드에 대한 첫 피드백과 함께 축하 메시지를 이메일로 보내주었다. 축하의 시간은 지나갔고, 샬럿은 무엇보다도 엄청난 안도감과 성취감을 느꼈다.

샬럿은 노트북을 바닥에 놓고 아인에게 오라고 손짓했다. "보렴." 그녀는 화면을 가리키며 말했다. "오늘 아침에만 1,000명 넘게 새로 가입했단다."

아인은 화면에 대고 킁킁거리며 두 번 짖었다.

"주세요! 주세요!" Corg.ly가 번역했다.

샬럿은 책상 위에 놓인 병에서 애견용 비스킷을 꺼내 아인에게 내밀었다. 아인이 비스킷을 와삭와삭 씹어 먹는 동안 샬럿은 Corg.ly의 성공에 대해 곰곰이 생각했다.

제품 사용자 수는 계속 증가했지만, 샬럿의 팀은 문서가 성공적임을 어떻게 알 수 있었을까? 문서와 제품 둘 다에 대해 많은 문제가 접수되어 대응이 필요했고, 팀원들은 문제를 분류하고 해결하느라 바빴다. 과연 문서의 품질을 측정할 방법이 있었을까?

내가 쓴 문서가 괜찮은 걸까?

샬럿처럼 문서 몇 개를 게시하고 나면 '내가 쓴 문서가 괜찮은 걸까?' '어떻게 확신할 수 있을까?' 같은 질문이 생길 수 있습니다.

콘텐츠에 사용할 수 있는 모든 메트릭을 곧장 살펴보고 싶을 수도 있습니다. 페이지와 사이트 분석, 검색 데이터, 클릭률 측정값, 만족도 설문조사, 텍스트 분석에서 얻는 모든 결과가 측정 대상이 됩니다.

더 많은 메트릭을 수집할수록 더 헤매는 느낌이 들 수 있습니다. 숫자는 답을 얻었다는 착각을 일으킬 수 있기 때문에 최초의 질문에 대한 답을 얻지 못한 채 점점 더 많은 메트릭을 쫓아다니기 쉽습니다.

이번 장에서는 이런 문제에 도움을 주고자 다음처럼 문서 품질을 측정하는 방법을 안내합니다.

- 문서 품질 이해하기
- 문서 분석 전략 세우기
- 메트릭을 품질에 맞춰 조정하기
- 여러 가지 메트릭 함께 활용하기

문서 품질 이해하기

문서 품질을 측정하기 전에 먼저 '품질'을 정의해야 합니다. 다행히도 구글의 문서 작성자와 엔지니어들로 구성된 연구 그룹이 시간을 들여 이 질문을 놓고 고민했습니다. 그들은 코드 품질을 평가하는 것과 유사한 방법으로 문서 품질을 평가했습니다.[1] 그들이 만든 문서 품질에 대한 정의는 매우

저자주 [1] 리오나 맥나마라 외(Riona Macnamara et al.) "Do Docs Better: Integrating Documentation into the Engineering Workflow" in Seeking SRE, ed. David Blank-Edleman (O'Reilly Press, 2018).

간단합니다.

목적을 달성하는 문서가 좋은 문서다.

목적을 달성하는 문서가 좋은 문서라면 문서의 목적은 무엇일까요? 문서의 목적은 코드의 목적과 방향이 일치해야 합니다. 즉, 사용자의 특정 행동을 유도하고 조직의 목표를 달성해야 합니다. 구글의 연구 그룹은 소프트웨어 테스트 분야에서 사용되는 용어를 가져와서 문서 품질을 두 가지 기본 범주로 분류했습니다.

- **기능적 품질**functional quality은 문서가 목적이나 목표를 달성하는지를 의미합니다.
- **구조적 품질**structural quality은 문서가 잘 작성되고 잘 구조화되었는지를 의미합니다.

기능적 품질과 구조적 품질 둘 다 많은 세부 항목으로 이루어집니다. 이러한 항목들을 이해하면 문서의 품질을 측정하고 평가하기가 더 쉬워집니다.

기능적 품질

문서의 기능적 품질은 문서가 이루고자 하는 목표를 달성하는지를 나타내며, 기능적 품질은 문서가 제 역할을 하는지를 근본적인 수준에서 살펴봅니다.

기능적 품질은 문서 전체에 대해 측정하기는 어렵지만, 문서의 목적과 더 밀접하게 연결되기 때문에 구조적 품질보다 더 중요한 척도입니다. 문서의 기능적 품질은 다음 범주로 나눌 수 있습니다.[2]

- 접근성

저자주 [2] 토리 포드마예르스키(Torrey Podmajersky), 『Strategic writing for UX: Drive Engagement, Conversion, and Retention with Every Word』(O'Reilly, 2019).

- 목적성
- 검색성
- 정확성
- 완전성

■ 접근성

접근성[accessibility]은 기능적 품질에서 가장 필수적인 측면입니다. 독자가 기본적인 수준에서 콘텐츠에 접근하고 이해할 수 없다면 목표를 달성할 수 없을 것입니다.

문서의 접근성을 판단하는 요소로는 언어, 읽기 수준, 스크린 리더 액세스가 있습니다.

접근성에서 중요한 부분 중 하나는 독자가 사용하는 언어로 작성하는 것입니다. 예를 들어, 미국 인구 조사 기록에 따르면 미국 내에서 300개 이상의 언어가 사용되며 인구의 8%는 영어에 능숙하지 않다고 합니다.[3]

전 세계적으로 보면 영어에 능숙한 개발자의 수는 매우 많습니다. 예를 들어 우크라이나 개발자의 80%는 중급 이상의 영어 능력을 보유하고 있습니다.[4] 그러나 모든 개발자가 영어를 알고 있고 숙련도가 고급이라고 가정할 수는 없습니다. 페이지 조회수와 독자가 콘텐츠를 볼 때 선택한 언어를 살펴보면 문서의 접근성이 충분한지 이해하는 데 도움이 될 수 있습니다.

읽기 수준은 문서의 접근성을 측정하는 또 다른 방법입니다. 일반적으로

저자주 [3] 지에 종(Jie Zong), 진 바탈로바(Jeanne Batalova), "The Limited English Proficient Population in the United States in 2013," 이민 정책 연구소(Migration Policy Institute), 2015년 7월 8일 게시, https://www.migrationpolicy.org/article/limited-english-proficient-population-united-states-2013.

저자주 [4] "How Many Software Developers Are in the US and the World?" DAXX, 2020년 2월 9일 게시. 출처: www.daxx.com/blog/development-trends/number-software-developers-world.

기술 문서는 페이지 제목, 섹션 제목, 단락을 포함한 모든 부분이 고등학교 1~2학년 수준으로 작성되어야 합니다. 이렇게 하면 독자가 콘텐츠를 빨리 이해하는 데 도움이 되며, 작성자인 여러분이 명확한 언어를 사용하면서 복잡한 기술 전문 용어를 사용하지 않도록 해 줍니다.

문서의 읽기 수준을 측정하는 방법[5]으로는 플레시-킨케이드 등급 수준Flesch-Kincaid Grade Level[6], 자동화된 가독성 지수automated readability index, ARI[7], 콜먼-리아우 지수Coleman-Liau index[8] 등 몇 가지 방식이 있습니다. 이러한 각 지수는 문장 길이와 단어 길이를 사용하여 어떤 사람이 글을 이해하는 데 필요한 최저 학년 수준을 추정해 줍니다. 이러한 지수로 콘텐츠를 평가하고 필요한 조정 사항을 안내해 주는 무료 문서 구문 분석기가 많이 있습니다.

일부 사용자는 문서를 읽고 이해하기 위해 스크린 리더와 같은 접근성 장치가 필요합니다. 문서에 사용하는 이미지, 다이어그램을 비롯한 모든 시각적 요소에 대체 텍스트를 사용하는 것이 중요합니다. 또한 링크하는 모든 비디오에는 자막이 있어야 합니다. 시각적 요소의 접근성에 대한 자세한 내용은 6장을 참고하세요.

> 참고 시각 장애인을 위한 접근성 검증은 문서의 텍스트를 훨씬 넘어 페이지 구성 요소와 시각적 디자인까지 확장됩니다. W3C[World Wide Web Consortium9]는 콘텐츠의 접근성을 확인하는 데 사용할 수 있는 웹 콘텐츠 접근성 지침을 제공합니다.[10]

역자주 [5] 여기에 소개된 읽기 수준 측정 방법은 영어 기준으로 만들어진 테스트입니다.
역자주 [6] https://en.wikipedia.org/wiki/Flesch%E2%80%93Kincaid_readability_tests
역자주 [7] https://en.wikipedia.org/wiki/Automated_readability_index
역자주 [8] https://en.wikipedia.org/wiki/Coleman%E2%80%93Liau_index
역자주 [9] 월드 와이드 웹을 위한 표준 및 가이드라인을 개발하고 장려하는 조직입니다.
　　　출처: ko.wikipedia.org/wiki/W3C
저자주 [10] 웹 접근성 이니셔티브 2021년 6월 27일 접근. www.w3.org/WAI/

■ 목적성

문서가 유용하려면 목적이나 목표를 분명히 명시하고 이를 달성하기 위해 노력해야 합니다. 문서의 제목과 첫 번째 단락에 문서의 목적과 독자가 무엇을 달성하는 데 도움을 주는지 명시해야 합니다. 이러한 목표는 조직의 목표와 독자의 목표 모두와 방향이 일치해야 합니다.

예를 들어, 샬럿이 개발자가 Corg.ly API 사용을 시작하는 데 도움이 되는 문서를 만들고 있다고 가정해 보겠습니다. 우선 문서 제목에는 독자를 위한 문서의 목표를 명시해야 합니다(예: 'Corg.ly API 사용 시작하기'). 다음으로 문서 시작 부분에 문서가 다루는 내용을 확실히 나타내야 합니다(예: 'Corg.ly API에 인증하기' '처음으로 Corg.ly API 호출하기').

이 문서의 성공 정도를 측정하기 위해 샬럿은 새로운 사용자가 처음으로 Corg.ly API를 호출하는 데 걸리는 시간을 간단히 확인할 수도 있습니다. 이렇게 측정된 값을 '타임 투 헬로 월드$^{Time\ to\ Hello\ World,\ TTHW}$'라고 합니다. 작업 완료 여부는 사용자의 목적과 이해 정도를 완벽하게 측정하는 값은 아니지만, 문서가 얼마나 효과적인지 이해하기 위한 좋은 출발점이 됩니다.

> (참고) 타임 투 헬로 월드는 개발자가 새로운 프로그래밍 언어로 "Hello World" 출력 프로그램을 작성하는 데 걸리는 시간입니다. 이 개념은 새로운 개발자가 기본 예제를 작동시키는 것이 얼마나 간단한지를 측정하는 값으로, 프로그래밍 언어를 넘어 API로도 확장되었습니다. 타임 투 헬로 월드 시간이 짧을수록 프로그래밍 언어나 API를 채택할 가능성이 커집니다.[11]

저자주 [11] 브렌다 진(Brenda Jin), 사우랍 사니(Saurabh Sahni), 아미르 셰바트(Amir Shevat), 『Designing Web APIs: Building APIs That Developers Love』(O'Reilly Media, 2018).

■ 검색성

검색성findability은 독자가 얼마나 쉽게 여러분의 콘텐츠를 찾아내고 콘텐츠 내부에서 정보를 탐색하는지를 나타내는 척도입니다.

이 속성은 문서 자체와는 별개이며, 좋은 사이트 아키텍처와 우수한 검색 엔진으로 개선할 수 있다고 생각할 수도 있습니다. 좋은 사이트 아키텍처는 도움이 되지만(10장 참고), 검색 엔진은 사용자를 사이트 내의 잘못된 페이지로 안내하거나 아예 사이트를 결과에서 누락할 수도 있습니다. 여러분의 콘텐츠에 사용자가 예상한 키워드가 없거나, 유사한 콘텐츠를 포함하는 다른 유사 사이트가 많다면 올바른 콘텐츠를 검색하려는 독자가 어려움을 겪을 수 있습니다. 사용자가 무엇을 검색하고자 하는지 이해하고, 검색 키워드를 표준화하며, 사용자가 사이트를 어떻게 찾아서 들어오는지 모니터링하는 일 모두가 검색성을 높이는 데 도움이 됩니다.

일단 독자가 사이트를 찾아서 방문하더라도 올바른 페이지에 바로 가지 못할 가능성도 있습니다. 『Every Page is Page One』의 저자인 마크 베이커Mark Baker는 다음과 같이 말합니다.

"검색성에서 진정한 문제는 콘텐츠 깊은 곳의 잘못된 위치에 있는 독자를 콘텐츠 깊은 곳의 올바른 위치로 어떻게 이끌 수 있느냐입니다."[12] 콘텐츠의 검색성이 좋지 않은 경우, 독자가 올바른 문서에 도달하기 위해 다른 검색어로 검색해 보면서 반복적으로 사이트에 들어왔다가 나가는 것을 볼 수 있습니다.

위에서 언급한 심층 콘텐츠 탐색 문제를 처리하기 위해 각 문서는 사이트

저자주 [12] 마크 베이커, "Findability is a Content Problem, not a Search Problem", 2013년 5월 게시, https://everypageispageone.com/2013/05/28/findability-is-a-content-problem-not-a-search-problem/.

콘텐츠 전체에서 바라본 독자의 현재 위치에 대해 가능한 한 많은 맥락을 제공해야 합니다. 사용 맥락에 맞는 콘텐츠 위치 지정, 관련 문서 간 링크 연결, 명확한 문서 유형 사용(2장 참고), 사이트 아키텍처 사용(10장 참고) 은 모두 독자가 필요한 콘텐츠를 원활하고 효율적으로 탐색하는 데 도움이 됩니다.

■ 정확성

정확성은 문서의 내용이 얼마나 정확하고 믿을 만한지를 나타내는 척도입니다. 정확성이 높은 문서에는 잘 작동하는 샘플 코드 및 명령줄 예제와 더불어, 설명하는 코드에 대해 정확하면서도 최신 정보가 잘 반영된 기술적 설명이 나옵니다. 문서의 정확성이 낮으면 문서와 관련된 여러 문제가 접수될 가능성이 있으며, 아예 제대로 작동하지 않거나 제품의 새 버전에서는 작동하지 않는 샘플 코드가 포함돼 있을 가능성이 있습니다.

문서의 정확성이 낮으면 사용자를 실망시킬 뿐만 아니라 문서와 제품 모두에 대한 사용자의 신뢰를 잃게 됩니다. 어떤 문제의 해결책을 검색하여 답이 될 것 같은 문서를 찾았지만 실제로는 제시된 해결책이 작동하지 않았던 경험이 있지 않나요?

샘플 코드, 명령어, API 호출을 포함하여 문서에서 제공한 예제들을 테스트하면 정확성 문제를 사전에 해결하는 데 도움이 됩니다. 문서에 넣은 모든 예제를 검증하는 테스트를 자동화할 수도 있습니다. 사용자 피드백을 빠르게 모니터링하고 처리하는 것도 문서 정확성을 개선하는 데 도움이 됩니다.

■ 완전성

문서가 완전하려면 독자가 목표를 성공적으로 달성하는 데 필요한 모든 정보가 포함되어 있어야 합니다. 작업 절차를 설명하는 문서의 경우 완전한 문서가 되려면 다음과 같아야 합니다.

1. 독자가 따라야 하는 모든 필수 조건을 나열합니다.
2. 해당 작업을 완료하는 데 필요한 모든 작업을 문서화합니다.
3. 독자가 취해야 할 다음 단계를 정의합니다.

기술적 개념의 개요 문서인 경우 독자가 알아야 하는 기술의 모든 주요 측면을 설명해야 합니다. API 레퍼런스와 같은 기술 참조 문서인 경우 API의 모든 핵심 요소를 포함해야 합니다.

구조적 품질

문서의 구조적 품질은 문서가 얼마나 잘 작성되었는지를 나타냅니다. 여기에는 문장, 단락, 제목 구조, 언어 품질, 문법 정확도가 포함됩니다. 구조적 품질은 문서가 얼마나 읽기 쉬운지를 나타냅니다.

이 책에서는 좋은 글의 속성으로 알려진 '세 가지 C'를 사용하여 구조적 품질을 정의합니다.

- 명확성^{clarity}
- 간결성^{conciseness}
- 일관성^{consistency}

■ 명확성

명확성은 문서가 얼마나 이해하기 쉬운지를 나타내는 척도입니다. 문서에서 명확성은 여러분이 제공한 정보를 독자가 얼마나 쉽게 받아들이고 자신의 목적을 성공적으로 달성할 거라고 확신하는지를 나타냅니다.

문서 전체 수준에서 보면, 명확한 문서는 다음과 같은 요소를 포함해야 합니다.

- 문서 주제를 논리적 단위로 나누며, 잘 정의되고 적절한 순서로 배치된 섹션 제목
- 작업 및 각 단계에 대해 시간순으로 구성되며, 각각의 기대 결과를 나타내는 섹션 제목
- 프로세스의 각 단계에 대한 명확한 결과
- 독자가 이해할 수 있는 방식으로 구성된 단계
- 독자가 막힐 가능성이 있는 모든 위치를 미리 알려주는 콘텐츠
- 사용자가 겪을 수 있는 모든 오류의 정의

문장 수준에서 보면, 명확한 문서는 독자가 이해하지 못할 가능성이 있는 전문 용어나 불필요하게 긴 단어를 포함하지 않아야 합니다. 익숙하지 않은 단어를 사용해야 한다면 독자를 위해 용어를 정의하는 것이 좋습니다.

■ 간결성

간결성에 대한 좋은 정의는 '간단하지만 포괄적[brief but comprehensive]'이라는 것입니다. 문서 전체 수준에서 보면, 간결한 문서는 독자 및 독자의 목표와 관련된 정보만 포함해야 합니다. 독자가 이해하는 데 방해가 되는 모든 것을 제거하고, 관련성이 있지만 곧바로 필요하지 않은 모든 내용은 링크로 제공하세요.

문장 및 단어 수준에서 보면, 간결한 문서에는 독자에게 필요한 정보만 있고 그 이상의 내용은 없어야 합니다. 그렇게 하려면 불필요한 단어와 불필요한 개념을 포함시키지 않아야 합니다.

『영어 글쓰기 법칙(Elements of Style)』의 저자인 윌리엄 스트렁크 주니어[William Strunk Jr.]는 "그림에 불필요한 선이 없어야 하고 기계에 불필요한 부품

이 없어야 하는 것과 마찬가지로 문장에는 불필요한 단어가, 단락에는 불필요한 문장이 없어야 합니다."라고 말합니다.[13]

> **참고** 헤밍웨이 에디터(https://hemingwayapp.com/)처럼 문서의 간결성을 측정하고 개선하는 데 사용할 수 있는 여러 도구가 있습니다. 이러한 도구는 여러분의 콘텐츠를 평가하여 가독성을 높이는 방향으로 수정하게 해 줍니다.[14]

■ 일관성

문서의 일관성이란 콘텐츠의 구조, 소개하는 개념, 단어 선택 등이 문서 전체에서 일관됨을 의미합니다. 문서 전체 수준에서 보면 문서 제목, 섹션 제목, 단락 구조, 목록에 일관성이 있어야 합니다. 콘텐츠는 독자가 쉽게 따라갈 수 있고 문서를 훑어보면서 필요한 정보를 빨리 찾는 데 활용할 수 있는 패턴으로 구성되어야 합니다.

문장 수준에서 보면, 일관성은 어떤 개념을 나타낼 때 같은 용어나 표현을 사용함을 의미합니다. 예를 들어 사용자가 Corg.ly API에 인증하는 경우, 항상 '인증하기'라고 하고 'Corg.ly API에 연결하기'처럼 다른 용어를 사용하지 않는 것이 중요합니다. 문서에서 용어를 일관되게 사용하면 독자가 콘텐츠를 더 빨리 이해할 수 있습니다.

스타일 가이드와 표준화된 문서 유형을 사용하면 콘텐츠의 일관성을 높이는 데 도움이 됩니다.

저자주 [13] 윌리엄 스트렁크 주니어, 『The Elements of Style(4판)』 (Pearson, 1999).
저자주 [14] 헤밍웨이 에디터, www.hemingwayapp.com/.

기능적 품질과 구조적 품질의 연관성

이상적으로는 문서의 구조적 품질과 기능적 품질이 모두 높아야 합니다. 하지만 그중에서 특히 기능적 품질이 더 중요합니다. 잘 구조화되고 잘 작성된 문서라도 목표를 달성하지 못하면 좋지 않은 문서가 됩니다. 문서에 구조적 문제가 있더라도 목표를 달성한다면 좋은 문서라고 할 수 있습니다.

다음처럼 경우를 나누어 생각해 볼 수 있습니다.

- 기능적 품질 낮음 + 구조적 품질 높음 = 전체 품질 좋지 않음
- 기능적 품질 높음 + 구조적 품질 양호함 = 전체 품질 좋음

문서에 대한 메트릭을 수집할 때 기능적 품질 대신 구조적 품질에 치중하기 쉽습니다. 단어 수, 사용자가 페이지에서 보낸 시간, 언어 사용 일관성에 대한 메트릭은 사용자가 문서화된 작업을 성공적으로 수행했는지 여부보다 수집하기 쉽습니다. 그렇기 때문에 분석할 데이터 수집을 시작하기에 앞서, 측정하고 개선하려는 대상을 먼저 정의하는 것이 중요합니다.

분석을 위한 전략 세우기

문서가 효과적이려면 여러분의 기술 목표와 비즈니스 목표의 방향을 독자의 목표의 방향과 맞춰야 합니다. 장의 서두에서 말했듯이 목적을 달성하는 문서가 좋은 문서입니다.

분석 전략은 문서의 목표가 독자와 조직의 더 큰 목표와 어떻게 일치하는지 인식하는 데 도움이 됩니다. 전략을 세우면 개선하고자 하는 측면에 중요한 메트릭에 집중하고 나머지는 무시할 수 있습니다.

효과적인 분석 전략을 수립하려면 다음을 명확하게 정의해야 합니다.

- 조직의 목표와 측정 방법
- 독자의 목표와 측정 방법
- 문서의 목표와 측정 방법

문서는 독자가 목표를 달성하는 데 도움이 되어야 하며, 이는 더 나아가 여러분의 조직이 목표를 달성하는 데 도움을 줍니다. 이러한 메트릭 모두가 서로 방향이 일치해야 하므로 함께 살펴보는 것이 좋습니다.

조직의 목표와 독자의 목표는 1장에서 다뤘지만, 문서 규모가 커지고 문서가 더욱 전문화됨에 따라 품질 측정을 시작하기 전에 이 목표들을 다시 확인하는 것이 좋습니다.

조직의 목표와 메트릭

조직의 목표는 조직에서 사용자가 하기를 바라는 특정 행동입니다. 이러한 목표는 일반적으로 수익과 관련이 있습니다. 조직은 사용자의 수와 서비스 참여도 및 사용 유지율을 증가시켜 수익을 늘리는 데 집중합니다. 또한 고객 지원 요구와 고객 문의를 대규모로 처리하여 비용 절감에 집중할 수도 있습니다. 이러한 목표에는 다음 사항이 포함됩니다.

- 신규 사용자 모집하고 적응시키기
- 기존 사용자가 새로운 기능을 채택하도록 권장하기
- 사용자가 특정 작업을 완료하도록 돕기
- 기존 사용자 유지하기
- 사용자의 지원 요구 및 제품 문의 해결하기

1장을 다시 참고해 보면, Corg.ly의 목표는 새로운 사용자를 모집하고 Corg.ly의 API를 통합하도록 지원하여 Corg.ly에 적응하게 하는 것이었습니다.

이 목표를 달성하려면 Corg.ly에서는 사용자의 다음과 같은 주요 행동을 최적화해야 합니다.

- **개발자의 Corg.ly API 채택 증가**: Corg.ly가 사업을 확장하기 위한 가장 빠른 방법은 다른 개발자와 장치 제조업체가 Corg.ly의 API를 채택하는 것입니다. 이것이 Corg.ly를 비롯하여 개발 팀이 가장 크게 노력을 쏟고 있는 서비스에서 가장 높은 수익을 얻는 활동입니다.
- **Corg.ly API 사용자가 API를 통합하도록 지원**: 신규 개발자에게 Corg.ly의 API와 기능을 사용하는 법을 가르치고 장기적으로 사용자를 유지하여 수익성을 유지해야 합니다.

Corg.ly가 기술 플랫폼으로서, 또한 사업으로서 성공하려면 사용자가 이러한 행동에 참여하도록 권장해야 합니다. 따라서 Corg.ly에 대한 문서를 만든다면, 문서는 [표 9-1]에 나열된 목표와 방향이 일치해야 합니다.

표 9-1 조직의 목표와 메트릭

조직의 목표	성공 메트릭
다른 개발자의 Corg.ly API 채택 증가	API 사용을 위한 서비스 가입 증가 API 사용량 증가 API 사용자의 고객 지원 문의 감소

사용자의 목표와 메트릭

조직의 비즈니스 목표는 수익과 제품 채택에 중점을 두지만, 독자의 목표는 특정 작업을 완료하는 데 초점이 맞춰져 있습니다. 1장에서 독자의 니즈를 조사하면서 이러한 목표의 요점을 이미 알아보았습니다. 문서 품질을 고려하는 과정에서 이 목표를 다시 살펴보는 것이 좋습니다.

독자의 목표는 조직의 목표보다 범위가 작고 구체적입니다. 여기에는 'SDK 다운로드하기' '서비스에 인증하기' '오류 해결하기'와 같은 항목이 포함될 수 있습니다. 또한 조직의 목표보다 측정이 더 주관적으로 이루어지는 면이 있습니다.

Corg.ly API를 사용하기 위한 문서를 고려할 때 독자에게는 다음과 같은 목표가 있을 수 있습니다.

- Corg.ly API 사용 시작하기
- API에 인증하기
- 번역을 위해 강아지 음성을 API로 보내기
- 텍스트 형태로 번역 결과 받기
- 오디오 파일 형태로 번역 결과 받기
- 서비스에서 오류 발생 시 해결하기

이러한 목표 각각에는 관련된 문서가 하나 이상 있을 수 있으며, 성공 여부와 관련된 서로 다른 메트릭이 있을 수 있습니다.

'Corg.ly API 사용 시작하기'를 예로 들면 독자의 목표에는 다음이 포함될 수 있습니다.

- API 사용을 위해 서비스 가입하기
- API 접근 권한 얻기
- API 사용을 위한 기본 사항 배우기

그런 다음 이를 [표 9-2]에 나열된 구체적인 성공 메트릭과 방향을 맞출 수 있습니다.

표 9-2 사용자의 목표와 메트릭

독자의 목표	성공 메트릭
API 사용을 위해 서비스 가입하기	API를 사용하기 위한 서비스 가입 증가
API 접근 권한 얻기	API 접근 요청 증가
API 사용을 위한 기본 사항 배우기	API 활성 사용자 수 증가

문서의 목표와 메트릭

문서 품질 측정에 도움이 되는 웹 분석 도구에서 수집할 수 있는 다양한 종류의 메트릭이 있습니다.

수집할 수 있는 문서 메트릭은 다음과 같습니다.

- **순 방문자수:** 일정 기간 동안 사이트를 방문한 사람들의 수입니다.

- **페이지 조회수:** 방문자가 페이지를 볼 때마다 페이지 조회수가 기록됩니다. 페이지 조회수는 사람들이 가장 많이 방문한 페이지, 가장 적게 방문한 페이지, 전혀 방문하지 않은 페이지를 파악하는 데 도움이 됩니다.

- **페이지에 머문 시간:** 방문자가 다음 페이지로 이동하기 전에 페이지에서 보낸 시간을 추적합니다.

- **이탈률:** 사이트를 방문하여 한 페이지를 방문했다가 다른 페이지를 보지 않고 떠나는(이탈하는) 방문자의 수입니다.

- **검색 키워드 분석:** 방문자가 사이트에 들어오기 위해 사용하는 검색어를 보여 줍니다. 사이트에서 사용자가 찾는 정보를 제공하고 있는지 파악하는 데 도움이 될 수 있습니다.

- **읽기 수준 분석:** 페이지를 읽고 이해하기가 어느 정도 어려운지 파악하는 데 도움이 됩니다.

- **문서와 관련된 고객 지원 문제:** 문서와 관련된 고객 지원 문제를 추적하면 문서가 사용자의 니즈를 충족하지 못하는 부분을 파악하는 데 도움이 됩니다.

- **링크 유효성 검사:** 사이트의 페이지로 연결되거나 페이지에서 연결되는 링크가 깨졌는지 확인합니다. 깨진 링크는 사용자 불만의 흔한 원인입니다.
- **타임 투 헬로 월드:** 개발자가 새로운 프로그래밍 언어로 "Hello World" 프로그램을 작성하거나 서비스로 꽤 간단한 작업을 수행하는 데 걸리는 시간입니다.

사용 가능한 메트릭이 아주 많으므로, 측정하려는 시나리오를 기반으로 살펴볼 메트릭의 범위를 좁히는 것이 중요합니다. 예를 들어, [표 9-3]에는 'Corg.ly API 사용 시작하기' 문서 세트의 품질을 평가하기 위한 몇 가지 질문과 이러한 질문에 답을 줄 수 있는 몇 가지 메트릭이 나열되어 있습니다.

표 9-3 품질에 대한 질문 및 관련된 메트릭

질문	문서 메트릭
얼마나 많은 사용자가 문서를 읽고 있습니까?	순 방문자수
어떤 문서를 가장 많이 보고 있습니까?	페이지 조회수
사용자가 제품 사용을 시작하는 데 얼마나 걸립니까?	타임 투 헬로 월드(이 경우에는 'Corg.ly API 사용을 시작하는 데 걸리는 시간')
사용자가 문서를 어떻게 찾고 있습니까?	'Corg.ly API 사용 시작하기' 문서의 검색성(검색 키워드, 링크, 들어오는 트래픽 등)
문서에 수정해야 할 문제가 있습니까?	문서에 대해 제출된 사용자 문제 수 링크 유효성 검사

이러한 메트릭의 목표는 '문서가 목적을 달성하고 있습니까?'라는 질문에 답하는 것입니다. 독자와 그들의 행동을 더 잘 이해하기 위해 다른 메트릭을 추가로 추적할 수도 있겠지만, 문서를 평가하는 데 도움이 되는 핵심 메트릭부터 확실히 식별해야 합니다.

문서 메트릭 사용 팁

문서에 대한 메트릭을 수집하고 분석하는 일률적인 접근 방식은 없습니다. 수집할 수 있는 메트릭은 콘텐츠가 게시되는 위치, 사용자 데이터 수집에 사용할 수 있는 도구, 결과 분석에 쓸 수 있는 시간에 따라 달라집니다.

문서 메트릭을 활용하여 콘텐츠 품질을 평가할 때는 다음과 같은 활동이 도움이 될 수 있습니다.

- 계획 세우기
- 기준선 설정하기
- 맥락 고려하기
- 여러 가지 메트릭 함께 활용하기
- 정성적 피드백과 정량적 피드백 섞기

계획 세우기

여러분의 콘텐츠에 대해 답하고자 하는 구체적인 질문의 목록을 만드세요. 측정하고자 하는 항목 외에도 각각의 근거와 어떻게 도움이 될지를 간략히 작성해야 합니다. 테크니컬 커뮤니케이션학과 교수인 밥 왓슨^{Bob Watson}은 여러분이 최소한 다음 질문에는 답해야 한다고 말합니다.[15]

- 이 항목을 측정하려는 이유는 무엇인가?
- 그 정보로 무엇을 할 것인가?
- 이 노력이 조직의 목표 달성에 어떻게 도움이 되는가?

측정하려는 대상과 측정하려는 이유를 알면 작업의 초점을 맞추는 데 도움

저자주 [15] 밥 왓슨, "Measuring your technical content – Part 1", Docs by Design, 2017년 8월 24일 게시, https://docsbydesign.com/2017/08/24/measuring-your-technical-content-part-1/.

이 되고 해당 메트릭 측정을 계속 추진할 가치가 있는지 결정을 내리는 데 도움이 됩니다.

기준선 설정하기

추적할 메트릭 집합을 선택하고 나면 해당 메트릭들에 대한 기준선을 설정 해야 합니다. 기준선을 활용하면 변경 전후의 메트릭을 비교하여 변경 작 업의 영향을 평가할 수 있습니다. 변경을 적용한 후에만 메트릭을 측정하 면 비교할 대상이 없게 되니 미리 신중히 대응하세요!

맥락 고려하기

정량적 메트릭을 문서의 맥락과 무관하게 고려하면 잘못된 판단으로 이어 질 수 있습니다. 다양한 문서는 사용자가 다양한 목표를 달성하는 데 도움 이 됩니다. 독자는 자신의 필요에 따라 다양한 방식으로 문서를 사용하며, 이는 맥락에 따라 의미가 달라지는 메트릭에서 잘 드러납니다.

예를 들어, 'Corg.ly API 사용 시작하기' 문서의 페이지 조회수가 증가한다 면 더 많은 사용자가 Corg.ly 사용법을 배우는 데 관심이 있음을 나타내므 로 좋은 일입니다. 그러나 Corg.ly의 오류 코드를 설명하는 페이지의 조회 수 증가는 독자가 제품, 문서 또는 두 가지 모두와 문제를 겪고 있음을 의 미할 수 있습니다.

여러 가지 메트릭 함께 활용하기

여러 가지 메트릭을 함께 사용하면 한 가지 메트릭만 사용하는 것보다 더 나 은 결과를 얻을 수 있을 때가 많습니다. 특히 해당 메트릭들 간의 연관 관계를 도출할 수 있다면 더 도움이 됩니다. 예를 들어, Corg.ly에서 Corg.ly API에 대한 고객 지원 문제의 증가를 감지하고, 이에 따라 카틱이 Corg.ly 사용자를 위한 문제 해결 콘텐츠를 게시한다고 가정해 보겠습니다. 문서를 게시한 후에도 고객 지원 문제의 수는 계속해서 증가합니다. 카틱이 문서가 효과적이지 않았다고 추정할 수도 있지만, 그것이 옳다고 100% 확신할 수는 없습니다.

이 경우 Corg.ly에 새로운 사용자가 엄청나게 유입되면서 더 많은 사용자가 고객 지원 문의를 제출하지만 사용자별 문의 수는 줄어들고 있을 가능성도 있습니다. 이 경우 카틱의 문서가 효과적이었다고 봐야 합니다. 또는 사용자가 콘텐츠를 잘 찾지 못하는 것이 주 원인이라서 카틱이 콘텐츠의 검색성을 개선해야 할 수도 있습니다. 이 경우 여러 가지 메트릭을 함께 살펴보면 카틱이 이 문제를 해결하는 데 도움이 됩니다.

정성적 피드백과 정량적 피드백 섞기

콘텐츠를 평가할 때 정량적 피드백과 정성적 피드백을 모두 살펴보는 것이 중요합니다. 정량적 피드백과 관련된 페이지 메트릭, 검색 분석, 사용자 수는 모두 비교적 추적하기 쉽기 때문에 이러한 구체적인 수치에 집중하기 쉽습니다. 그러나 사용자 조사, 고객 지원 문제, 사용자 피드백으로 파악 가능한 정성적 피드백은 문서 개선을 위해 해결할 수 있는 특정 문제에 대해 더 많은 맥락을 제공할 수 있습니다.

요약

좋은 문서는 목적을 달성해야 합니다. 문서 품질을 검토하고 측정할 때 기능적 품질(문서가 목적을 얼마나 잘 달성하는지)과 구조적 품질(문서가 얼마나 잘 작성되었는지)을 고려하세요.

문서의 품질을 측정할 때 독자의 목표와 조직의 목표가 서로 방향이 일치하는지 확인합니다.

문서의 품질을 측정하고, 메트릭에 대한 기준선을 설정합니다. 또한 맥락을 고려하여 문서 사용 패턴을 평가하고, 여러 가지 메트릭을 함께 활용하여 정량적 · 정성적 피드백을 모두 고려하기 위한 계획을 세우세요.

다음 장에서는 정보 아키텍처에 대해 설명합니다. 정보 아키텍처는 콘텐츠가 검색 가능하고 탐색하기 쉽도록 콘텐츠를 구성하는 방법입니다.

문서 구조화하기

corg.ly

Corg.ly
다음 릴리스

"샬럿, 다음 릴리스와 관련해서 몇 가지 아이디어가 있어요."라고 카틱이 말했다. "설계 문서를 공유했으니 시간이 있을 때 확인 부탁드립니다."

샬럿은 몇 분 동안 문서 전체를 읽어 보았다. "멋져요! 비디오 지원 추가에 대한 아이디어가 마음에 들어요. 그렇게 하면 Corg.ly 번역에 더 나은 결과를 얻을 수 있을 거라고 생각해요." 그녀가 말했다.

"고맙습니다!" 카틱이 대답했다. "고객 피드백에서 가장 많이 요청한 사항이에요. 비디오 지원을 알파 기능으로 사용하려는 고객을 위해 문서도 몇 개 작성해 두었습니다."

알파 릴리스와 배포를 한 다음에 샬럿과 카틱은 메이에게 연락을 취해 피드백을 요청하고 회의를 잡았다.

"연락해 줘서 고마워요." 메이가 이야기를 시작했다. "팀원들이 릴리스 소식에 들떠 문서를 확인해 보았는데요. Corg.ly 서비스에 비디오를 전송하고 번역 텍스트를 다시 받는 방법에 대한 올바른 정보를 찾는 데 어려움을 겪었습니다."

카틱은 잠시 생각하다 말을 꺼냈다. "그 내용은 확실히 문서에 포함했습니다. 자, 보여드릴게요." Corg.ly 문서 사이트를 여러 번 클릭한 후 그는 노트북을 돌려서 보여주었다. "사이트 깊은 곳에 있기는 해도 이렇게 문서화되어 있습니다."

메이는 얼굴을 찡그렸다. "아, 그렇군요. 근데 직접 보내준 링크가 없었다면 제가 혼자서 찾지는 못했을 것 같네요."

카틱과 샬럿은 회의실을 가로질러 시선을 고환했다. 그들은 독자를 위해 콘텐츠를 어떻게 구조화해야 할지에 대해서는 생각하지 않았다. 메이가 이 문제를 겪고 있다면 다른 고객도 분명히 마찬가지일 것이다. 다시 화이트보드로 돌아가서 방안을 찾아야겠다...

독자를 위해 문서 구조화하기

지금까지 대상 독자를 정의하고, 일반적인 문서 유형에 따라 콘텐츠 초안을 작성하고, 편집하고 검토가 완료된 콘텐츠를 배포했습니다. 점점 더 많은 페이지를 게시함에 따라, 독자들이 탐색하고 이해하기 어렵다고 느낄 만큼 콘텐츠가 정리되지 않은 채로 늘어났음을 알게 될 수 있습니다. 문서를 구조화하는 방법에 대해 생각해야 할 때가 된 겁니다.

콘텐츠를 구조화하는 방법을 정의해 두면 문서를 체계적이고 지속 가능한 방식으로 확장하는 데 도움이 됩니다. 콘텐츠를 구조화하는 방법은 독자에게 콘텐츠의 의미와 목적을 전달합니다. 문서에 적용하는 조직화된 구조를 정보 아키텍처^{information architecture}라고 합니다.

명확하게 정의된 정보 아키텍처는 여러분과 동료 개발자가 사이트에 페이지를 쉽게 추가할 수 있도록 도와줍니다. 또한 독자의 혼란이나 사이트 탐색의 불편 없이도 문서를 많이 게시할 수 있게 해 줍니다.

문서를 위한 정보 아키텍처를 구축하는 데 도움이 되도록 이 장에서는 다음 사항을 안내합니다.

- 독자가 올바른 콘텐츠를 찾도록 돕는 방법
- 정보 아키텍처 설계하기
- 정보 아키텍처 구현하기

독자가 길을 찾도록 돕기

낯선 공항에서 원하는 비행기 탑승 게이트를 찾으려고 한다고 상상해 보세요. 주변을 살펴보면서 현재 위치를 파악하기 위한 단서를 찾는 중입니다. 먼저 자신이 있는 터미널을 나타내는 지도나 표지판이 있는지 확인할 겁니다. 그런 다음 현재 있는 층과 수화물을 맡길 수 있는 곳을 알려주는 표시를 찾아보기도 합니다.

사용자가 문서 세트 전체에서 특정 정보를 검색할 때 사용자는 자신이 올바른 위치에 있는지, 다음에 어디로 가야 하는지에 대한 단서를 찾기 위해 예시처럼 주변을 살펴봅니다. 이처럼 주변을 살펴보는 과정은 매우 빠르게 일어나며, 관련된 정보를 찾기 위해 콘텐츠의 패턴을 식별하는 데 초점을 맞춥니다. 제품의 복잡성에 따라 차이가 있지만, 독자는 자신의 관심사와 관련 정도에 차이가 있고 서로 다른 정보를 포함하는 수십 페이지, 심지어 수백 페이지를 접하게 될 수 있습니다.[1]

정보를 의미 있는 구조로 조직화하고, 의도적으로 콘텐츠 구조의 패턴이 드러나도록 하고, 사용자와 가장 관련이 있는 정보를 강조하여 사용자가 사이트를 더 빠르고 직관적으로 탐색하도록 도울 수 있습니다. 이렇게 하면 독자가 콘텐츠가 구조화된 방식에 대해 머리 속의 지도 또는 멘탈 모델mental model을 구축하는 데 도움이 됩니다.

정보 아키텍처를 계획하고 독자가 콘텐츠의 멘탈 모델을 구축할 수 있게 돕는다는 것은 다음과 같은 새로운 요소를 문서 세트에 포함시키는 것을 의미합니다.

- 사이트 탐색 구조
- 랜딩 페이지
- 탐색 신호

저자주 [1] 테레세 페센덴(Therese Fessenden), "First Impressions Matter: How Designers Can Support Humans' Automatic Cognitive Processing", 닐슨 노먼 그룹, 2021년 6월 27일 접근, https://www.nngroup.com/articles/first-impressions-human-automaticity/.

사이트 탐색 구조

사이트 탐색 구조는 기존 콘텐츠에 대한 지도이자 새로운 콘텐츠를 게시할 위치에 대한 청사진이 됩니다. 사이트 탐색 구조는 정보 아키텍처에서 가장 중요한 부분이므로 신중하게 구축하는 것이 중요합니다.

콘텐츠를 구조화하는 기본 방법에는 순차 구조, 계층 구조, 웹 구조 세 가지가 있습니다.[2] 이러한 아키텍처는 일관성 있는 모델을 제공하여 사용자가 사이트를 탐색하거나 여러분이 새로운 페이지를 추가하기 쉽도록 도와줍니다.

■ 순차 구조

순차 구조는 모든 독자에게 가장 익숙한 구조입니다(그림 10-1). 여러분이 읽는 책은 한 페이지씩 순서대로 정리되어 있습니다. 순차적으로 배열하는 방식은 API를 사용하는 데 필요한 단계처럼 시간순이거나, 색인이나 용어집처럼 알파벳순일 수 있습니다. 순차적으로 배열할 때는 독자에게 가장 효과적인 순서로 페이지를 배치해야 합니다.

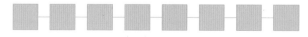

그림 10-1 순차 구조

저자주 [2] 패트릭 린치(Patrick Lynch), 사라 호튼(Sarah Horton), 『Web Style Guide(4판)』(Yale University Press, 2016)

■ 계층 구조

계층 구조는 가계도나 조직도와 유사합니다(그림 10-2). 가계도와 마찬가지로, 계층 구조 콘텐츠에는 페이지 간에 부모/자식 관계가 있습니다. 계층 구조에서는 하나의 넓은 아이디어로부터 시작하여 점점 더 상세하고 구체적인 정보로 범위를 좁힙니다. 하나의 주요 주제는 그 아래에 있는 여러 관련 하위 주제로 뒷받침합니다.

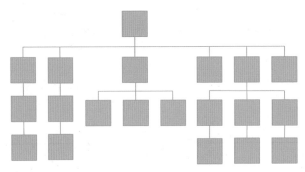

그림 10-2 계층 구조

■ 웹 구조

웹은 페이지가 서로 연결된 비계층적 패턴으로, 각 페이지가 하나 이상의 페이지와 연결됩니다(그림 10-3). 이를 통해 사용자는 콘텐츠를 보고 분류하는 방법을 결정할 수 있습니다. 예를 들어 위키피디아는 웹 구조로 되어 있습니다. 각 페이지는 계층 구조상 동일한 수준에 있고 페이지 집합 내 하나 이상의 페이지에 연결되어 있으므로, 사용자는 자신이 선택한 순서대로 한 주제에서 다음 주제로 이동하며 끊김 없이 문서를 읽을 수 있습니다.

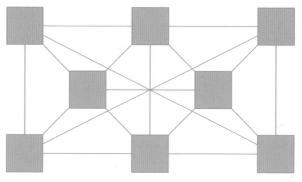

그림 10-3 웹 구조

■ 모두 한 데 모으기

사이트 탐색 구조는 순차 구조, 계층 구조, 웹 구조를 조합하여 사용할 가
능성이 높습니다. 예를 들어, Corg.ly 문서 사이트의 랜딩 페이지는 다양한
사용자 니즈에 따라 계층 구조가 될 수 있지만, 각 섹션은 어떤 작업을 해
내는 과정을 단계별로 설명하는 How-to 가이드들로 이루어진 순차 구조
가 될 수 있습니다(그림 10-4).

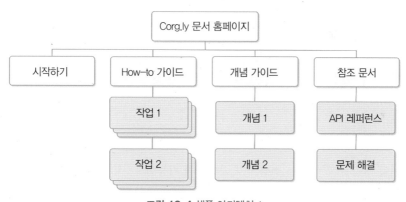

그림 10-4 샘플 아키텍처 1

정보를 분류하는 방법에는 여러 가지가 있지만, 정보 아키텍처는 독자가 콘텐츠를 탐색하기 쉽도록 항상 일관되고 익숙하게 느껴지는 구조여야 합니다. 예를 들어, Corg.ly가 두 개의 서비스로 이루어지며, 하나는 사람이 들고 다니는 휴대전화의 앱을 통해 강아지 음성을 번역하는 서비스이고 다른 하나는 개가 착용하는 번역용 목걸이를 위한 서비스이라면 [그림 10-5]와 같은 문서 탐색 구조를 사용하는 것이 합리적일 수 있습니다.

그림 10-5 샘플 아키텍처 2

각 제품의 사용자는 다를 수 있지만, 정보 아키텍처를 일관성 있게 유지하는 것이 사용자에게 도움이 될 만큼 제품 간에 공통된 부분이 있습니다. 일관성 있는 정보 아키텍처는 새 콘텐츠를 추가할 위치를 파악하는 데도 도움이 됩니다. 개발자가 애견용 목걸이 번역기의 새로운 기능을 사용하기 위한 새로운 절차 문서 세트를 작성하는 경우, 정보 아키텍처에서 해당 콘텐츠를 어디에 두어야 하는지 명확히 알 수 있습니다.

랜딩 페이지

랜딩 페이지^{landing page}는 사용자가 콘텐츠를 가능한 한 적게 읽고도 올바른 콘텐츠로 갈 수 있게 안내하는 페이지로, 사용자의 시간을 절약해 주어 사용자와 신뢰를 쌓게 해 줍니다. 랜딩 페이지는 짧고, 훑어보기 쉽고, 전문 용어가 없어야 하며, 독자에게 유용한 정보를 나타내야 합니다. 랜딩 페이지는 사용자가 갈 수 있는 방향을 가리키는 도로의 거대한 안내판과 같습니다.

좋은 랜딩 페이지를 만들려면 먼저 사용자의 니즈를 우선시해야 합니다.
랜딩 페이지는 사용자에게 가장 중요하고 관련성 높은 정보를 강조해서 나타내야 합니다. 사용자를 올바른 경로로 안내하기 위한 가드레일을 만들고, 대부분의 사용자에게 당장 필요하지 않은 복잡한 정보는 숨기세요. 사용자 조사(1장 참고) 결과와 회사의 전략적 목표는 랜딩 페이지의 최상위 카테고리를 정의하는 데 도움이 될 수 있습니다.

예를 들어, Corg.ly 문서 사이트의 주 랜딩 페이지에는 세 개의 주요 섹션이 있을 수 있으며, 각각은 가장 일반적인 사용자 작업을 대상으로 할 수 있습니다(그림 10-6).

- Corg.ly 서비스의 개요와 짧은 튜토리얼이 포함된 시작하기 섹션
- 사용자가 Corg.ly로 하고자 하는 작업 중 가장 많이 사용되는 두 가지 How-to 가이드
  - '강아지 음성을 영어로 번역하기'
  - '영어를 강아지 음성으로 번역하기'

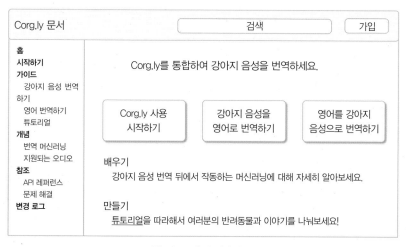

그림 10-6 랜딩 페이지 예시

랜딩 페이지에서 사용자는 관심 있는 주제를 선택하고, 필요한 작업을 수행하는 데 도움이 되는 자료를 찾거나 작업을 수행하는 방법에 대해 자세히 알아볼 수 있습니다. 랜딩 페이지의 링크를 통해 사용자가 문서로 바로 이동할 수 있도록 하세요. 사용자가 랜딩 페이지에서 문서로 이동하는 데 필요한 클릭 수가 적을수록 좋습니다.

서비스가 성장함에 따라 랜딩 페이지의 항목 수가 늘어날 수 있습니다. 예를 들어 많은 고급 사용자가 API 레퍼런스 페이지에 빠르게 접근해야 하는 경우 API 레퍼런스 링크를 주 랜딩 페이지에 추가하는 것이 좋습니다. 하지만 랜딩 페이지의 링크를 사용자에게 가장 중요한 항목으로 한정하여 링크 수가 너무 많아지지 않게 하는 것이 중요합니다.

제품의 기능이 늘어남에 따라 부가적인 랜딩 페이지를 추가할 수 있습니다. 예를 들어, Corg.ly가 다양한 모바일 애플리케이션과 애견용 목걸이 번역기 같은 여러 장치에 대한 지원을 시작한다면 각 서비스에 대한 랜딩 페이지를 만드는 것이 유용할 수 있습니다.

불필요한 랜딩 페이지를 만들거나 하나의 랜딩 페이지 이하에 너무 많은 랜딩 페이지를 중첩하지 않도록 해야 합니다. 여러 개의 랜딩 페이지 아래에 랜딩 페이지가 또 있으면 사용자가 원하는 문서를 찾기 위해 너무 많이 골라내야 하고, 여러분이 새로운 페이지를 추가할 때도 혼동을 줍니다.

탐색 신호

대부분의 사용자는 검색을 통해 문서에 도달하며, 일반적으로 검색 엔진에 용어를 입력하고 가장 관련성이 높은 첫 번째 검색 결과를 클릭합니다. 이를 통해 올바른 정보를 바로 찾을 수도 있겠지만, 찾는 정보 근처까지만 갈 가능성이 더 큽니다.

불행히도 사용자가 자신이 얼마나 정보에 가까이 있는지 또는 현재 페이지에서 실제로 찾는 페이지를 어떻게 찾아가야 하는지 모르는 경우 가까이 간 것만으로는 도움이 되지 않습니다. 여기에서 탐색 신호^{navigation cue}가 도움이 될 수 있습니다.

탐색 신호는 독자에게 정보 아키텍처를 드러내며, 나머지 콘텐츠와 함께 봤을 때 독자가 어디에 있으며 다음에 어디로 가야 하는지 이해하는 데 도움을 줍니다. 탐색 신호는 지도에서 '현재 위치'라고 표시된 빨간 점과 같습니다.

탐색 신호에는 다음과 같은 요소가 포함됩니다.

- **이동 경로:** 현재 페이지의 상위 페이지들을 표시하여 콘텐츠 계층 구조에서 특정 페이지의 위치를 보여 줍니다.
- **측면 탐색 메뉴:** 전체 사이트 또는 사이트의 특정 영역에 대한 콘텐츠 계층 구조를 보여 줍니다.
- **레이블과 메타데이터:** 문서와 관련된 정보를 포함하며, 일반적으로 검색 인덱싱에 도움이 되도록 기계에서 읽을 수 있는 형태로 되어 있습니다.
- **필수 조건, 다음 단계, 추가 정보 섹션:** 간결하게 정보를 전달하며, 사용자에게 페이지에 도착하기 전에 읽어야 할 내용을 안내해 주거나 다음에 어디로 이동해야 할지 알려줍니다.
- **탈출용 해치:** 종종 안내 문구 형태로 나타나며, 독자가 잘못된 페이지를 찾아온 경우 대신 방문할 페이지를 추천해 줍니다.

탐색 신호는 중요한 역할을 하지만, 남용하지는 않도록 주의해야 합니다. 교차로에서 갈 수 있는 모든 방향이 표시된 이정표를 본 적이 있다면, 길을 가리키는 요소가 너무 많을 때 명확해지기보다 혼란스러워진다는 것을 알고 있을 겁니다. 갈림길에서 복잡한 이정표보다 차라리 아무것도 없는 것이 나을 지경에 이르면, 사용자는 옵션의 수에 대한 부담감과 함께 의사 결정에 피로를 느낍니다.

문서 구조화하기

문서를 구조화한다는 것은 기존 콘텐츠를 평가하고, 정보 아키텍처를 계획하고 구축하며, 콘텐츠를 이 새로운 조직 체계로 마이그레이션하는 것을 의미합니다. 구조화의 목표는 사용자가 필요한 것을 찾는 데 도움을 줄 뿐만 아니라 시간이 지나도 유지 관리하고 확장하기에 용이한 최상의 콘텐츠 조직 구조를 만드는 것입니다.

다음 몇 개의 섹션에서는 콘텐츠 세트를 평가하고, 콘텐츠를 어떻게 구조화할지 결정하며, 새로운 정보 아키텍처를 구현하는 프로세스를 안내합니다. 여기서는 여러분이 사용자 조사, 사용자 피드백, 문서 메트릭을 기반으로 사용자의 니즈가 무엇인지, 사용자가 콘텐츠를 어떻게 탐색하고 읽는지 알고 있다고 가정합니다.

기존 콘텐츠 평가하기

문서를 구조화하고 정보 아키텍처를 구축하는 첫 번째 단계는 기존 콘텐츠 평가입니다. 이 작업의 목표는 여러분이 현재 갖고 있는 모든 콘텐츠의 목록을 만들고 각 콘텐츠의 위치가 사용자에게 얼마나 많이 도움이 되는지 파악하는 것입니다.

평가 과정을 사이트 최상위 수준에서 시작하여 문서의 각 페이지를 거쳐 가는 순서도로 생각하세요. 먼저 사이트에 있는 전체 문서 페이지의 제목과 URL을 스프레드시트에 나열해 봅니다. 그런 다음 사용자에 대해 알고 있는 정보로 목록의 각 페이지를 평가하여 각 페이지가 얼마나 잘 작동하는지 확인합니다. 스스로에게 다음과 같은 질문을 해보세요.

- 페이지가 유용한가?
- 페이지가 최신 상태인가?
- 페이지가 올바른 위치에 있는가?

각 페이지를 평가하면서, 페이지에 수행해야 할 작업으로 레이블을 지정하세요. 레이블의 예는 다음과 같습니다.

- 유지
- 제거
- 정확성 검토
- 다른 문서와 병합
- 여러 문서로 분할

기존 콘텐츠를 평가한 후, 사용자가 그동안 요청했지만 누락된 정보가 있는지 자문해 보세요. 이처럼 누락된 콘텐츠를 콘텐츠 공백$^{content\ gap}$이라고 합니다. 발견한 모든 콘텐츠 공백의 목록을 만들고 평가 결과에 추가하세요.

이 실습을 통해 이제 새 정보 아키텍처에 있어야 할 모든 콘텐츠의 목록을 마련했습니다. 또한 문서 세트를 개선하기 위해 생성해야 할 새로운 콘텐츠와 편집하거나 제거할 콘텐츠의 목록이 생겼습니다.

새로운 정보 아키텍처 윤곽 잡기

기존 콘텐츠를 평가한 후에는 콘텐츠의 이상적인 지도가 어떤 모습일지 생각해 보세요. 이때가 어떻게 하면 사용자를 가장 잘 지원하도록 콘텐츠를 구조화할지 계획할 수 있는 기회입니다.

이 새로운 지도를 만들 때 사용자가 문서에 대해 가지고 있는 멘탈 모델을 고려하세요. 여러분의 사용자는 문서가 어떻게 구조화되기를 기대할까요? 어떻게 하면 사용자를 올바른 정보로 가장 잘 안내할 수 있을까요?

결국 사용자는 콘텐츠가 다음과 같은 속성을 충족하기를 기대합니다.

- **일관성:** 콘텐츠가 익숙한 구조와 패턴으로 구성됩니다. 사용자는 항상 자신이 어디에 있는지 알고 있습니다.
- **관련성:** 가장 일반적인 사용자 니즈를 해결하는 가장 중요한 콘텐츠를 가장 쉽게 찾을 수 있어야 합니다.
- **검색성:** 콘텐츠를 홈페이지나 랜딩 페이지에서 또는 검색을 통해 쉽게 접근할 수 있어야 합니다.

이러한 원칙 하에, 콘텐츠 지도에는 콘텐츠에 대한 일관된 패턴이 있어야 합니다. 예를 들어, 어떤 절차의 목록을 문서화하는 경우 아마도 시간순으로 나열하고 싶을 겁니다. 개념 정보의 목록이 있는 경우 사용자에게 중요한 내용순으로 구성할 수 있습니다.

다양한 구조화 체계를 시도해 보고 사용자로부터 피드백을 받으면서 정보 아키텍처 작성을 여러 번 반복해야 할 수도 있습니다. 카드 정렬card sorting 기법은 다양한 구조를 실험하는 좋은 방법입니다.[3]

카드 정렬은 이름 그대로입니다. 즉, 랜딩 페이지를 포함하여 사이트의 각 페이지에 대한 인덱스 카드를 만듭니다. 그런 다음 원하는 사이트 구조가 될 때까지 카드 위치를 옮겨 봅니다. 카드에 페이지 이름을 기록하면 카드를 옮기기 쉬워지며, 정보에 서로 다른 순서와 구조화 체계를 적용해 보고 사용자로부터 신속하게 피드백을 받을 수 있습니다.

너무 깊지도 너무 얕지도 않은 정보 아키텍처를 목표로 하세요. 사이트의 한 섹션의 수준이 너무 깊다면 해당 콘텐츠를 여러 개의 그룹으로 나누는

저자주 [3] "Card Sorting", usability.gov, 2021년 6월 20일 접근, https://www.usability.gov/how-to-and-tools/methods/card-sorting.html.

방법을 생각해도 좋습니다. 마찬가지로 한 페이지만 있는 섹션이 있다면 해당 페이지를 다른 페이지로 병합하는 방법도 고려하세요.[4]

콘텐츠 구조의 윤곽을 잡은 다음 새로운 정보 아키텍처가 사용자의 니즈를 충족하는지 확인하세요. 사용자가 문서로 수행하는 일반적인 작업을 고려하고 다음처럼 질문을 던져 보세요.

- 일반적인 작업 각각에 명확한 시작점이 있는가?
- 각 작업의 다음 단계가 명확하게 정의되어 있는가?
- 추가해야 할 누락된 단계(콘텐츠 공백) 없이 작업 절차가 완전한가?

이러한 질문에 대한 대답이 '아니오'인 경우 랜딩 페이지, 탐색 신호 또는 필요한 콘텐츠를 새로 추가하여 문제를 해결하는 것이 좋습니다.

> 참고 문서가 여러 위치에 들어맞는 경우에는 어떻게 해야 할까요? 문서 세트가 증가함에 따라 자동화된 콘텐츠 재사용이 매력적인 옵션으로 보일 수 있지만, 아무 때나 사용해서는 안 됩니다. 콘텐츠 재사용은 여러분의 조직이 아니라 사용자에게 가장 좋을 때 적용해야 합니다. 자동화된 콘텐츠 재사용은 검색 결과의 정확성을 낮추거나 독자에게 혼란을 줄 수 있으며 자동화의 기술적 복잡성이 콘텐츠 유지 관리를 어렵게 만들 수 있습니다.
>
> 문서를 가장 적합한 위치 한 곳에 두고, 필요에 따라 여러 다른 곳에서 해당 문서를 링크로 연결하는 것이 더 나은 방법입니다.

새로운 정보 아키텍처로 마이그레이션하기

만족할 만한 정보 아키텍처가 마련되고 사용자 피드백과 검증을 충분히 받았다면 새로운 콘텐츠 구조로 마이그레이션할 때입니다. 페이지들을 옮겨

저자주[4] 하이디 매키너니(Heidi McInerney), "How to Build Information Architecture (IA) that's a 'No Brainer'", Vont, 2021년 6월 20일 접근, https://www.vontweb.com/blog/how-to-build-information-architecture/.

보면서 다음 체크리스트로 새로운 구조의 유효성을 평가하세요.

- **랜딩 페이지**: 사용자를 가장 중요한 문서로 안내하며, 자주 만들어지지는 않습니다.
- **콘텐츠 유형**: 지속적으로 만들어지면서 사용자에게 적합한 유형입니다.
- **페이지 데이터**: 페이지 제목, 섹션 제목, 필수 조건, 다음 단계가 이해하기 쉽고 형식에 일관성이 있습니다.
- **탐색 신호**: 이동 경로, 측면 탐색 메뉴, 탈출용 해치를 활용하여 사용자가 현재 위치를 파악하고 나아갈 방향을 정할 수 있습니다.
- **레이블과 메타데이터**: 사용자 및 검색 인덱스와 관련이 있는 데이터를 표시해 줍니다.
- **리디렉션[5]**: 페이지를 옮긴 후에 사용자를 이전 위치에서 새 URL로 리디렉션해 줍니다.

정보 아키텍처 자체를 문서화하는 것도 중요합니다. 결정된 사항, 결정의 기반이 된 사용자 조사 결과와 사용자 피드백, 정보 아키텍처에 사용된 패턴을 기록해 두세요. 이러한 문서 작성이 너무 거창한 작업이 될 필요는 없습니다. 사이트맵[6]과 템플릿 모음을 포함하는 간단한 자료만 만들어 두어도 사용자를 위해 콘텐츠의 일관성을 높이고 조직 내에서 콘텐츠 구조의 방향을 맞출 수 있습니다.

정보 아키텍처 유지 관리하기

문서에 새 페이지를 추가할 때는 다음 내용을 고려합니다.

- 이 새로운 콘텐츠가 들어갈 위치가 명확한가?
- 기존 정보 아키텍처에 어떤 조정이 필요한가?

역자주 [5] 어떤 웹 페이지를 하나 이상의 URL 주소로 접근 가능하게 만들어주는 웹 기법으로, 리디렉션된 URL을 웹 브라우저가 열려고 하면 다른 URL의 문서가 열리게 됩니다.

역자주 [6] 도메인 내 웹사이트의 페이지 목록, 또는 페이지 구조를 시각화한 자료를 의미합니다.
출처: ko.wikipedia.org/wiki/사이트맵

* 이 콘텐츠가 사이트 홈페이지나 랜딩 페이지에 영향을 주는가?

세심하게 계획된 정보 아키텍처는 여러분이 이러한 질문에 빠르고 쉽게 답할 수 있게 해 주며, 콘텐츠를 어디에 게시할지 확신을 갖고 콘텐츠를 확장할 수 있게 해 줍니다. 하지만 제품과 문서가 발전함에 따라 사이트에 대한 사용자의 멘탈 모델을 계속 확인해야 합니다. 대규모 릴리스나 업데이트로 많은 페이지가 바뀌면 여러분은 정보 아키텍처를 평가하고, 사용자를 지원하기 위해 필요한 변경 작업을 수행해야 합니다.

요약

정보 아키텍처는 문서에 적용하는 조직 구조입니다. 독자가 머리 속에 콘텐츠를 탐색하는 방법에 대한 지도를 만들 때 정보 아키텍처가 도움이 됩니다. 정보 아키텍처를 독자에게 전달하려면 사이트 탐색 구조, 랜딩 페이지, 탐색 신호를 문서 세트에 엮어 넣어야 합니다.

콘텐츠를 구조화하는 기본 방법에는 순차 구조, 계층 구조, 웹 구조의 세 가지가 있습니다. 이러한 아키텍처는 사용자가 사이트를 탐색하고 여러분이 새로운 페이지를 추가하기 위한 일관성 있는 모델을 만드는 방법을 결정합니다.

정보 아키텍처를 설계할 때는 기존 콘텐츠의 목록을 만들고, 콘텐츠 공백이 있는지 목록에 포함된 항목들을 평가하고, 콘텐츠 세트를 새로운 정보 아키텍처로 구조화합니다.

다음 장에서는 시간이 지남에 따라 문서를 유지 관리하는 방법을 다룹니다. 여기에는 콘텐츠가 더 이상 사용되기에 적합하지 않을 때 지원 중단하는 일도 포함됩니다.

문서 유지 관리 및 지원 중단하기

Corg.ly

Corg.ly
어떻게 작동하는지 보여주기

샬럿, 카틱과 Corg.ly 개발 팀은 기능을 출시하고 문서를 업데이트하는 안정적인 패턴에 익숙해졌다. 샬럿은 Corg.ly가 생성하는 오디오 번역 결과에 집중했고 카틱은 비디오 번역 기능에 집중했다.

어느 날 오후, 카틱이 노트북 화면을 보다 고개를 들며 미소를 지었다. "이제 비디오 번역 기능을 베타 서비스에서 정식 서비스로 전환할 준비가 된 것 같아요!"라고 카틱이 말했다.

"훌륭해요!" 샬럿이 답했다. "아인에게 산책을 하고 싶냐고 물어보면 얼마나 다급하게 가고 싶어 하는지 모르겠더라고요. 그런 점에서 비디오 번역이 많은 도움이 될 거에요."

"산책?" 아인이 귀를 쫑긋 세우며 말했다.

샬럿이 계속해서 말했다. "이번 출시에는 API에 사용자에게 영향을 미칠 만큼 꽤 큰 변경이 있을 거라고 했었죠?"

"맞아요." 카틱이 한숨을 쉬었다. "메이의 팀이 당황하지 않도록 API 변경 사항을 명확하게 문서화하려면 어떻게 해야 할까요?"

샬럿과 카틱이 변경 사항을 적용하고 이를 사용자에게 전달하는 몇 가지 다른 방법을 간략히 논의하는 동안 아인이 끼어들었다. 목줄을 입에 문 채로 아인이 짖었다.

"이제 산책해요?" 아인의 번역기가 물어보았다.

문서를 최신으로 유지하기

애플리케이션은 시간이 지남에 따라 성장하고 발전합니다. 메서드가 수정되기도 하고, 제품에 새로운 기술이 통합되기도 합니다. 개발 팀이 새로운 기능을 추가하고, 다른 기능을 지원 중단하거나 제거하기도 합니다. 이러한 모든 변경 사항은 문서에 영향을 줍니다.

사용 중이던 제품에 대한 문서를 찾았지만 문서에 나오는 답변이 더 이상 정확하지 않다는 것을 알게 되었던 적이 있을 겁니다. 아마도 낙담하거나 짜증을 느꼈을 것입니다. 문서가 한 번 작성되고 릴리스된 후에 업데이트되지 않는 경우가 너무 많습니다. 제품에 새로운 기능이 추가되면서 문서는 점점 더 뒤처지며, 코드가 실제로 수행하는 결과와 문서에 차이가 생깁니다. 문서에서 설명하는 내용과 코드가 수행하는 결과 사이의 격차가 클수록 사용자는 더 많이 실망하고 제품을 덜 신뢰하게 됩니다.

카틱과 샬럿이 경험한 것처럼, 코드의 기능과 인터페이스에 변경이 일어나면 제품을 사용하는 개발자에게 영향을 미칩니다. 문서로 독자에게 변경 사항에 대한 정보를 제공하고, 지원 중단된 기능 대신 그들의 니즈를 가장 잘 해결하는 기능으로 사용자를 이끌어 사용자 경험을 개선할 수 있습니다. 또한 문서에서 독자가 변경 사항에 대해 가질 수 있는 질문에 사전에 답할 수 있으므로 독자에게 최신 정보를 반영한 최상의 제품 경험을 제공할 수 있습니다.

이 장에서는 다음을 포함하여 코드와 나란히 문서를 유지 관리하는 방법을 안내합니다.

- 유지 관리를 위한 계획 세우기
- 유용한 유지 관리 도구
- 더 이상 필요하지 않은 콘텐츠 지원 중단 및 제거하기

이번 장에 나오는 전략은 여러분이 기존에 코드를 릴리스하고 유지 관리하는 방법과 통합되도록 설계되었습니다. 따라서 이 장의 지침을 따르되 자신의 개발 프로세스에 맞게 조정할 수 있습니다.

유지 관리를 위한 계획 세우기

문서를 유지 관리하려면 코드 작성과 문서 작성의 방향을 맞춰야 합니다. 새로운 기능을 설계할 때 코드와 콘텐츠 둘 다에 어떤 업데이트가 필요할지 고려하세요. 새 기능 때문에 API를 변경하거나 사용자가 애플리케이션의 다른 부분과 상호 작용하는 방식을 변경하는 경우 문서를 통해 사용자에게 알려야 합니다. 이에 따라 계획을 세우세요.

계획 수립을 시작할 때는 변경 사항이 사용자에게 미치는 영향을 고려하여 다음 질문에 답해 보세요.

- 이 변경 사항이 사용자에게 어떤 영향을 주는가?
- 이 변경 사항이 기존 제품 기능에 어떤 영향을 미치는가?
- 이 변경 사항이 기존 문서 중 어느 부분에 영향을 주는가?
- 사용자를 지원하기 위해 어떤 문서를 새로 만들어야 하는가?

이러한 질문은 1장에서 수행했던 사용자 조사의 짧은 버전인 사용자 영향 분석user impact analysis을 수행하는 데 도움이 됩니다. 사용자 영향 분석은 여러분이 제안하는 변경 사항이 사용자에게 어떤 영향을 미치는지, 상황을 해결하기 위해 업데이트하거나 만들어야 하는 문서가 무엇인지 잘 나타내 줍니다.

변경 사항 중에는 코드 리팩터링이나 최적화처럼 문서 변경을 전혀 필요로 하지 않는 것도 있습니다. 하지만 기능 변경의 경우 대부분 문서 변경도 필요합니다. 작은 변경이라면 기존 참조 문서를 업데이트하는 정도로 충분할 수 있지만, 카틱이 제안한 API 변경처럼 더 큰 변경이라면 문서 세트에 완전히 새로운 페이지를 추가해야 합니다.

개발 프로세스 초기에 문서화에 대해 생각해 두세요. 그렇게 하면 문서화 일정을 고려하여 시간 계획을 짤 수 있고, 코드를 업데이트할 때 문서가 상대적으로 뒤처지는 문제를 방지할 수 있습니다.

문서화와 릴리스 프로세스의 방향 맞추기

문서 업데이트를 위한 시간 계획을 짰다면 문서화를 릴리스 프로세스에 통합하는 작업도 해야 합니다. 업데이트된 문서와 코드는 동시에 릴리스되어야 하며, 서로 동기화된 상태를 유지해야 합니다.

문서화와 코드 릴리스의 방향을 맞추는 방법에는 여러 가지가 있습니다. 한 가지 방법은 릴리스에 필요한 각 문서 업데이트에 대한 추적 이슈 또는 버그 티켓을 만드는 것입니다. 또 다른 방법은 스프레드시트로 문서화 니즈를 기능 요청과 함께 추적하는 것입니다.

예를 들어 쿠버네티스(kubernetes.io)에서는 스프레드시트를 사용하여 기능 릴리스 프로세스를 추적합니다. 쿠버네티스는 컨테이너 배포 및 관리를 자동화하기 위한 오픈 소스 프로젝트로, 43,000명 이상의 기여자가 참여하고 있습니다.[1] 계속 바뀌는 대규모 기여자 그룹이 있음에도 쿠버네티스는 다음과 같은 릴리스 프로세스에 따라 새로운 기능 릴리스('개선 사항 enhancement'이라고 부릅니다)와 문서 업데이트의 방향을 맞춥니다.[2]

저자주 [1] 패리스 피트먼(Paris Pittman), "How Kubernetes contributors are building a better communication process", 쿠버네티스 블로그, 2020년 4월 21일 게시, https://kubernetes.io/blog/2020/04/21/contributor-communication.

저자주 [2] "Documenting a feature for a release", 쿠버네티스 문서, 2021년 2월 11일 수정 버전, 출처: https://kubernetes.io/docs/contribute/new-content/new-features/.

1. 다가오는 릴리스에 대해 제안된 모든 개선 사항을 추적용 스프레드시트에 나열합니다.

2. 제안된 각 개선 사항을 깃헙 이슈로 문서화합니다. 여기에는 설계 문서, 기능 담당자, 단위 테스트와 더불어 문서화 필요 여부 평가가 필수 항목으로 포함됩니다.

3. 개선 사항이 문서화를 필요로 하는 경우, 기능 담당자는 문서화에 대한 풀 리퀘스트를 만들고 개선 사항이 릴리스 승인을 받기 전에 문서화에 대한 승인을 받아야 합니다.

4. 개선 사항에 대한 코드, 단위 테스트, 문서화 작업이 모두 승인되면 개선 사항이 릴리스 승인을 받습니다.

5. 승인된 모든 개선 사항이 릴리스 날짜에 새 릴리스와 함께 코드 저장소에 반영됩니다.

쿠버네티스의 경우 코드 개선 사항을 릴리스하는 프로세스가 문서화 프로세스와 밀접하게 결합되어 있습니다. 이러한 노력 덕분에 문서가 최신 상태로 유지되고, 문서가 코드와 달라지는 문제가 방지됩니다.

릴리스 프로세스는 회사, 프로젝트, 팀마다 다릅니다. 따라서 자신에게 맞는 프로세스를 찾는 일이 중요합니다.

문서 담당자 지정하기

문서화는 모두가 책임져야 하는 작업으로 간주되어 결과적으로 아무도 책임지지 않는 일처럼 보일 때가 많습니다. 문서 문제에 대응하고, 문서 변경 사항을 검토하고, 필요할 때 문서를 업데이트할 책임이 있는 담당자를 명시적으로 지정하여 책임 소재를 분명히 하세요. 담당자를 명확하게 관리하면 문서가 제품에 비해 뒤떨어지는 현상을 방지하는 데 도움이 됩니다.

문서가 이미 소스 코드 저장소에 있다면 변경 이력을 확인하여 문서를 마지막으로 업데이트한 사람을 알아내는 것으로 충분할지도 모릅니다. 그러나 더 크고 복잡한 문서 세트의 경우 많은 문서들이 서로 어떻게 맞물려 작동하는지 이해하고 관리할 수 있는 특정 문서 담당자를 지정하는 것이 도움이 됩니다.

많은 소스 코드 저장소에는 콘텐츠의 특정 파일이나 디렉터리를 담당하는 코드 담당자를 명시적으로 설정하는 옵션이 있습니다. 예를 들어 깃헙에서는 **CODEOWNERS** 파일을 사용하여 특정 문서 담당자를 지정할 수 있습니다.[3] 또는 문서 상단에 주석이나 메타데이터를 추가하고 문서 담당자를 나열할 수 있습니다. 예를 들면 다음처럼 작성할 수 있습니다.

```
<!-- Owners: charlotte@corgly.com, karthik@corgly.com -->
```

문서 유지 관리 업무 포상하기

문서를 작성 및 검토하고, 문제를 해결하고, 콘텐츠를 최신 상태로 유지하는 개발자의 노력를 보상하는 것은 중요합니다. 문서화는 할 일이 많습니다! 인정과 보상은 개발자가 좋은 문서를 만들고 유지 관리하도록 동기를 부여합니다.

문서 유지 관리에 대한 보상 및 인정은 그 사람에게 무엇이 동기 부여가 되는지에 따라 상품권, 감사 메모, 공개 칭찬 등으로 할 수 있습니다. 개발 팀이 문서 작성하는 데 시간이 오래 걸렸다고 불이익을 받지 않도록 하는 것도 중요합니다. 문서 작성 및 유지 관리 업무는 '추가' 작업이나 '보너스' 작업으로 간주되기보다는 기대 성과와 해야 할 업무에 포함되어야 합니다.

역자주 [3] "About Code Owners", 깃헙, 2020년 12월 29일 접근, https://docs.github.com/en/free-pro-team@latest/github/creating-cloning-and-archiving-repositories/about-code-owners.

문서 유지 관리 자동화하기

문서화 업무 자동화의 목표는 잡일toil을 없애는 것입니다. 잡일은 단지 '하기 싫은 일'이 아닙니다. 소프트웨어 공학의 세계에서 '잡일'은 아래처럼 특정한 의미가 있습니다.[4]

> "잡일이란 수동으로 하며, 반복적이고, 자동화가 가능하고, 전략에 좌우되기보다는 전술적이며, 지속적인 가치를 만들어 내지 못하고, 서비스가 성장함에 따라 선형적으로linearly 늘어나는 작업입니다."[5]

자동화를 신중히 적용하여 문서 유지 관리를 보다 쉽게 할 수 있는 기회가 많이 있습니다. 이어지는 섹션에서는 콘텐츠 최신성freshness 검사 자동화, 문서 린터 사용, 참조 문서 생성 자동화를 포함하여 자동화로 잡일을 제거하는 몇 가지 예를 보여 줍니다.

하지만 주의하세요. 좋은 자동화는 사람들이 잡일을 면하게 해 주지만, 나쁜 자동화는 잡일을 악화시켜 위기를 불러올 수 있습니다. 프로세스를 자동화하기 전에 필요한 모든 단계와 트레이드오프를 반드시 이해해야 합니다.

문서를 생성하는 데 사용하는 도구는 콘텐츠를 배포하는 방법에 따라 크게 달라집니다. 어떤 도구를 사용하든, 작업을 자동화하고 유지 관리에 드는 잡일을 줄일 수 있는 곳을 찾는 것이 좋습니다. 자동화 도구에 대한 자세한 내용은 부록 '참고 자료'에서 찾아볼 수 있습니다.

저자주 [4] 벳시 베이어(Betsy Beyer), 크리스 존스(Chris Jones), 제니퍼 페토프(Jennifer Petoff), 니얼 리처드 머피(Niall Richard Murphy), 〈Site Reliability Engineering: How Google Runs Production Systems 1st. ed.〉(O'Reilly, 2016).

역자주 [5] 소개된 개념은 다음 웹 페이지에서 정의를 찾아볼 수 있습니다.
https://sre.google/sre-book/eliminating-toil/

콘텐츠 최신성 검사

문서 세트가 일정 규모 이상이 되면 일부 문서는 결국 오래되고 구식이 됩니다. 문서가 오래되는 문제를 피하는 한 가지 방법은 렌더링된 페이지에서 콘텐츠의 '마지막 수정' 날짜를 표시하는 것입니다. 마지막 수정 날짜는 문서가 마지막으로 검토를 받거나 업데이트된 시간을 나타냅니다. 문서가 소스 코드 저장소에 저장되어 있는 경우 코드 저장소에서 이 정보를 바로 가져올 수 있습니다. 그렇지 않으면 문서에 이 정보를 저장하기 위한 메타데이터를 포함할 수 있습니다.

마지막 수정 날짜 외에도, 문서 내용을 확인할 미래의 시간을 설정할 수 있습니다. 예를 들어 구글에서는 내부용 문서 상단에 최신성 알림을 위한 메타데이터를 추가합니다. 설정된 시간(예: 6개월) 내에 문서가 업데이트되지 않으면 문서를 검토하고 콘텐츠가 여전히 정확한지 확인하라는 알림이 문서 담당자에게 전송됩니다. 이 메타데이터는 다음처럼 생겼습니다.[6]

```
<!--
Freshness: {owner: "karthik" reviewed: 2021-06-15}
-->
```

최신성 검사를 하라는 알림을 받으면 문서 담당자는 문서를 검토하여 콘텐츠가 여전히 정확한지 확인합니다. 확인이 끝나면 문서의 검토 날짜가 업데이트되고 알림이 6개월 이후로 설정됩니다. 구글에서는 최신성 검사를 사용하면 문서 담당자가 문서를 최신 상태로 유지하려는 의욕이 높아지며, 최신성 검사를 적용한 문서의 신뢰성이 더 높다는 사실을 알아냈습니다.

저자주 [6] 타이터스 윈터스, 톰 맨쉬렉, 하이럼 라이트, 『구글 엔지니어는 이렇게 일한다』(한빛미디어, 2022)

링크 검사기

링크 대상 페이지가 옮겨지거나 보관 처리되거나[archived7] 삭제되면 문서의 링크가 깨질 수 있습니다. 문서의 규모가 커짐에 따라 모든 링크가 작동하는지 확인하는 일은 불만스럽고 시간이 많이 걸리는 과정이 될 수 있습니다. 링크 검사기는 사이트의 모든 링크를 확인하고 404 오류[8]가 생기는 링크를 업데이트하도록 표시하여 잡일을 덜어줍니다.

링크 검사기는 다음 두 가지 방법 중 하나로 작동합니다.

- 문서를 배포하기 전에 CI/CD[9] 툴체인의 일부로 실행
- 문서가 배포된 후에 문서를 웹페이지처럼 크롤링하여 실행

문서에 링크 검사기를 통합하는 방법은 문서 배포 및 호스팅에 사용하는 도구에 따라 달라집니다. 두 접근 방식 모두 사용 가능한 여러 가지 도구가 있습니다.

린터

문서 린터(글쓰기 린터)는 코드 린터와 같은 원리로 작동합니다. 문서에서 발견된 일반적인 문제를 찾고, 표시하고, 수정 방안을 제안해 줍니다. 문서 린터는 대부분의 워드 프로세서에 포함된 맞춤법 및 문법 검사기와 유사한

역자주 [7] 보관 처리(archiving)는 웹사이트의 내용을 추출하고 저장하는 과정으로, 특정 시점의 웹사이트 상태를 백업할 용도로 사용됩니다. 보관 처리된 페이지는 URL이 변경될 수 있습니다. 출처: `https://www.mirrorweb.com/resources/website-archiving`

역자주 [8] '404 Not Found' 또는 '요청한 페이지를 찾을 수 없습니다.' 오류 메시지는 클라이언트가 서버와 통신할 수는 있지만 서버가 클라이언트에서 요청한 것을 찾을 수 없다는 것을 가리키는 HTTP 표준 응답 코드입니다. 출처: `ko.wikipedia.org/wiki/HTTP_404`

역자주 [9] CI(continuous integration, 지속적 통합)은 코드 변경 사항을 하루에 여러 차례 저장소에 통합하는 방식입니다. CD(continuous delivery/deployment)에는 지속적 제공을 통해 코드 통합을 자동화하거나 지속적 배포를 통해 최종 빌드를 최종 사용자에게 자동으로 릴리스한다는 두 가지 의미가 담겨 있습니다. 출처: `https://unity.com/kr/solutions/what-is-ci-cd`

기능을 제공하며, 맞춤법 검사기가 일반적인 단어의 철자 오류를 잡아내는 것과 유사하게 작동합니다.

린터는 회사에서 고유하게 사용되는 텍스트를 인식하고 무시할 수도 있습니다. 예를 들어 'Corg.ly'는 실제 단어가 아니라 'corgi'의 철자가 틀린 것으로 표시될 수 있습니다. 회사 직원에게 이는 매우 성가신 일일 겁니다. 대신 린터의 사전에 'Corg.ly'를 추가하여 누군가 'corg.ly'를 입력하면 시작 부분에 대문자를 사용하도록 린터가 제안하게 할 수 있습니다.

어떤 문서 린터는 꽤 정교하게 만들어져서, 독자에게 배타적이거나 감정을 상하게 하는 단어나 표현을 문제로 표시하는 기능도 제공합니다. 또한 콘텐츠가 스타일 가이드나 콘텐츠 템플릿을 따르지 않는 문제를 잡아낼 수도 있습니다.

결국 린터는 몹시 복잡한 정규 표현식이 모여서 만들어진 도구입니다. 린터는 모든 글쓰기 문제나 문법 문제를 수정하지는 못하지만, 많은 일반적인 문제를 잡아내고 수고스러운 검토 과정을 자동화할 수 있습니다.

참조 문서 생성기

참조 문서는 수작업으로 유지 관리하기가 매우 수고스럽고 어려울 수 있습니다. 참조 문서 생성을 자동화하면 유지 관리 부담이 크게 줄어듭니다. 또한 더 쉽게 업데이트할 수 있으면서 보다 정확한 문서가 만들어집니다.

간단한 자동화 작업을 위해 자동화 도구를 처음부터 새로 구축할 수 있습니다. API 문서화와 같은 더 큰 작업의 경우 사용할 수 있는 다양한 도구가 있습니다. OpenAPI와 Javadoc[10]은 API 문서를 생성하고 출력 결과를

역자주 [10] Java 프로그래밍 언어에서 코드 주석을 특정한 문법에 맞게 작성하여 API 레퍼런스를 자동 생성할 수 있는 도구입니다. 출처: https://en.wikipedia.org/wiki/Javadoc

템플릿에 맞게 포매팅하기 위한 좋은 도구입니다.

콘텐츠를 문서 세트에서 제거하기

콘텐츠는 시간이 지남에 따라 성장하고 진화합니다. 문서화를 코드 릴리스와 밀접하게 진행하더라도 문서는 오래되거나 구식이 될 수 있습니다. 문서의 일부가 더 이상 사용자와 관련이 없어지거나, API나 서비스의 변경 때문에 문서 전체가 더 이상 필요하지 않게 될 수도 있습니다. 콘텐츠를 지원 중단하면 사용자에게 더 이상 해당 기능이나 서비스를 사용하지 않아야 함을 알릴 수 있습니다.

사용자에게 잘못된 정보를 제공하지 않도록 콘텐츠를 언제 지원 중단할지 아는 것은 중요합니다. 콘텐츠를 지원 중단하고 사용자에게 그 사실을 알리고 나면 콘텐츠를 삭제할 수 있습니다. 사이트에서 정보를 삭제할 때 사용자가 당황하거나 헤매지 않도록 콘텐츠를 정확하게 제거하는 것도 중요합니다.

문서 지원 중단하기

프로그래밍 맥락에서 지원 중단^{deprecation}은 이전 코드가 더 이상 유용하지 않다고 표시하는 절차입니다. 일반적으로 코드베이스에서 해당 코드가 새로운 코드로 바뀌었을 때 수행됩니다. 예를 들어, 여러분이 개발자들에게 대신 사용하기를 바라는 API 새 버전을 릴리스하면서 API의 일부를 지원 중단할 수 있습니다. 지원 중단으로 표시된 코드를 보면 개발자는 해당 코드가 향후 제거될 것임을 알 수 있으므로 새로운 작업에 이 코드를 사용하는 것을 피하고 기존 기능을 새로운 API로 마이그레이션할 계획을 세워야 합니다.

문서의 지원 중단도 비슷한 방식으로 수행해야 합니다. 지원 중단하는 기능을 문서에서 숨기고 싶을 수도 있지만, 사용자가 자신이 코드 구현 시 의존하는 기능이 사라질지 아는 것이 중요합니다. 아직 유지되고 있다고 생각한 코드에 의존해서 구현했는데 제품이 예기치 않게 작동하지 않을 경우 사용자가 얼마나 낙담할지 상상해 보세요!

문서는 기능 지원 중단을 사용자에게 알리는 데 중요한 역할을 합니다. 특정 기능이나 코드가 지원 중단된 경우 해당 코드와 관련된 문서에는 그 기능을 사용하지 않도록 개발자에게 알리는 안내 문구가 있어야 합니다. 개발자가 지원 중단된 코드 대신 사용해야 하는 새 대안이 있는 경우, 다음처럼 안내 문구에서 그러한 새 기능으로 연결되는 링크를 제공해야 합니다.

> **지원 중단:** Corg.ly Audio API는 2021년 8월 20일에 지원 중단되었고, 오디오와 비디오를 모두 지원하는 Corg.ly Multimedia API로 대체되었습니다.

또한 예정된 지원 중단을 사용자에게 알리기 위한 추가적인 방법을 고려해야 합니다. 한 가지 방법은 릴리스 공지나 릴리스 노트에 지원 중단될 기능을 나열하는 것입니다. 코드베이스에 지원 중단 사항이 많은 경우 또 다른 옵션은 문서에 소프트웨어의 각 릴리스와 함께 업데이트되는 지원 중단 목록 페이지를 만드는 것입니다.

지원 중단된 기능이 사용자에게 영향을 미치는 정도에 따라, 사용자가 곧 삭제될 예정인 기능에서 벗어나는 데 도움이 되는 마이그레이션 가이드 작성을 고려해야 합니다. 마이그레이션 가이드는 고객 지원 문제와 고객 불만을 크게 줄일 수 있습니다. 마이그레이션 가이드를 작성하기로 결정했다면, 지원 중단을 발표하기 전에 가이드를 게시하여 사용자가 향후 어떻게 대응해야 할지 이해할 수 있도록 하세요.

문서 삭제하기

일반적으로 문서가 사용자에게 더 이상 유용하지 않게 되면 삭제해야 합니다. 이러한 일이 발생할 수 있는 몇 가지 일반적인 상황이 있습니다. 하나는 지원 중단된 기능을 쓰던 모든 사용자가 성공적으로 마이그레이션하여 해당 기능에서 벗어났고, 해당 기능이 제거될 예정이며 문서가 더 이상 필요하지 않게 된 경우입니다. 또 다른 상황은 어떤 문서가 오래되었거나 더 이상 사용자와 관련이 없고 해당 문서를 수정하는 데 시간을 들일 가치가 없을 경우입니다.

작성한 콘텐츠를 삭제하는 것이 아쉬울 수도 있지만, 여러분의 최종 목표는 사용자를 돕는 것입니다. 오래되고 불필요한 콘텐츠를 제거하면 사용자가 더 이상 유용하지 않거나 자신과 관련이 없는 문서 때문에 혼란을 겪지 않고 올바른 정보를 빠르게 찾을 수 있습니다. 사용자는 여러분이 더 이상 필요하지 않은 콘텐츠를 삭제하여 콘텐츠를 깔끔하고 명확하게 유지하고 있다는 점에 감사할 것입니다.

기능이 제거되기 때문에 콘텐츠를 삭제하는 경우 사용자에게 적절한 통보를 해야 합니다. 기능을 종료하고 문서를 삭제하기 전에 제품 릴리스 공지 또는 릴리스 노트에 기능이 비활성화되었음을 문서화하고 삭제하려는 문서로 연결되는 모든 링크를 업데이트하세요.

문서가 더 이상 사용자와 관련이 없다고 생각되어 삭제를 고려 중인 경우 사용자 피드백(8장 참고) 및 문서 분석(9장 참고)을 이용하여 콘텐츠를 평가할 수 있습니다. 특정 페이지의 조회수가 매우 적으면서 이 페이지에 대해 제출된 문제가 많은 경우 해당 콘텐츠를 수정하는 대신 삭제하는 것이 나을 수 있습니다.

예를 들어 카틱이 Corg.ly로 강아지 음성을 번역하기 위한 두 개의 튜토리얼을 작성했다고 가정해 보겠습니다. 하나는 오디오 파일용이고 다른 하나는 비디오 파일용입니다. 각 튜토리얼에는 유지 관리가 많이 필요한 상세한 코드 샘플이 있습니다. 비디오 번역 기능이 큰 인기를 얻었고 비디오 번역 튜토리얼은 Corg.ly 사이트에서 인기 있는 페이지 중 하나가 되었습니다. 오디오 번역 기능은 자주 사용되지 않으며 페이지 조회수가 많지 않습니다. 게다가 오디오 번역 페이지의 코드 샘플이 오래되어 사용자가 해당 페이지와 관련하여 문제를 제출하고 있습니다.

Corg.ly에서 오디오 번역 기능을 계속 지원하기는 하지만, 카틱은 사용자 불만을 방지하기 위해 오디오 번역 튜토리얼을 삭제하기로 결정하고, 대신 사용자에게 Corg.ly로 오디오를 번역하는 방법에 대한 훨씬 짧고 유지 관리하기 쉬운 문서를 보도록 안내합니다.

요약

다음을 수행하여 문서 유지 관리를 더 쉽게 만들어 보세요.

- 유지 관리를 염두에 두고 코드 개발과 문서화 계획을 함께 세웁니다.
- 문서 릴리스와 기능 릴리스의 방향을 맞춥니다.
- 문서에 담당자를 할당합니다.
- 콘텐츠 최신성 검사, 링크 검사기, 문서 린터, 참조 문서 생성기를 사용하여 잡일을 자동화합니다. 하지만 자동화하기 전에 신중하게 검토해야 합니다.

콘텐츠가 유용하도록 최신 상태로 유지하려면 문서를 지원 중단하고 삭제해야 합니다. 안내 문구, 릴리스 노트, 다른 공지를 통해 지원 중단 및 삭제에 대해 사용자에게 알리고, 콘텐츠 위치가 바뀌거나 삭제되었을 때 사용자가 당황하지 않도록 리디렉션을 설정하세요.

이어지는 부록에서는 문서화에 전문가를 고용해야 하는 경우를 살펴보고, 개발자 문서 작성을 위한 추가적인 참고 자료를 안내합니다.

국내의 테크니컬 라이팅은 어떨까요?

현재 근무하는 회사에 테크니컬 라이터가 있거나 테크니컬 라이터와 함께 일한 경험이 있으신가요?

위 질문에 대한 대답은 회사 규모, 사업 특성, 여러분이 하는 일에 따라 달라질 것입니다. 회사에 독립적인 테크니컬 라이팅 팀이 있는 경우도 있고, 소수의 테크니컬 라이터가 별도 조직에 소속되어 일하는 경우도 있습니다. 어떤 회사에서는 개발자나 다른 직무 담당자에게 문서화를 맡기다가 필요성을 절감하고 테크니컬 라이터를 새로 채용하기도 합니다.

여기서는 테크니컬 라이팅과 테크니컬 라이터의 의미를 다시 짚어보고, 국내 회사에서 테크니컬 라이터가 하는 업무를 살펴본 후, 현업 테크니컬 라이터 분들의 이야기를 들어보겠습니다.

테크니컬 라이팅과 테크니컬 라이터

테크니컬 라이팅은 기술 정보를 가공하여 독자가 소화하기에 적합한 문서로 만드는 일입니다. 테크니컬 라이터는 이 일을 전문적으로 하는 사람으로, 복잡한 정보를 독자가 이해하기 쉽게 정제하여 명확하고 간결한 문서를 만들어냅니다.

테크니컬 라이터는 '라이터(writer)'라는 이름에 담긴 글쓰기 이외에도 기술 콘텐츠를 만드는 데 필요한 다양한 활동을 합니다. 문서화 계획을 세우고, 정보를 취합하여 초안을 작성하고, 문서를 편집하여 배포하며, 전반적인 문서화 프로세스를 관리합니다. 문서에 들어갈 다이어그램, 이미지 등 시각화 자료를 만들기도 하며, 문서가 늘어나도 일관성과 명확성을 유지할 수 있도록 스타일 가이드나 용어집 같은 표준 참고 자료를 관리하기도 합니다.

테크니컬 라이터가 만드는 문서는 제품의 성격에 따라 달라집니다. 제품이 일반 소비자용 기기나 앱이라면 매뉴얼이 주 산출물이 되지만, 개발자가 사용할 서비스나 SDK, API라면 개발 가이드, API 레퍼런스 등 개발자 문서가 주 산출물이 됩니다. 이 책에서는 후자의 시나리오를 주로 다뤘습니다.

테크니컬 라이터의 업무 소개

이 책에 나오는 프로세스를 참고하여 개발자들이 직접 문서화를 할 수도 있겠지만, 부록 B에 나오는 것처럼 중요한 변곡점이 찾아왔을 때는 전문가인 테크니컬 라이터의 도움이 필요합니다. 예를 들어 일반 사용자용 앱만 만들던 회사에서 개발자가 사용할 서비스와 API를 제공하는 B2B 사업을 새로 추진하는 경우, 오래된 개발자 사이트의 구조를 개편하는 데 어려움을 겪는 경우 등이 그렇습니다.

여기서는 국내 소프트웨어 회사(외국 기업 국내 지사 포함)에서 테크니컬 라이터가 일반적으로 맡게 되는 업무를 간략히 살펴보겠습니다. 테크니컬 라이터의 주요 업무와 유관 부서(또는 직무)를 다음 그림에 표시해 보았습니다.

문서 콘텐츠 개발

기술 문서 콘텐츠를 만들어 내는 일로, 이 책에 소개된 전반적인 작업 흐름을 포함합니다. 다음처럼 몇 가지 범주로 나누어 볼 수 있습니다.

업무 범주	세부 업무	유관 부서
문서 콘텐츠 개발 및 유지 관리	• 문서화 기획 • 문서 템플릿 생성 • 문서 초안 작성 • 문서 편집 • 샘플 코드 작성 • 시각화 콘텐츠 작성 • 문서 검토 • 문서 배포 • 문서 구조화 • 문서 유지 관리	• 제품 기획자 • 프로덕트 매니저 • 개발 팀 • QA 담당자
문서 피드백 수집 및 품질 측정	• 문서 피드백 수집 • 문서 품질 측정	• 프로덕트 매니저 • 고객 지원 담당자
문서화 프로세스 및 표준 참고 자료 관리	• 문서화 프로세스 관리 • 스타일 가이드 관리 • 용어집 관리	• 제품 기획자 • 프로덕트 매니저 • 개발 팀

제품이 국내 사용자만 타깃으로 한다면 문서를 한글로만 작성하면 됩니다.

하지만, 외국인 사용자도 염두에 두는 경우 문서를 처음부터 영어로 작성하거나, 한글로 작성한 후 영어로 번역합니다. 다른 언어도 필요할 경우 다국어화를 진행합니다.

문서화 엔지니어링

정보의 구조를 분석하고 데이터 변환과 검증, 문서 생성을 툴로 자동화하여 생산성을 높이는 일로, 이 책의 11장의 '문서 유지 관리 자동화하기' 섹션과 관련이 있습니다.

업무 범주	세부 업무	유관 부서
API 레퍼런스 생성 자동화	• API 레퍼런스 생성용 자체 툴 개발 • API 레퍼런스 생성용 외부 툴 조사 테스트, 사용 프로세스 정리	개발 팀
구조화 콘텐츠[1] 관리	• 구조화 콘텐츠의 스키마[2] 관리 • 구조화 콘텐츠를 다양한 출력 포맷으로 변환하기 위한 스타일시트 관리	정보 아키텍트[3]

문서화 플랫폼 유지 관리

문서화 플랫폼은 문서 사이트를 만드는 데 사용되는 시스템 또는 툴을 의미하며, 워드프레스[WordPress] 같은 서버 기반 CMS[content management system](콘텐츠 관리 시스템) 또는 정적 사이트 생성기가 될 수 있습니다. 어떤 제품을 처음으로 문서화할 때는 문서화 플랫폼을 직접 조사하고 선정하거나 의사결

역자주 [1] DITA, DocBook 등 XML 기반의 표준 정보 구조화 모델이나 마크업으로 표현되는 콘텐츠를 의미합니다.
역자주 [2] 콘텐츠를 구성하는 요소와 각각의 속성을 정의하는 메타데이터의 집합을 의미합니다.
역자주 [3] 정보의 구조를 상위 수준에서 설계하는 일을 하며, 일반적으로 경험이 많은 테크니컬 라이터가 담당합니다.

정 과정에 참여하며, 문서화 플랫폼이 결정된 이후에는 기능을 최적화하는 일을 합니다.

업무 범주	세부 업무	유관 부서
문서화 플랫폼 유지 관리	문서화 플랫폼 조사 및 테스트, 의사결정 참여, 문서화 플랫폼 기능 개선 및 최적화(문서 관련 기능, SEO, 검색 등)	프로덕트 매니저 개발 팀

문서화 교육

사내 개발자들이 직접 문서화를 잘 할 수 있도록 교육하는 일을 맡을 수도 있습니다. 문서화에 대한 회사의 전략이나 인력 구성에 따라 교육 업무의 비중이 높을 수도 있습니다.

업무 범주	세부 업무	유관 부서
문서화 교육	• 문서화 교육 기획 • 문서화 교육 자료 작성 • 문서화 교육 진행	• 디벨로퍼 릴레이션 팀 • 교육 팀

기타 업무: 문서 번역 검수 및 기술 콘텐츠 검수

외국에서는 테크니컬 라이터가 영어를 비롯한 자국어로 문서를 작성하고 다국어화 요구 사항이 있다면 현지화 담당 팀이 번역 관리 업무를 맡습니다. 하지만 국내에서는 현지화 담당 팀이 별도로 있기보다는 테크니컬 라이팅 팀에서 번역 업무를 관리하는 경우가 많습니다. 보통은 사내 번역 담당자나 외부 업체가 번역을 하고, 테크니컬 라이터가 번역을 검수하게 됩니다.

이외에 회사 기술 블로그에 게시될 아티클을 검수할 수도 있습니다. 회사에

UX 라이터가 별도로 없다면 개발자나 UX 디자이너가 작성한 UI 텍스트의 검수를 맡을 수도 있습니다.

업무 범주	세부 업무	유관 부서
문서 번역 검수	• 번역 검수 • 번역 용어집 및 스타일 가이드 관리	• 사내 번역 담당자 • 외부 번역 업체
기술 블로그 아티클 검수	블로그 아티클 초안 검토 및 재작성	• 디벨로퍼 릴레이션 팀 • 개발 팀
UI 텍스트 검수	• UI 텍스트 검수 • 사용자 메시지 검수	• 개발 팀 • UX 디자이너

 테크니컬 라이터 인터뷰

국내에도 회사마다 다양한 문서화 프로젝트를 수행하는 테크니컬 라이터 분들이 있습니다. 국내 테크니컬 라이터 분들의 이야기를 인터뷰를 통해 들어보겠습니다.

자꾸 쓰다 보면 잘 쓸 수 있습니다_ 우아한형제들 유영경

Q. 본인 소개와 함께 하시는 일에 대해 간단히 소개 부탁드립니다.

우아한형제들에서 테크니컬 라이팅 코치 겸 데브렐(DevRel, developer relations) 담당자로 일하고 있는 유영경입니다. 『개발자를 위한 글쓰기 가이드』(로드북, 2021), 『웹 기획자가 알아야 할 서비스 글쓰기의 모든 것』(위키북스, 2013)의 저자이기도 합니다.

주로 개발자를 대상으로 한 테크니컬 라이팅 교육과 일대일 코칭, 우아한테크 기술 블로그 관리와 검수를 담당하고 있습니다. 매월 진행하는 테크 세미나와 연간 행사인 기술 콘퍼런스도 담당합니다.

테크니컬 라이터로 일할 때는 직접 가이드나 도움말을 작성하고 검수하는 일을 더 많이 했다면, 지금은 '테크니컬 라이팅 코치'로서 개발자가 직접 명료하게 글을 쓸 수 있도록 교육하고 코칭하는 일의 비중이 높습니다.

Q. 테크니컬 라이터가 작성하는 다양한 기술 문서의 종류와 구성, 문서의 목적이 궁금합니다.

테크니컬 라이터가 다루는 문서의 범위는 아주 넓습니다.

우선 서비스나 제품 사용자가 대상 독자인 사용자 가이드, 매뉴얼, 튜토리얼, 도움말, 프로그래밍 가이드, API 가이드 등을 꼽을 수 있고요. 서비스의 오류 메시지, 메뉴, 버튼 등의 콘텐츠를 다루는 UX 라이팅도 넓게 보면 포함할 수 있어요. 기술 지식이나 경험, 사례, 시행착오 등을 공유하는 기술 블로그 글도 있고, 사내 Wiki에 작성하는 보고서나 컨벤션 등도 있습니다.

기술적인 내용을 독자가 이해하기 쉽게 전달하는 문서를 모두 다룬다고 생각하시면 됩니다. 이해하기 편하도록 정리하자면 다음과 같습니다.

• 효율적인 커뮤니케이션

말보다 글로 소통하면, 불필요한 오해나 혼란을 줄이고 명확하게 의사를 전달할 수 있고 보존도 가능합니다.

• 제품이나 서비스 기술 문서 작성

사용자들이 제품이나 서비스를 빠르게 파악할 수 있도록 합니다. 처음 제품 사용시 좋은 인상을 주거나 사용성을 향상하는 데 중요한 역할을 합니다.

• 개발자 블로그 또는 테크니컬 메모, 논문

기술 경험과 지식을 블로그나 논문으로 작성해 공유할 수 있습니다. 기술 블로그 글은 소통과 공유의 역할도 합니다. 말하지 않으면 알 수 없는 나의 이력과 경험을 논리적으로 잘 정리해, 비슷한 고민을 하는 분들에게 도움을 줄 수도 있고, 경험 가치를 인정받을 수도 있습니다.

예전에는 전달 매체가 책이나 글 등이어서 테크니컬 '라이터'라고 했지만, 점점 오디오, 비디오 등으로 전달 매체가 다양해지면서 테크니컬 '커뮤니케이터'라고 부르기도 해요.

기술 문서에는 대상 독자가 반드시 있어야 하고 독자의 눈높이에 맞게 기술 수준을 풀어서 설명해야 하는 거죠. 독자가 알고 싶어 하는 바를 명확하고 간결하고 일관되게 전달하는 것이 매우 중요합니다.

Q. 팀이 어떻게 구성되어 있고, 어떤 팀과 협업하는지 궁금합니다.

우아한형제들에 테크니컬 라이팅 코치 직무가 생긴 지 1년가량 되었습니다. 현재 테크니컬 라이팅 코치는 저 혼자이고, 데브렐 팀에 속해 있습니다. 데브렐 팀에서는 사내 교육, 스터디, 세미나, 콘퍼런스, 기술 블로그 등을 운영하며 내외부 개발자와 소통하고 있습니다.

기술 블로그, 세미나나 콘퍼런스 발표 자료 검수도 테크니컬 라이팅 범주에 들어가다 보니 자연스럽게 데브렐 활동도 병행하게 되었습니다.

서비스가 늘어난 만큼 테크니컬 라이터를 추가 채용할 수는 없으므로, 개발자나 PM 등의 구성원이 글을 수단 삼아 효율적으로 직접 소통할 수 있게 알려드리는 것이 중요하다고 생각합니다.

되도록 많은 분께 테크니컬 라이팅 원칙과 방법을 전달하는 교육과 코칭 시간을 늘려 나가고자 합니다. 그러다 보니 다양한 개발 조직 구성원과 소통하는 것은 필수입니다.

개발 부문, 테크채용 팀, 브랜딩 팀, 마케팅 팀, 홍보 팀, 전사교육 팀, 컬처경험 팀, PM 팀 등 전사의 거의 모든 팀과 협업하게 됩니다. 데브렐의 'R'이 'relations'를 뜻하는 만큼 내외부 가릴 것 없이 다양한 구성원, 조직과 소통해야 합니다.

Q. 문서화 프로젝트를 진행하면서 가장 중요하게 생각하시는 것은 무엇인가요?

테크니컬 라이팅은 대상과 목적을 명확하게 고려해야 합니다. 오늘 날씨가 좋고, 맛있는 걸 먹은 경험을 적는 것과는 다릅니다. 문서를 작성할 때는 독자가 왜 이 글을 읽어야 하는지, 어떤 정보를 얻을 수 있는지를 고려하여 구체적인 대상 독자와 독자에게 맞는 용어와 표현을 사용해야 합니다.

명확성, 간결성, 일관성이라는 세 가지 원칙에 따라 문서를 만들어야 하고, 문서 작성의 중요성을 인식하고, 독자가 쉽게 이해할 수 있도록 하는 것이 매우 중요합니다. 때로 다른 일에 밀려 문서 작성이 우선순위가 밀리는 경우가 있지만, 문서 작성을 통해 스스로 불명확했던 내용을 정리하고, 나중에 비슷한 프로젝트를 진행할 때 도움을 받을 수 있습니다.

Q. 처음부터 테크니컬 라이터를 꿈꾸셨나요? 어떻게 이 일을 시작하셨나요?

처음에는 이런 직무가 있는지도 몰랐습니다. 전공은 컴퓨터공학이었지만, 큰 흥미를 느끼지 못했습니다. 오히려 교육이나 글쓰기 쪽에 관심을 두고 있었는데요. 그러다 Microsoft에서 Windows 제품군을 한글화하는 LPM(Localization Project Manager)을 맡게 되면서 테크니컬 라이팅 분야로 들어서게 됐습니다.

어쩌면 테크니컬 라이터 1.5세대쯤이라고 말할 수 있겠네요. :)

이후 직접 사용자 가이드, 온라인 도움말, 비디오 가이드, 책 등을 만드는 테크니컬 라이터(커뮤니케이터)로 일하게 됐습니다. NAVER에서는 서비스 메시지 작성과 검수까지 맡아 UX 라이팅 분야까지 경험하며 업무 범위를 넓히고 공고히 하게 되었죠. 구성원이 직접 글로 기록을 남기고 소통할 수 있도록 테크니컬 라이팅 교육, 일대일 코칭도 병행하다가 지금은 주로 기술 블로그 관리와 코칭, 세미나, 콘퍼런스 기획 등을 하고 있습니다.

Q. 테크니컬 라이터로서 본인이 생각하는 목표와 방향성은 무엇인가요?

테크니컬 라이터 직무가 점차 알려지고 있지만, 여전히 한글로 된 참고 자료는 많지 않습니다. 이 책이 출간돼 참고 자료가 하나 더 늘어 반갑습니다.

저도 테크니컬 라이팅 분야 책을 3권 출간하기는 했지만, 앞으로도 꾸준히 사례를 모아서 많은 분과 책이나 강의 형태로 공유하고 싶습니다.

종종 기술 블로그에 글을 같이 써보고 재밌어서 계속 글을 쓰고 싶다는 분도 있는데, 그런 분들의 후기를 접하면 정말 뿌듯하더라고요.

글로 본인의 성과를 잘 표현하고 싶은 분이 많아진 만큼, 그분들에게 원하는 내용을 효율적으로 전달하고 소통하는 법을 알려드리고 싶습니다.

Q. 테크니컬 라이터를 꿈꾸는 사람들에게 도움이 될만한 팁을 한 가지 알려주세요.

글쓰기를 어려워하는 분께 한 가지 기쁜 소식을 알려 드리면, 테크니컬 라이팅은 연습하면 어느 정도 잘 쓸 수 있는 분야라는 점입니다.

지금부터 메모하는 습관을 시작해 보세요. 업무를 정리할 때도 가능하면 완전한 문장으로 작성하는 습관을 들여 보시기 바랍니다. 그리고 내가 하고 싶은 얘기보다 독자가 듣고 싶은 얘기가 무엇인지 계속 떠올리길 바랍니다.

글은 '고치기'가 본질이므로 초안을 쓰고 나서 생각대로 써지지 않았다고 절망하지 마세요. 보고 또 보면서 조금씩 고쳐 나가면서 문서 하나를 꼭 완성해 보시기 바랍니다!

기술 문서를 책임지는 사람들, 테크니컬 라이터_ 카카오엔터프라이즈 김유리

Q. 본인 소개와 함께 하시는 일에 대해 간단히 소개 부탁드립니다.

안녕하세요, 카카오엔터프라이즈에서 모든 서비스 기술 문서를 책임지고 있는 테크니컬 라이터 김유리입니다. 독자가 원하는 내용을 분석하고 지식수준을 고려하여 기술 정보를 작성할 뿐만 아니라 효율적인 문서화 프로세스 수립, 배포, 관리 등에 대한 모든 부분을 연구해요. 또한 사내 스타일 가이드라인과 템플릿 작성, 내/외부 교육 등의 업무들도 함께 진행하고 있어요.

- **다양한 기술 문서 작성 및 편집**

초안 내용을 바탕으로 정확하고 명확하게 재구성하고 리라이팅 작업을 주로 진행합니다. 문서 작성을 위한 자료 수집 또는 작성자/담당자 인터뷰도 함께 진행합니다.

• 스타일 가이드 및 템플릿 제공

사내에서 사용되는 용어 및 스타일의 통일성과 올바른 사용을 위한 가이드 라인을 공유합니다. 또한 문서 종류에 따라 템플릿을 제공하여 쉽게 작성할 수 있도록 도와줍니다.

• 문서 운영 및 배포 관리

다양한 문서들을 체계적으로 관리하고 있고, 문서 작성 또는 배포 등 업무에 필요한 프로세스를 수립합니다.

• 교육

맞춤법, 외래어, 표준어 등을 연구하여 교육 자료를 제공하고 있으며, 글쓰기 커리큘럼을 통해 내부/외부 동료들에게 글쓰기 관련 강의도 함께 진행합니다.

Q. 기술 문서를 구체적으로 설명해 주세요.

기술 문서는 독자에게 기술과 서비스를 효과적으로 전달하는 매개체라고 정의할 수 있어요. 이러한 문서가 왜 중요하고 목차 구성이 왜 잘 되어 있어야 하는지, 어떻게 작성되어야 잘 쓰인 문서라고 할 수 있는지 이해를 돕기 위해 요리책에 비유해 볼까요? 요리책은 처음부터 끝까지 정독하는 게 아니라 본인이 알고 싶은 요리를 목차에서 찾아보고, 해당 페이지로 넘어갑니다. 그곳에는 독자가 요리하기 전에 준비해야 하는 재료가 무엇인지, 요리는 어떠한 과정으로 이루어지는지 순서대로 구성되어 있죠.

기술 문서도 이와 비슷해요. 처음부터 끝까지 다 읽을 수도 있겠지만,

특정 부분을 알고 싶다면 목차를 보거나 검색해서 해당 페이지로 이동하게 돼요. 즉 기술 문서는 필요한 기술 정보를 최대한 효율적으로 이용할 수 있도록 구성되어야 해요.

Q. 개발 기술 용어가 읽히기 쉬운 기술 문서로 나오기까지, 그 과정을 간단하게 말씀해주실 수 있나요?

테크니컬 라이팅 팀은 소프트웨어 사용자 문서 프로세스(Software user documentation process, ISO/IEC 15910) 표준을 기반으로 저희 카카오엔터프라이즈 환경에 맞게 '기획, 구조화, 문서 작성, 리뷰, 배포'와 같이 5단계를 거쳐 문서 작업을 진행하고 있어요.

- **기획(Plan)**

문서 작성 범위, 문서 관계자, 작성 도구, 파일 형식, 일정 수립에 대한 기획 논의합니다. 이때, 문서 목적을 정확하게 파악하고 벤치마킹을 통해 자사 기술에 맞게 적절하게 잘 활용해야 합니다.

- **구조화(Structure)**

리서치, 벤치마킹한 내용을 바탕으로 독자의 이해를 돕기 위해 카테고리를 만들고 그룹화하여 목차를 구성합니다.

- **문서 작성(Write)**

기술 내용을 가장 잘 알고 있는 개발 담당자가 구성된 목차를 바탕으로 직접 초안을 작성합니다.

- **리뷰(Review)**

테크니컬 라이터는 필요한 내용을 검토하여 수정 요청하거나 사용자 입장에서 글쓰기 4대 원칙(정확성, 명확성, 간결성, 일관성)에 맞추어 글을 재작성합니다.

기술적인 내용에서 오류가 없는지 스타일 가이드라인에 맞춰서 제대로 작성은 되었는지를 검토합니다. 이때 자신이 쓴 글을 교정하는 것보다는 따른 팀 동료에 리뷰를 요청하는 것이 좋습니다. 이미 여러 번 읽어 글을 반복적으로 보면 객관적인 관점에서 보기가 어렵습니다.

기술 정보가 맞춤법, 문장 부호, 문법, 어조 등을 고려하여 정확하게 작성되었는지 검토합니다.

- **배포(Release)**

독자가 요구하는 문서 배포 방식에 따라 최종본을 제공합니다. 이때, 문서 버전 관리도 함께 진행해야 합니다.

전반적으로 간단하게 카카오엔터프라이즈 테크니컬 라이팅 팀에서 운영하는 문서 작성 프로세스를 정리해 봤습니다. 문서 작성 프로세스에 대한 상세한 내용은 Tech & 기술 블로그 [TW] 기술 문서 작성 5단계 (https://tech.kakaoenterprise.com/65)에서 다루고 있으니 한 번씩 읽어 보시기 바랍니다.

Q. 테크니컬 라이터에게 꼭 필요한 소양은 무엇이라고 생각하시나요?

테크니컬 라이터로서 거의 10여 년 동안 일을 하면서 이 직무에서 진짜 필요한 것은 무엇인가에 대해 생각을 많이 해봤어요. 생소한 직무이기도 하고 보통 "그냥 글쓰기만 잘하면 되는 거 아니야?"라는 인식만 갖고 채용 공고에 지원하는 분들이 많이 계시는데요. 사실 테크니컬 라이터에게는 단순히 글쓰기 능력뿐만 아니라 기술적인 내용을 빠르게 이해하는 능력, 커뮤니케이션 능력이 필요하다는 생각이 들어요.

테크니컬 라이터는 주로 개발자/엔지니어가 개발할 때 필요한 문서들을 작성하고, 이를 리뷰하는 업무를 하고 있어요. 해당 분야의 기술적인 내용을 빠르게 이해하고 문서로 전달해야 하므로 기술 이해만큼 독자에게 정확하고 명확하게 설명해야 한다고 생각해요. 모든 기술에 대한 내용을 개발자만큼 상세하게 다 알아야 하는 것은 아니지만 새로운 기술에 대한 거부감 없이 빠르게 적응하고 습득하려는 열정이 있어야 할 거 같아요.

또한 테크니컬 라이터는 사용자 입장에서 글을 써야 하면서 동시에 작성자(개발자/엔지니어)들 입장을 고려하여 그들이 가지고 있는 기술들을 잘 표현하고 알릴 수 있어야 하는 중간 커뮤니케이션 역할자이기 때문에 커뮤니케이션 스킬도 있어야 해요.

Q. 테크니컬 라이팅에 꼭 필요한 점과 지켜야 하는 점은 무엇이라고 생각하시나요?

저에게 테크니컬 라이팅에서 가장 중요한 것은 스토리텔링에 맞춘 목차 구성이에요. 처음 문서화 프로젝트가 주어지면 당연히 주제를 분석하고, 독자를 파악한 후에 어떤 정보들을 전달하고 싶은지, 어떤 내용의 흐름으로 전달할 것인지를 생각해요. 처음부터 글을 쓰는게 아니라, 전달하고 싶은 핵심 단어를 나열을 해보고 비슷한 주제로 그룹화를 해요. 어느 정도 틀을 만들어 보면 문서 전체에 흐름이 나타나고, 어떤 내용으로 이어나갈 수 있을지 감이 오죠. 목차의 구성은 테크니컬 라이팅에 꼭 필요한 부분이면서 가장 중요한 부분이라고 할 수 있어요. 글을 쓰다 보면 목차의 구성은 변경될 수 있지만 처음 제대로 구성한 목차는 훨씬 품질이 좋은 문서를 만들어 낼 수 있어요.

Q. 처음부터 테크니컬 라이터를 꿈꾸셨나요? 어떻게 이 일을 시작하셨나요?

저는 개발자로 운영체제를 개발하는 회사에 입사하여 반년 정도 개발 업무를 진행했었어요. 개발과 함께 제안서, 기술 개발서, 결과 보고서 등 자사 기술을 바탕으로 외부 고객에게 전달하는 문서 작업을 많이 진행하면서 문서 작성 능력을 높게 평가받아 테크니컬 라이팅 업무를 제안받았어요.

테크니컬 라이터 직무는 국내에서는 알려지지 않았고, 낯설고 생소한 직무이다 보니 업무를 쉽게 바꾼다는 게 내 인생에서 가장 어려운 결정이었어요. 처음에는 아주 두렵고 걱정되었죠. 과연 나에게는 잘 맞는 건지, 향후 나의 미래에도 꾸준히 이어 나갈 수 있는 건지, 실제 어떤 업무들을 하는지, 해외 사례는 어떠한지, 정말 많은 시간을 투자하여 찾아보고 고민했었죠. 찾다 보니 점점 테크니컬 라이터 매력에 빠질뿐더러 개발자의 경험을 바탕으로 새로운 기술에 대한 호기심도 많은 저에게는 정말 찰떡이었어요. 직무를 바꾸고 난 후, 교육 수강과 외부 활동을 하면서 테크니컬 라이팅을 위한 논의도 하고, 다른 회사들의 프로세스도 공유하면서 지금까지도 만족하며 계속 공부하고 있어요.

Q. 테크니컬 라이터로서 본인이 생각하는 목표와 방향성은 무엇인가요?

자사에서 훌륭하고 멋지게 만든 기술 서비스들을 테크니컬 라이터가 어떻게 표현하고 전달하느냐에 따라 비즈니스의 신뢰와 확장을 결정짓는 데 중요한 역할을 한다고 생각해요. 단순히 기술을 전달하거나 번역을 하는 것이 아닌 테크니컬 라이터만의 철학을 바탕으로 업무에 임해야 해요. 저도 테크니컬 라이팅의 철학을 가지고 더욱 발전하려고 계속 노력합니다. 카카오엔터프라이즈뿐만 아니라 국내 시장, 나아가 해외에서도 널리 알릴 수 있도록 많이 배우고 다양한 경험을 통해 성장하도록 노력하겠습니다.

지금까지 카카오엔터프라이즈의 테크니컬 라이팅 이야기를 들어주셔서 감사합니다. 더 많은 이야기가 궁금하다면 저희 홈페이지(https://tech. kakaoenterprise.com/)를 방문해 주세요.

AWS 머신러닝 테크니컬 라이터가 된 천체물리학 박사의 이야기_ AWS 미국 실리콘밸리 최미영

Q. 본인 소개와 함께 하시는 일에 대해 간단히 소개 부탁드립니다.

저는 2023년 2월 기준으로 약 3년간 AWS 실리콘밸리 지부에서 근무 중이며, 비즈니스 타이틀은 senior programmer writer – AI/ML입니다.

이 업무는 일반적인 기술 문서 작성에 코딩 지식이 필요하고, 개발자들의 코드 리뷰 및 피드백 제공, 샘플 코드 작성 및 테스트, 그리고 머신러닝 분야의 전문성이 요구되는 편입니다. 주로 Amazon SageMaker의 Model Training 파트의 영문 기술 문서를 퍼블리싱하는 것이 저의 역할이며, 특히 딥러닝 분야 컴퓨터 비전 모델이나 자연어 처리 모델과 같은 대규모 모델 훈련 작업에 필요한 디버깅, 리소스 프로파일링, 데이터 및 모델 분산 훈련, 컴파일링 기술 문서를 담당하고 있습니다.

Q. 테크니컬 라이터가 작성하는 다양한 기술 문서의 종류와 구성, 문서의 목적이 궁금합니다.

우선 AWS의 공식 기술 문서는 크게 두 가지로, 개념적 문서와 API 및 SDK 레퍼런스로 나뉩니다

개념 문서는 서비스의 다양한 기능을 튜토리얼처럼 사용법을 상세히 기술해 사용자들이 코드 샘플을 사용해서 필요한 부분만 코딩하도록 돕는 문서입니다.

API 및 SDK 레퍼런스는 소스 코드에 함께 들어가는 문서로, 다양한 프로그래밍 언어의 API operation, function, class 등의 모듈 기능과 파라미터 및 메소드 등을 간결하고 명확하게 기술하는 문서입니다. 그리고 오픈 소스 라이브러리 문서들이 있습니다. Amazon SageMaker의 경우에는 Amazon SageMaker Python SDK와 SageMaker에서 파생한 오픈 소스 라이브러리들의 문서가 있습니다. RST 형식 문서 스크립팅이나 Markdown 작성, 파이썬 주피터 노트북 테스트 및 리뷰 등이 있습니다.

또한 팀 안팎으로 / 팀을 넘나들며 원활하게 정보를 공유하기 위해 아마존 내부 문서를 정리하기도 합니다.

Q. 팀이 어떻게 구성되어 있고, 어떤 팀과 협업하는지 궁금합니다.

AWS에는 현재 Technical Content Experience라는 상위 부서가 있고, 이 분야에는 문서, 영상, 블로그, 그래픽 등의 콘텐츠 제작 팀들이 소속돼 있습니다. 여기서 세분화된 AWS AI/ML 문서 부서가 있고, AWS AI/ML 서비스별로 여러 팀들이 형성돼 있습니다. 저는 Amazon SageMaker service documentation 팀의 일원으로 활동하고 있습니다.

업무를 하며 알게 된 독특한 점은 각 프로그래머 라이터들이 할당된 서비스 팀과 직접 일하는 구조였습니다. 라이터는 각자의 자리로 흩어지고, 주로 프로덕트 매니저, 소프트웨어 개발 매니저, 소프트웨어 개발 엔지니어, 프론트엔드 엔지니어, 에디터로 구성되어 있습니다. 저의 경우에는 현재 고정적으로 5개의 SageMaker 서비스 팀과 일하고 있고, 라이터 간의 업무량 밸런싱에 따라 임시로 문서 프로젝트에 투입되어 일하기도 합니다.

엔지니어 팀들과 더욱 깊게 협업하게 되면 엔지니어들의 새로운 코드 리뷰(혹은 pull request라고 합니다.)에 초대돼 API 디자인 리뷰, UX

리뷰 및 UI 텍스트 작성, docstring 리뷰 및 작성, 로그 및 에러 메시지 리뷰 등을 하며 엔지니어링 마무리 과정에 기여하기도 합니다.

문서 팀에서는 동료들과 최종 퍼블리싱을 위한 동료 리뷰를 진행하고, 문서 웹사이트를 빌드하거나 엔지니어들의 코드 패키지에서부터 같이 빌드해야 하는 API 레퍼런스 업데이트를 위해 함께 디버깅하고 퍼블리싱합니다. 전체적인 문서를 가다듬고 발전시키는 것에 대해 논의하고 함께 작업하기도 합니다.

Q. 문서화 프로젝트를 진행하면서 가장 중요하게 생각하시는 것은 무엇인가요?

저는 항상 독자를 최우선으로 생각해요. 아마존에는 16가지의 Leadership Principle이 있지만, 그중 가장 중요한 것은 고객 우선주의를 지향하는 Customer Obsession입니다. 또한, 작성하는 문서가 어디에 속하며, 독자들에게 최대한 이해하기 쉬운 내용인지에 대한 통찰력을 기르는 것도 중요합니다. 이렇게 하면 독자 누구나 쉽게 이해할 수 있는 문서를 작성할 수 있습니다.

고객 중심의 문서를 작성하기 위해서는 테크니컬 라이터가 엔지니어 팀들과 함께 런칭을 준비하고, 데모 버전의 제품을 직접 사용하며 제품을 완전히 이해하는 것이 중요합니다. 이용자의 입장에서 새로운 제품이나 기능을 최대한 다각도로 바라볼 수 있어야 합니다. 테크니컬 라이터는 개발 중후반에 투입되어 기술 문서 및 UI 텍스트 등을 작성하고, 제품의 완성도를 높이는 데 기여합니다. 고객으로서 이 제품을 사용할 때, 어떤 방식으로 이 기능을 사용할 것인지, API 명명 방식이나 파라미터 이름들이 명료한지, UI의 경우 클릭하는 흐름이나 팝업 윈도우 등이 직관적인 위치에 있는지 등을 고려해야 합니다. 이러한 탐구적인 자세가 중요하죠.

Q. 테크니컬 라이팅에 꼭 필요한 점과 지켜야 하는 점은 무엇이라고 생각하시나요?

개인적으로 테크니컬 라이팅에 필요한 것을 아마존의 Leadership principles 중에 고르자면, 항상 새로운 것을 문서화해야 하므로 끊임없이 배우는 자세 'Learn and be curious', 엔지니어와 프로덕트 매니저들을 대신하여 대중에게 제품을 설명한다는 책임감 'Ownership', 그리고 언제나 독자를 우선해 제품 사용에 진입장벽을 낮춰 'Customer obsession'를 추구하는 자세가 필요하다고 생각합니다.

이외에도 꼭 지켜야 하는 것은 객관성입니다. 가끔 프로덕트 매니저로부터 마케팅 목적으로 실제로 완전하지 않은 부분이나 앞으로 런칭할 기능들을 미리 언급해 달라는 요청을 받는 경우가 있습니다. 이러한 요청은 결코 절충할 수 없는 부분임을 확실히 해야 하고, 강경하게 거절할 수 있는 커뮤니케이션 능력이 필요합니다. 만약 타협하는 경우, 이용자들의 매서운 비판과 문서화된 제품에 대한 비판의 대상이 될 수 있습니다. 극단적인 경우, 미출시 기능을 섣불리 공개해 회사 내규를 위반하는 것이 될 수도 있습니다. 이를 방지하고 현명하게 대처하는 방법은 자신이 문서화해야 할 제품에 대해 완전한 이해를 하는 것입니다. 테크니컬 라이터로서 확실히 제품의 기능을 모두 둘러보고, 보이는 것뿐만 아니라 백엔드에서 무엇이 돌아가는지까지 파악하고 있어야 이런 문제들을 예방할 수 있습니다.

Q. 처음부터 테크니컬 라이터를 꿈꾸셨나요? 어떻게 이 일을 시작하셨나요?

저는 어릴 때부터 천체물리학의 꿈을 키워왔습니다. 미국으로 유학 와서 the University of Texas at Dallas에서 물리학 박사학위를 취득했습니다. 그리고 여느 졸업생들처럼 일자리를 애타게 찾고 수백 통의 이력서를 쓰면서 아마존의 ML 엔지니어 및 ML 사이언티스트 등의 자리에 지원했었죠. 그러다 AWS에 프로그래머 라이터라는 직종을 알게 됐습니다. 테크니컬 라이팅에 대한 것은 알고 있었지만, 저는 한국어가 모국어이고 영어는 원어민에 견줄 수 없기 때문에 사실 고려해 볼 생각도 못 해본 포지션이었어요. 그런데 정말 운이 좋게도 인터뷰가 잘 진행됐고, 현재의 포지션에서 Amazon SageMaker 팀들과 일하고 있습니다. 막상 일을 해보니 언어 능력만이 전부가 아니고 다방면의 능력이 있어야 하는 꽤 하이브리드적인 일이라 굉장히 만족하면서 즐겁게 일하고 있습니다.

Q. 테크니컬 라이터로서 본인이 생각하는 목표와 방향성은 무엇인가요?

저의 아이덴티티는 테크니컬 라이터에 한정돼있지 않습니다. 저는 AWS에서 일하기 시작한 후로 물리학에서 컴퓨터 사이언스 분야로 어떻게 전환하게 됐는가 하는 질문을 종종 받았습니다. 저는 항상 "나는 전환을 한 적이 없다"라고 대답해요.

천체물리학을 포함한 순수과학은 엄청난 컴퓨팅 지식을 요구해요. 연구 데이터가 방대해질수록 슈퍼컴퓨터, 프로그래밍 언어, 수학적 지식, 그리고 통계 라이브러리 등 사용에 능통해야 합니다. 머신러닝 알고리즘을 다루고 클라우드 컴퓨팅 리소스를 사용하는 것 또한 그 작업과 다르지 않습니다. 간단하게 말하면 학문적 용도인지 비즈니스적 용도인지의 차이일 뿐이라고 생각해요. 컴퓨팅 기술이 발전하면서 학문적으로도 비즈니스적으로도 항상 새로운 컴퓨팅 기술은 모든 가능한 곳에 접목돼왔습니다.

그렇기 때문에 저는 계속해서 우주에 관련된 일을 하고자 하는 꿈을 이어가고 있고, 현재 맡은 직책의 역할을 수행하며 저만의 과정을 만들어 가는 중입니다. 아니면 돈을 아주 많이 벌어서 우주여행을 일생에 한 번쯤 해 볼 만한 돈을 모으는 방식으로 꿈을 이룰 수도 있지 않을까 생각해보기도 합니다.

현재 저는 아마존 AI 엔지니어들의 AI 및 머신러닝 개발과정들을 가까이서 보좌하며 최신기술 등 많은 것들을 배우고, 현재와 미래에 어떻게 이 기술들이 접목될지 생각해보기도 합니다. 그리고 프로그래머 라이터로서 많은 사람이 이해하기 쉽도록 기술 문서를 작성함으로써 AI 분야의 발전, 궁극적으로는 과학과 기술의 발전에 기여하고 있다고 여기고 있습니다.

Q. 테크니컬 라이터를 꿈꾸는 분들에게 하고 싶은 이야기를 해주세요.

저는 어릴 때부터 천문학을 향한 꿈이 확고했기에, 꿈을 찾지 못한 분들의 고충에 대해 나름 고찰해보곤 했습니다. 제가 최근 몇 년간 얻어낸 학위와 타이틀을 빼고 저의 어릴 때의 꿈만 본다면 웬만해서는 터무니없다고 생각할 만한 꿈이죠. 혹시 꿈을 찾지 못했다는 것은, 꿈이 있는데도 스스로 꿈이 터무니없다고 생각하고 외면하기 때문인 것은 아닐까 하는 생각을 조심스럽게 해봅니다. 저는 우주를 향한 꿈을 인생의 원동력이자 구심점으로 삼아왔습니다. 현실적으로는 아르바이트를 하며 시행착오를 겪는다던가 학업 도중 다른 시도를 해보기 위해 샛길로 빠진다던가 직업을 찾아 헤매는 과정에 예상 밖의 직책을 맡기도 했습니다. 결론적으로 지금은 모든 경험과 시간이 모여 한곳으로 수렴하는 경험을 하고 있습니다.

저의 경우를 참고해서 이 글을 읽어주시는 분들께서 테크니컬 라이터라는 직업을 자신의 아이덴티티를 완성해가는 과정 혹은 목적으로 삼고, 자신의 길을 개척하시는 데에 조금이라도 동기부여가 될 수 있다면 감사할 것 같습니다.

Q. 본인 소개와 함께 하시는 일에 대해 간단히 소개 부탁드립니다.

안녕하세요. 저는 LINE Plus 전정은입니다. 저는 외부 개발자들이 LINE의 플랫폼을 이용해서 서비스를 개발할 때 참고할 문서를 만듭니다. 담당 개발자 또는 기획자가 쓴 초안을 바탕으로 전체 문서를 구성하고 빠진 내용을 보충해요. 그리고 외관과 배포 방법도 정해요. 예제 코드와 설명이 함께 있는 페이지는 어떻게 구성할지, 어떤 도구를 써서 배포할지를 생각하죠. 그래서 저는 스스로를 도큐먼트 엔지니어라고 부릅니다. 문서라는 제품 전체를 담당하는 기술자니까요.

Q. 테크니컬 라이터가 작성하는 다양한 기술 문서의 종류와 구성, 문서의 목적이 궁금합니다.

동료들이 하는 걸 보면 저희가 다루는 문서는 꽤 종류가 많아요. 하지만 제가 다루는 문서는 크게 둘로 나눌 수 있어요.

하나는 우리 제품을 사용할 사람들에게 사용법을 알려주는 건데요, 흔히 '개발자 사이트'라고 부르는 웹사이트에 공개하는 기술 문서죠. 사용자는 보통 그 문서를 보고 작업하다가 원하는 것을 찾지 못하면 기술 지원을 요청하게 됩니다. 만약 필요한 것이 모두 명확하게 문서에 담겨 있다면 그런 요청이 줄어들겠죠. 혹은 문서를 보지 않고 질문하는 사용자에게 구구절절 설명하는 대신 문서 링크를 공유할 수도 있어요. 즉 이런 기술 문서는 기술 지원 팀의 업무 부담을 줄이고 사용자와 원활하게 소통하는 도구가 됩니다.

다른 하나는 우리 제품을 알리는 문서입니다. 주로 사업 파트너에게 보여주는 소개서인데, 기술적인 장점과 특징, 간략한 개발 또는 사용 절차를 적죠. 파트너 한정 PDF로 제공하는 게 보통이지만, 불특정 다수에게 기술을 소개하기 위해 웹에 공개하기도 해요. 이런 문서는 본격적인 기술 문서를 제공하기 전에 파트너를 끌어들이는 용도예요. 기술을 자랑하려는 목적도 있고요.

Q. 문서화 프로젝트를 진행하면서 가장 중요하게 생각하시는 것은 무엇인가요?

관련된 사람들이 무엇을 원하는지를 가장 중요하게 봐요. 글을 맡기는 초안 작성자, PM, 독자의 생각이요. 문서화 프로젝트를 시작할 때 작성이나 배포 프로세스를 정하는데요, 이때부터 관련자들이 선호하는 걸 고려해요. 일례로, 초안 작성자가 테크니컬 라이팅에 흔히 쓰는 마크다운 문법에 익숙하지 않다면, 굳이 마크다운으로 쓰라고 강요하지 않아요. 초안 쓰는 사람이 편하게 쓸 수 있어야 올바르고 자세한 글이 나오잖아요. 그리고, MS Word로 초안을 쓰더라도 독자를 생각해서 출력물은 PDF나 웹으로 내보내자고 권해요. 중간에서 다듬는 제가 품을 많이 들이더라도 MS Word를 설치하지 않은 독자가 쉽게 읽을 수 있어야 하니까요.

Q. 테크니컬 라이팅에 꼭 필요한 점과 지켜야 하는 점은 무엇이라고 생각하시나요?

정확하고 읽기 편한 글을 쓰는 거죠. 테크니컬 라이팅의 본질적인 목표는 복잡하고 어려운 것을 쉽게 기술하는 것이거든요. 복잡하고 어려운 것을 설명할 땐 정확해야 하고, 또 그걸 쉽게 기술하려면 읽기 편해야 하잖아요. 그 목적을 이룰 수 있다면 그 밖의 것은 전부 수단에 불과하다고 생각해요. 영어를 쓸 때 대문자로 시작할 것인가 말 것인가, '유저'라고 쓸 것인가 '사용자'라고 쓸 것인가 하는 건 수단이지 목적은 아니라는 거죠. 테크니컬 라이팅을 할 땐 목적을 염두에 두고 수단을 선택하는 마음가짐이 꼭 필요해요.

Q. 처음부터 테크니컬 라이터를 꿈꾸셨나요? 어떻게 이 일을 시작하셨나요?

어렸을 적 제 꿈은 소설가였을 만큼 글쓰기를 참 좋아했어요. 그러다가 컴퓨터의 매력에 빠져 개발자가 됐지만요. 개발자로서 살아 보니, 어떤 곳은 개발 문서가 아예 없고 어떤 곳은 있기 한데 오래된 내용이라 참고할 수준이 아니었어요. 그런 걸 보다 보니, 글 쓰는 것도 좋아하고 개발도 배운 나라면 개발 문서를 잘 쓸 수 있을 것 같았죠. 그런데 아이러니하게도 정작 개발자로서 제가 개발한 길 문서화하는 건 참 힘들었어요. 설계 단계에서는 열정적인 마음으로 설계서를 쓰지만, 개발에 착수한 다음엔 자꾸만 바뀌는 내용을 일일이 설계서에 반영하기엔 시간도 없고 정신도 없더라고요. 개발 마무리할 즈음엔 너무 달라진 내용에 손댈 엄두가 안 나고, 그러다 보면 또 다른 일이 밀려와요. 그래서 문서를 쓰는 일은 개발자가 할 게 아니라 전문 담당자가 있어야 한다고 생각했어요. 과연 그런 직무가 있을까 싶었지만 있더군요. 그게 테크니컬 라이터였고, 그래서 직무를 바꿨어요.

Q. 테크니컬 라이터로서 본인이 생각하는 목표와 방향성은 무엇인가요?

저는 끊임없이 새로워지는 테크니컬 라이터가 되고 싶어요. 우리나라 IT 분야 테크니컬 라이터 중에서 저는 2세대쯤 돼요. 1세대가 소프트웨어 매뉴얼 세대라면, 2세대는 플랫폼 시대에 태어난 개발자 사이트 세대죠. 2세대는 Google과 Apple의 문서를 참고하면서 일해왔어요. 잘 모르면 그네들은 어떻게 쓰는지, 어떻게 일하는지 찾아봤죠. 하지만 지금은 많이 달라졌어요. 수많은 플랫폼 회사가 생겨났고 곳곳에서 새로운 문서가 생겨나요. 독보적인 기술 문서가 없다는 것은 참고할 게 너무 많다는 뜻이기도 하지만, 그만큼 새로운 시도가 있을 수 있다는 뜻이기도 해요. 덕분에 우리나라 3세대 테크니컬 라이터는 훨씬 다양한 기업의 문서를 참고할 기회가 생겼어요. 일자리가 늘면서 전공도 다양하고 생각도 다양한 분들이 뛰어들고 있고요. 저도 그 다양함을 받아들여, 기존 방식에 얽매이지 않고 새로운 테크니컬 라이팅을 시도해보고 싶어요.

Q. 앞으로 생겨날 다음 세대의 테크니컬 라이터를 위해 현재 기대하거나 꿈꾸는 테크니컬 라이터의 업무 환경이 있으신가요?

제가 하는 일은 테크니컬 라이팅이라기보다는 '문서화'라고 생각해요. 아마 많은 테크니컬 라이터가 실제로 '문서화'를 하고 있는데, 이름에 갇혀서 그 역할을 과소 평가받고 있을 거예요. 문서도 '제품'이에요. 웹 문서가 흔해졌고 웹 기술이 발전하면서 '문서화'에는 글쓰기 말고도 고려할 것이 많아졌어요. 어떤 작성 도구를 쓸 것인가, 어떻게 렌더링할 것인가, 독자가 잘 활용하게 하려면 콘텐츠를 어떻게 배치해야 하는가 등등이요. 다양한 분야의 전문가가 필요한데 그걸 가장 잘한 곳이 Stripe 죠. 그곳은 사이트 개발, 콘텐츠 전략, 테크니컬 라이팅으로 구성된 팀이 문서를 담당한다고 해요. 문서 자체를 별개 제품으로 여기니까 가능한 구조겠죠? LINE의 문서 팀은 규모가 큰 편이지만, 아무래도 인력 구조상 Stripe만큼 문서 제품화에 많이 투자하진 못하죠. 우리나라에도 문서가 중요하다는 인식이 좀 더 퍼지면, 앞으로는 여러 전문가가 함께 모여 제품을 만들듯이 문서를 만들게 되겠죠? 저는 그런 날이 오기를 기다립니다.

Q. 본인 소개와 함께 하시는 일에 대해 간단히 소개 부탁드립니다.

안녕하세요, 저는 임근희라고 합니다. 그동안 여러 회사에서 엔지니어 및 테크니컬/UX 라이터로 일해 왔고, 현재는 쿠팡에서 기술 문서 작성 업무를 맡고 있습니다.

Q. 테크니컬 라이터가 작성하는 다양한 기술 문서의 종류와 구성, 문서의 목적이 궁금합니다.

보통 산업군과 제품/서비스의 대상 고객 유형에 따라 필요한 기술 문서의 종류와 구성, 문서의 목적이 다르다고 생각합니다. 큰 틀에서 보자면, 기업은 웹사이트를 통해 Getting Started, Conceptual, Procedual, API/SDK Reference, Glossary, Troubleshooting 등 다양한 문서를 제공하여 고객에게 제품 및 서비스를 소개합니다. 문서 종류에 따라 고객의 제품 이해도와 개발/사용 환경 등에 따라 내용이 작성되며, 웹 사이트를 잘 구조화하여 고객이 필요한 문서를 쉽게 찾을 수 있도록 합니다.

또한, 회사의 기술 관련 성취 및 문화를 외부에 알리기 위해 엔지니어링 블로그를 운영합니다. 어떻게 기술 관련 제품과 서비스를 만들어냈고, 제품과 서비스의 어떤 부분에서 다른 회사보다 더 나은 기술적 성취가 있는지, 이런 성취를 가능하게 만든 회사의 고유한 문화는 어떤 것인지 알립니다. 이러한 정보는 채용 및 홍보 팀에서도 활용합니다.

회사 내부의 커뮤니케이션을 위해 지식 베이스(Knowledge Base) 서비스를 운영하기도 합니다. 회사 내의 각종 기술 관련 정보들을 모아 용어집(Glossary)와 같은 서비스로 내부 구성원들에게 공유합니다.

Q. 팀이 어떻게 구성되어 있고, 어떤 팀과 협업하는지 궁금합니다.

팀은 기본적으로 테크 콘텐츠를 기획하는 기획자와 테크 콘텐츠를 작성하는 테크니컬 라이터로 구성됩니다. 필요에 따라 프로덕트 매니저, 엔지니어와 한 팀을 이루어 콘텐츠를 서비스할 사이트를 만들기도 합니다.

주로 엔지니어들과 협업을 진행합니다. 엔지니어와 함께 오리지널 콘텐츠를 만들고, 콘텐츠 목적에 맞춰 팀 내에서 해당 콘텐츠를 디벨롭(develop)합니다. 그리고 콘텐츠를 외부에 퍼블리싱하거나 내부에 공유하면 이때 법무 팀, 보안 팀, 채용 팀, 내외부 커뮤니케이션 팀 등과 함께 협업해 콘텐츠를 미리 검증하고 퍼블리싱 및 공유 일정을 결정합니다.

Q. 문서화 프로젝트를 진행하면서 가장 중요하게 생각하시는 것은 무엇인가요?

이 문서를 필요로 하는 사용자를 우선적으로 고려합니다. 문서가 제공하는 정보와 해당 정보의 정확성/완결성/연결성이 어떤 사용자에게 왜 중요한지를 파악한 후, 이를 기반으로 정보 구조를 조사하고 어떻게 서비스할지 계획합니다. 이를 통해 사용자들이 문서를 읽고 피드백을 제공하면, 저희는 그 피드백을 기반으로 더 나은 문서를 제공하고자 합니다.

Q. 테크니컬 라이팅에 꼭 필요한 점과 지켜야 하는 점은 무엇이라고 생각하시나요?

기본적으로 글을 잘 쓰는 것에 대한 욕심이 필요하다고 생각합니다. 자신이 잘 아는 분야든 모르는 분야든 글 혹은 이미지로 어느 수준 이상을 표현해내는 것은 쉽지 않은 일입니다. 글을 잘 쓰는 방법을 누군가에게 배운다는 것은 불가능하다고 생각합니다. 본인 스스로가 글을 잘 쓰는 것에 대한 욕심이 없다면 더 이상 발전할 수 없을 겁니다.

테크니컬 라이팅뿐만 아니라 다른 글쓰기에서도 반드시 지켜야 하는 것은 오타와 띄어쓰기 같은 기본적인 부분을 잘 다듬는 것이 중요하다고 생각합니다. 글의 좋고 나쁨은 주관적인 요소가 크게 작용하지만, 오타와 띄어쓰기, 부적절한 단어 선택 등의 기본적인 요소를 잘못 사용하면 그것은 나쁜 글로 인식됩니다. 이러한 기본적인 부분이 제대로 지켜지도록 스스로 쓴 글을 퇴고하고 검토하는 습관을 길러야 합니다.

Q. 처음부터 테크니컬 라이터를 꿈꾸셨나요? 어떻게 이 일을 시작하셨나요?

저는 우연한 계기로 테크니컬 라이팅을 시작하였습니다. 엔지니어로서 프로젝트에 참여했었지만, 제품 관련 기술 문서를 쓸 사람이 없어 어쩌다 1년만 하기로 한 일이 지금까지 이어지고 있습니다. 그러다 보니 제가 테크니컬 라이터로 불리는 것이 여전히 부담스럽긴 합니다. ^^

하지만 기왕 시작한 거 제대로 해보기 위해 노력하다 보니 조금씩 실력이 좋아졌고, 운도 닿아 좋은 동료들과 함께 좋은 결과물을 만들어낼 수 있었습니다.

Q. 테크니컬 라이터로서 본인이 생각하는 목표와 방향성은 무엇인가요?

요즘은 테크 제품 및 서비스와 관련해 고객과 소통하는 채널과 방식이 점차 다양해지고 고도화되고 있습니다. 회사 내부에서도 서로 다른 전문성을 가진 구성원들끼리 소통하며 발전하고 있습니다. 이러한 변화에 발맞춰 요구되는 테크 콘텐츠가 무엇인지 최대한 정확히 정의하고 개발해내는 것이 저의 목표와 방향성이라고 할 수 있습니다.

Q. 테크니컬 라이터로서 하고 싶은 말이 있다면 말해 주세요.

아직까지 한국에는 다른 IT 직군에 비해 테크니컬 라이터가 많지 않습니다. 여전히 전문성을 인정하는 IT 회사가 많지 않고, 통번역사를 아웃소싱으로 채용해 단기간의 프로젝트로 기술 문서화 작업을 수행하는 IT 회사가 많습니다. 이런 상황에서 『Docs for Developers 기술 문서 작성 완벽 가이드』 같은 책이 출간된다고 하니 기쁩니다.

이 책이 많은 IT 업계 종사자분들이 갖고 있는 기술 문서, 테크니컬 라이팅과 테크니컬 라이터 모두에 대한 인식을 바꿀 수 있는 계기가 되길 바랍니다.

직업으로서의 테크니컬 라이터_ NHN Cloud 박선영

Q. 본인 소개와 함께 하시는 일에 대해 간단히 소개 부탁드립니다.

안녕하세요, NHN Cloud에서 국문 테크니컬 라이터로 근무하고 있는 박선영입니다. NHN Cloud 테크니컬 라이터는 현재 크게 세 가지 업무를 진행하고 있습니다.

• 기술 문서 작성 및 검수

서비스 가이드, 릴리스 노트, 백서와 같은 일체의 기술 문서와 콘솔에 표시되는 용어 및 메시지를 검수하고 번역합니다. 스타일 가이드와 사용성을 고려하여 기술적인 내용을 사용자가 이해하기 쉬운 문장으로 작성하는 업무입니다. 또한 다양한 기술 콘텐츠를 직접 작성하기도 합니다.

• 문서 스타일 가이드 및 용어집 업데이트

스타일 가이드와 용어집은 완결된 문서가 아니라 지속적으로 내용을 추가하고, 개선해 나가야 하는 자료입니다. 그래서 저희는 매월 문서 작성 및 검수 작업에서 발생하는 내용들을 수집하고, 월말에 함께 논의하여 정리한 뒤 스타일 가이드와 용어집에 업데이트하는 작업을 지속하고 있습니다. 그리고 기술 문서뿐만 아니라 고객에게 배포되는 모든 문서에서 NHN Cloud의 일관된 목소리를 제공할 수 있도록 스타일 가이드 활용을 독려하는 사내 캠페인을 진행하고 있습니다.

• 기술 블로그 운영 및 관리

NHN Cloud는 내부뿐만 아니라 외부 개발자들과 기술, 시행착오, 노하우를 함께 공유하며 성장하는 문화를 지향합니다. 이에 따라 개발자 커뮤니티를 활성화하기 위해 기술 블로그 운영 등과 같은 다양한 활동을 진행합니다. 현업에서의 다양한 지식과 경험을 가진 개발자들이 공유해주는 유익한 기술 콘텐츠를 발굴하여 사용자가 이해하기 쉬운 언어로 리라이팅하고, 시각 자료를 구성하고, 배포하는 작업을 진행합니다.

Q. 테크니컬 라이터가 작성하는 다양한 기술 문서의 종류와 구성, 문서의 목적이 궁금합니다.

테크니컬 라이터가 작성하는 기술 문서는 목적에 따라 나눌 수 있습니다. 크게 제품 설치 또는 사용 가이드, 제품 버전별 변경점을 안내하는 릴리스 노트, 제품 또는 기술에 대한 이해를 돕는 용어집이나 백서 등이 있습니다.

먼저 가이드의 종류나 형태는 업종이나 회사마다 다르기도 합니다. 예를 들어 하드웨어 완제품을 판매하는 제조업 회사에서는 제품 패키지에 포함되는 실물 가이드부터 온라인으로 제공되는 최종 사용자를 위한 가이드, 설치 담당자를 위한 가이드, 제품 관리자를 위한 가이드 등이 있을 수 있고, 소프트웨어를 제공하는 회사에서는 튜토리얼 형태의 가이드, 개발자를 위한 API나 SDK 가이드 등이 있을 수 있습니다.

릴리스 노트는 제품의 신규 버전이 출시될 때 이전 버전 대비 추가된 기능, 개선된 내용, 수정된 버그에 대해 안내하는 문서입니다. 사용자로 하여금 제품을 해당 버전으로 업그레이드할 것인지를 판단하는 데 도움을 주는 자료인 동시에 어떤 기능이 추가되거나, 버그가 해결되길 원하는 고객들이 가장 먼저 확인하는 문서이므로 매우 중요합니다.

용어집은 제품이나 문서에서 사용하는 용어에 대해 정의해 둔 문서입니다. IT 분야는 새로운 용어가 빠르게 생겨나고, 어려운 기술 용어들이 많기 때문에 용어집에서 해당 용어의 의미는 무엇이고, 우리 제품에서 어떻게 사용되는지 설명합니다. 이 밖에 백서는 특정 주제에 대해 조사하거나 연구한 내용을 정리한 자료로, 제품 사용보다는 기술에 대한 이해를 돕기 위해 제공합니다.

Q. 팀이 어떻게 구성되어 있고, 어떤 팀과 협업하는지 궁금합니다.

NHN Cloud의 테크니컬 라이터는 기술 중심으로 테크니컬 라이터와 마케터가 함께 일하는 '테크니컬커뮤니케이션실'에 소속되어 있습니다. 테크니컬커뮤니케이션실에서는 회사 기술과 서비스를 다양한 채널과 방법으로 외부에 알리고, 개발자 커뮤니티를 활성화하기 위한 일련의 활동을 함께 진행합니다.

NHN Cloud 테크니컬 라이터는 주로 개발 및 기획 조직과 협업하며 매월 배포되는 서비스의 가이드와 릴리스 노트, 서비스 소개 페이지에 게재할 콘텐츠를 검수하거나 번역하는 업무를 진행합니다. 내부 문서 스타일 가이드를 기반으로 개발 및 기획 담당자가 작성한 초안을 검수하며, 새로이 발생하는 용어를 함께 고민하고 검토합니다. 특히 기술이나 개발 용어에 대해 아무래도 저희는 문법적 또는 일반 사용자의 관점에서 생각하게 되다 보니, 개발자의 시각을 참고하기 위해 개발자에게 많은 질문을 하고 있습니다. 이 밖에 사용자의 이해를 돕기 위해 제공할 시각 자료도 협업 부서에서 의뢰를 하면 테크니컬 라이터들이 가독성과 사용성, 브랜딩을 고려해 제작하여 전달하고 있습니다.

Q. 문서화 프로젝트를 진행하면서 가장 중요하게 생각하시는 것은 무엇인가요?

사용자가 해당 문서를 보는 목적과 상황을 고려합니다. 가이드를 포함한 대부분의 기술 문서는 문학 작품과 같이 처음부터 끝까지 정독하는 글이 아닙니다. 문서의 양이 아무리 방대하더라도 사용자는 자신에게 필요한 정보만 찾아 문제를 해결할 수 있으면 됩니다. 이와 같은 기술 문서의 성격을 고려한다면 가장 중요한 것은 구조와 명확성이라고 생각합니다.

먼저 사용자가 원하는 정보를 쉽게 찾을 수 있도록 구조화해야 합니다. 사용자가 해당 문서의 기술 정보를 최대한 효과적으로 활용할 수 있도록 목차를 구성해야 하며, 해당 정보에 대해 더 알아볼 수 있도록 제공된 연관 정보로의 연결도 효율적으로 배치하는 것이 중요합니다.

또한 사용자가 문서를 보는 목적은 필요한 정보를 얻는 것이며, 유려한 문장을 감상하기 위한 것이 아니므로 해당 정보를 간결하고 명확하게 제공해야 합니다. 목차에서 필요한 부분을 찾아 해당 페이지로 이동했는데 내용이 명확하지 않거나 이해하기 어려운 문장으로 제공된다면 문서의 목적을 달성하지 못한 것이라고 생각합니다.

테크니컬 라이팅에 꼭 필요한 점과 지켜야 하는 점은 무엇이라고 생각하시나요?

반드시 필요한 점과 지켜야 하는 점 모두 스타일 가이드와 용어집을 관리하고 따르는 것이라고 생각합니다. 스타일 가이드는 회사에서 제공하는 모든 문서에서 공통된 목소리를 낼 수 있도록 용어 표기, 문장 표현과 같은 작법이나 문서의 형식 등을 규정한 가이드를 의미하며, 용어집은 각 용어의 의미와 용법을 정의한 문서입니다.

몇 년 전만 해도 한국에서는 가이드를 포함한 기술 문서를 제품 출시를 위해 필요한 부품 정도로 인식하는 경향이 있었는데요. 최근에는 문서를 하나의 제품으로 보는 시각이 많아지고 있습니다. 문서도 제품이라는 관점에서 본다면 일방적으로 정보만 제공하는 것에 그쳐서는 안 되며, 문서 역시 사용자 경험과 사용자와의 상호작용을 고려해 제작해야 합니다. 이때 스타일 가이드와 일관된 용어 사용은 다음과 같이 크게 두 가지 측면에서 중요한 역할을 합니다.

첫째, 스타일 가이드는 문서에 신뢰성을 부여합니다. 일관된 스타일이 반영된 문체와 구조, 시각 자료, 용어 사용은 사용자로 하여금 어떤 경로를 통해 문서에 접근했더라도 이 문서가 해당 회사의 공식 문서라는 것, 따라서 신뢰할 수 있는 정보라는 인식을 갖게 합니다.

둘째, 일관된 용어 사용은 사용자를 두 번 생각하게 하지 않습니다. 예를 들어 앞에서 '디바이스'라고 지칭했던 대상을 뒤에서는 '장치' '기기' 또는 '제품' 등으로 일관되지 않게 사용한다면 사용자는 이것이 같은 대상을 의미하는지 단번에 알아채기 어려울 것입니다. 한번 더 생각하거나 문맥을 파악하면 알아챌 수 있겠지만 좋은 사용자 경험을 제공하려면 사용자의 인지 시간을 0.1초라도 줄여 줄 수 있어야 합니다.

저는 아주 어렸을 때부터 글쓰기를 좋아했어요. 마치 여러 개의 레고 블록으로 고양이를 만든 뒤 분해해서 나무를 만들고, 다시 분해해서 비행기를 만드는 것처럼 제가 아는 단어들을 조합해서 문장을 만들고, 그 문장을 쪼개어 다른 문장을 만들며 좋은 문장을 찾는 것이 저의 놀이였죠. 그게 좋아서 어렸을 때부터 막연하게 글을 쓰는 일을 하고 싶다는 생각을 했던 것 같아요.

하지만 제가 잘하거나 좋아하는 글쓰기는 문학적 상상력을 발휘하거나 사람들의 마음 깊숙한 곳에 남을 감성적인 문장을 만드는 것이 아니었어요. 제가 좋아하는 것은 그저 '쉬운 글쓰기'였어요. 대학교 졸업할 때쯤에는 쉬운 문장, 쉬운 글을 잘 쓰는 것은 더 이상 강점이 될 수 없을 것 같아 진로에 대한 고민이 깊었습니다. 또한 같은 과 동기 중에 전공을 살려 취업한 사람이 없었기 때문에 저도 '컴활'이나 '토익'과 같은 취업을 위한 자격을 갖추려 노력하기도 했습니다. 하지만 그 시기에도 글쓰기는 손에서 놓지 않았고, 매일 구인·구직 포털에서 '글쓰기' 'writing' '문서' '문장' '작성' '한글'과 같은 키워드로 직무를 검색했어요. 그때 세상에 테크니컬 라이터라는 직업이 있다는 것을 처음 알게 되었습니다.

그길로 테크니컬 라이터가 하는 일이나 갖춰야 할 능력 등을 공부해 나갔고, 테크니컬 라이터를 모집하는 모든 회사에 지원했어요. 그리고 저의 첫 직장이 된 회사에 면접을 보러 갔는데, 마치 개발자들이 라이브 코딩 테스트를 보듯이 그 자리에서 글쓰기를 시키더라고요. 글쓰기 테스트 문제를 보며 테크니컬 라이터가 어떤 일을 하는 사람인지 직감할 수 있었죠. 저는 이 일이 제가 좋아할 수밖에 없는 길이라고 확신했습니다.

Q. 테크니컬 라이터로서 본인이 생각하는 목표와 방향성은 무엇인가요?

몇 해 전 새뮤얼 아브스만의 『지식의 반감기』(책읽는수요일, 2014)라는 책을 읽었는데요. 저자는 새로운 지식과 기술이 나오면서 기존의 지식이 절반 정도로 쓸모없어지는 데 걸리는 기간을 '지식의 반감기'라고 정의합니다. 새로운 지식과 기술은 기존의 것을 부정하는 데서 시작하기 때문에 새로운 지식과 기술이 나오는 것은 기존의 지식과 기술이 효용을 다하거나 쓸모없어진다는 것입니다. 이 지식의 반감기는 분야마다 차이가 있지만, IT 분야는 다른 분야에 비해 지식의 유통기한이 매우 짧습니다. 그렇기 때문에 흔히 '개발자는 평생 동안 공부해야 하는 직업'이라고 말합니다.

테크니컬 라이터는 개발자와 소통하며, 개발자가 만든 것에 대해 주로 개발자를 타깃으로 글을 씁니다. 다시 말해 테크니컬 라이터의 글감은 바로 이 개발자가 공부하는 새로운 지식과 기술입니다. 따라서 테크니컬 라이터 역시 평생 공부해야 하는 직업입니다.

저는 지금도 사이버대학교의 소프트웨어공학과에 진학하여 업무와 학업을 병행하고, 제가 몸담은 회사의 기술과 서비스에 관한 공부를 지속하고 있습니다. 개발자, 기획자와 소통할 때도 제가 아는 만큼 이해할 수 있고, 제가 쓰는 기술 문서 역시 제가 아는 만큼 깊어질 수 있다고 생각합니다. 빠르게 발전해 나가는 지식과 기술에 발맞춰 평생 공부하는 테크니컬 라이터가 되는 것이 저의 목표입니다.

Q. 테크니컬 라이터로서 자부심과 뿌듯함을 느끼는 순간이 있을까요?

감사하게도 함께 일하는 동료로부터 '테크니컬 라이터이신데 이런 것까지 하시나요?' '이런 부분까지 신경 써주시네요. 훨씬 좋네요.'와 같은 말을 들을 때가 있습니다. 주로 글로만 되어 있는 문서 초안을 리라이팅할 때 시각 자료를 제작해 문서에 추가할 것을 제안하면 놀라시며 하시는 말씀인데요. 사실 복잡하고 어려운 내용에 대한 이해를 돕기 위한 시각 자료를 제작하는 테크니컬 일러스트레이션은 넓게 보면 테크니컬 라이팅 범주에 속해 있는 작업입니다.

무언가를 조립하거나 설치하는 방법, 네트워크 구성이나 플로우, 계층 등을 설명할 때는 확실히 글보다 그림이 더욱 효과적이기도 하고, 또 최근에는 사람들이 정보를 접할 때 글보다는 그림이나 영상, 음성과 같은 멀티미디어를 선호하는 경향도 있습니다.

그래서 테크니컬 라이터로서 어떻게 하면 사용자에게 편리한 방식으로, 이해하기 쉽게 정보를 전달할 수 있을지 많이 고민하는데요. '테크니컬 라이터이신데 이런 것까지 하시나요?'라는 질문은 저의 그런 고민과 노력을 당연하게 여기지 않으시고, 알아봐 주시는 것 같아 이런 순간에 뿌듯함을 많이 느낍니다.

LINE에서 테크니컬 라이터가 하는 일_ LINE Plus 이인실

Q. 본인 소개와 함께 하시는 일에 대해 간단히 소개 부탁
드립니다.

안녕하세요, LINE Plus 테크니컬 라이팅 팀에서 리더 역할을 맡고 있는 이인실입니다. 저희 팀에서는 오픈 소스나 서드파티에 제공하는 플랫폼의 개발 가이드 문서를 만드는 일을 주로 합니다.

문서화 계획, 작성, 다국어 작업, 그 과정에 필요한 엔지니어링 작업, 사이트에 문서를 배포해서 운영하기까지 문서화에 관련된 전반적인 업무

를 수행합니다. 개발 가이드뿐만 아니라 사내 정책 문서인 거버넌스 문서화, 엔지니어링 블로그 작업, 글쓰기 교육, 문서 구조화 컨설팅, 개발 문서의 템플릿 작업, 사내 용어 시스템 작성과 관리 등 다양한 업무를 하고 있습니다.

Q. 테크니컬 라이터가 작성하는 다양한 기술 문서의 종류와 구성, 문서의 목적이 궁금합니다.

저희가 만드는 문서는 주로 개발 가이드라고 말씀드렸는데요. 개발 가이드도 Getting started 가이드, 개발자 가이드, API 레퍼런스, 운영 가이드, 튜토리얼 가이드, 백서, FAQ 등 다양한 문서 작업을 합니다. 문서마다 구성이 다르며 개요, 용어 정리, 설정 과정, API 사용 방법, 예제 따라 만들기, 다양한 질문과 대답 등을 성격에 맞게 구성합니다.

개발 가이드는 LINE과 계약한 서드파티 개발자를 대상으로 만드는 문서로, SDK를 잘 사용하도록 돕는 것이 목적입니다. 엔지니어링 블로그는 LINE의 기술을 널리 알리기 위한 목적으로 운영 중이며, 한국어, 영어, 일본어, 대만어, 베트남어, 태국어 등 여러 언어로 만들어서 한국뿐만 아니라 여러 나라의 개발자들이 참고하고 있습니다.

저희가 만든 것 중에 LINE Words라는 용어 시스템이 있습니다. LINE에서 사용하는 용어 위주로 사내 소통을 목적으로 만든 용어 사전인데요. 개발자와 디자이너, 기획자, 인사 부서 등 LINE에서 일하는 사람들의 소통을 원활하게 하기 위해 만든 것으로, 용어 작성부터 시스템에 배포 및 운영까지 저희가 직접 담당하고 있습니다.

Q. LINE Words 시스템처럼 테크니컬 라이팅 업무에서 문서 작성 이외에 주도적으로 이끌거나 결과물을 만들어 내야 하는 업무들이 있을까요?

Technical Writing Day라는 것을 진행했었는데요. LINE 사내에서 하루 동안 개발 가이드, 블로그 글쓰기, PlantUML 사용하는 방법 소개, 소스 코드 주석이나 영문으로 글을 쓸 때 주의해야 할 부분 소개 등 문서화에 관련된 여러 세션을 준비해서 컨퍼런스를 했습니다. 한국뿐만 아니라 일본, 대만, 태국에서도 진행했었습니다. 코로나19 이전에는 오프라인으로 진행했지만, 앞으로는 온라인으로 진행할 계획입니다.

Q. 팀이 어떻게 구성되어 있고, 어떤 팀과 협업하는지 궁금합니다.

저희 팀은 플랫폼마다 한두 명씩 담당해서 개발 가이드 문서들을 만듭니다. 그러다 보니 해당 플랫폼의 개발 팀, 기획팀, 프로젝트 매니지먼트 팀과 주로 협업하고 있고요. 다국어 작업을 해야 해서 번역가와도 밀접하게 일하고 있습니다. 엔지니어링 블로그 작업은 Developer Relations 팀과 함께 업무 역할을 나눠서 일을 하고 있습니다. 또, 글쓰기 교육을 할 때는 교육 팀과도 소통을 많이 하고요. LINE Words의 경우 여러 부서와 소통을 하는데 특히 용어를 이미지로도 표현하기 위해 디자인 부서와 아주 밀접하게 일을 하고 있습니다.

Q. 문서화 프로젝트를 진행하면서 가장 중요하게 생각하시는 것은 무엇인가요?

문서를 보는 독자가 쉽게, 또 빠르게 이해할 수 있는지가 중요하다고 생각합니다. 정확성은 기본이겠고요. 시나 소설과 달리 저희가 작성하는 기술 문서는 독자가 주로 개발자이거나 사내 직원입니다. 감동이나 재미보다는 업무를 수행하는 데 필요해서 문서를 보는 경우가 많습니다. 그러다 보니 무엇보다 쉽게 읽힐 수 있는 문서, 빠르게 이해할 수 있는 문서를 쓰는 것이 중요하다고 생각합니다. 알고 싶은 내용을 빠르게 찾을 수 있게 만드는 것도 중요하고요. 문서 사이트를 구성할 때 인터페이스를 이해하기 쉽게, 검색이 잘 되게 만드는 것도 이런 이유 때문입니다.

Q. 테크니컬 라이팅에 꼭 필요한 점과 지켜야 하는 점은 무엇이라고 생각하시나요?

독자 수준을 파악하고 필요한 정보를 적절한 위치에 제공하는 것이 기본이자 꼭 필요한 점입니다. 하지만 기술 문서에서는 제공하는 정보가 정확해야 하는 것은 무엇보다 중요하다고 생각해요. 그러기 위해서는 알고 있던 내용이라 하더라도 확인하고 또 확인하는 자세가 필요하죠. 거기에 IT 기술의 트렌드를 파악하고 컴퓨터 언어뿐만 아니라 영어, 일본어와 같은 외국어를 익히는 것도 게을리하지 않아야 합니다.

Q. 처음부터 테크니컬 라이터를 꿈꾸셨나요? 어떻게 이 일을 시작하셨나요?

보안회사에서 개발자로 몇 년간 개발을 하다가 어느 날 회사에서 기술 문서 팀을 만든다고 해서 지원하게 됐습니다. 어린 시절에 국문학과에 지원하려고 했을 정도로 글 쓰는 것을 좋아했습니다. 하지만 컴퓨터공학, 암호학을 전공하다 보니 자연스럽게 개발자의 길을 가게 됐는데, 매뉴얼 작성은 글쓰기와 개발을 함께 할 수 있어서 제게는 더할 나위 없이 적합한 일이라는 생각이 들었습니다. 우연히 시작한 일이지만 지금은 테크니컬 라이터의 생활에 매우 만족하고 있습니다.

Q. 테크니컬 라이터로서 본인이 생각하는 목표와 방향성은 무엇인가요?

LINE에는 한국과 일본에 여러 명의 테크니컬 라이터가 근무하고 있습니다. 주기적으로 서로의 노하우를 공유하기도 하고 업무를 함께 진행하면서 서로의 성장을 돕고 있다고 생각합니다. 저희는 이런 성장을 사외의 테크니컬 라이터와도 함께 하고 싶었습니다. 어쩌면 서로의 경험도 공유하고 힘든 점도 나누다 보면 같이 발전할 수 있지 않을까라는 생각에 2022년 하반기에 'LINE 테크니컬 라이팅 밋업'을 진행했습니다. 많은 분이 참여해주셨고 그 기회를 발판 삼아 테크니컬 라이팅 커뮤니티를 활성화시키는 것이 제 목표였고, 2023년 2월에 'TCN(Technical Communication Network) 밋업'이라는 이름으로 테크니컬 라이팅 콘퍼런스를 진행했습니다. 이미 테크니컬 라이터이거나 테크니컬 라이터가 되고 싶은 분들이 정보를 공유하고 함께 발전하는 것이 테크니컬 라이터로서 저의 방향성입니다.

Q. 테크니컬 라이터라는 직업의 매력요소는 무엇이라고 생각하시나요?

IT 회사에서 테크니컬 라이터로 일한 지 어언 20년이 됐습니다. 과거엔 회사 동료에게나 친구, 가족에게 테크니컬 라이터가 무슨 일을 하는 직업인지 설명을 했던 적도 있었습니다. 하지만 3년여 전부터 테크니컬 라이터를 채용하는 회사가 급격히 늘어났고 시장에서 스카웃 제의도 많았을 정도로 테크니컬 라이터에 대한 인식이 많이 바뀌었다고 생각합니다. 길다면 긴 시간 동안 문서로써 개발자와 개발자, 사용자와 개발자 사이를 연결시켜주는 테크니컬 라이터, 더 나아가 사내외의 기술 소통을 돕는 테크니컬 커뮤니케이터로 일하면서 느낀 점은, 문이과를 통합하는 이 일은 다양한 분야를 아우르는 매력적인 직업이라는 것입니다.

Q. 본인 소개와 함께 하시는 일에 대해 간단히 소개
부탁드립니다.

안녕하세요. 저는 데브시스터즈에서 출시하
는 게임 기술을 개발하는 GingerLab 팀 소속
의 테크니컬 라이터 남정현입니다. 저는 데브
시스터즈에서 출시하는 여러 게임에 사용되는 기술을 구현하는 제품을
1차 사용자(게임 스튜디오 개발자)가 잘 쓸 수 있도록 각종 사용자 가이
드, 개발자용 가이드를 중심으로 제품 전반의 경험화를 위한 다양한 업
무를 진행하고 있습니다.

또한 저는 커뮤니티에서 Microsoft MVP이자 닷넷데브, 모각코, 한국
Azure 사용자 그룹, TCN(Technical Communication Network) 운영
진으로 활동하고 있습니다.

Q. 테크니컬 라이터가 작성하는 다양한 기술 문서의 종류와 구성, 문서의 목적이
궁금합니다.

과거에 테크니컬 라이터는 제품과 함께 사용자에게 제공되는 사용자 가
이드, 운영 가이드와 같이 인쇄물을 출판하는 일에 집중했습니다. 그러
나 IT 기술이 핵심 기술이 되고, 모든 영역에 걸쳐 IT 기술이 사용됨에
따라 테크니컬 라이터가 다루는 콘텐츠도 인쇄물을 넘어서 디지털 콘텐
츠를 다루는 것이 일상적인 일이 되었지요.

저는 주로 사용자 가이드, 개발자 가이드와 같은 전형적인 기술 문서 콘
텐츠를 다룹니다. 이뿐 아니라 사내 모든 구성원들의 정보 교류 촉진을
위해 사내 뉴스레터에 들어갈 원고를 취재하거나 기술 블로그에 직접

글을 기고하기도 합니다.

사용자 가이드의 경우, 제품이 제공하는 기능이나 사용자 인터페이스 요소를 사전식으로 열거하는 내용보다는 제품을 왜, 어떤 상황에서 쓸 수 있는지를 설명하고, 제품을 사용하다가 마주할 수 있는 증상 혹은 알려진 문제점에 대해 사용자가 먼 길을 돌아가지 않고도 빠르게 문제를 해결할 확률을 높일 수 있도록 문제 해결 섹션에 큰 비중을 할애하려고 노력합니다. 그래서 개발자, QA 엔지니어와 많은 소통을 하는 편입니다. 또, 사용자 가이드가 정말 타당하게 쓰였는지 크로스체크하기 위해 개발자나 QA 엔지니어가 볼 수 없는 각도에서 사용자의 경험을 확인하고 또 다른 테스트 결과를 제보할 때도 있습니다.

개발자 가이드의 경우, 개발자가 작성하는 초안을 토대로 어렵게 쓰여진 내용을 쉽게 이해하고 따라 할 수 있도록 내용을 구체화하기 위한 노력을 많이 기울입니다. 사용자 가이드와 큰 맥락에서의 전개 방식은 비슷하지만, 개발자 가이드이다 보니 API 레퍼런스와 같은 사전식 정보를 담은 콘텐츠, 그리고 가능하다면 샌드박스 환경에서 직접 기술을 써볼 수 있도록 인터랙티브 데모 콘텐츠를 확보하고 구체화하기 위해 많은 노력을 합니다.

Q. 팀이 어떻게 구성되어 있고, 어떤 팀과 협업하는지 궁금합니다.

원래 데브시스터즈에는 테크니컬 라이팅 직군이 전혀 없었습니다. 테크니컬 라이팅이라는 직군이 회사 내에 처음 생기면서 저 혼자 활동하는 1인 팀으로 시작했습니다. 그러나 이런 환경에서도 빠른 시일 내에 팀을 만들어 조직적으로 활동할 수 있도록 많은 준비를 하고 있습니다.

이런 상황과 별개로 테크니컬 라이팅 팀은 게임에 들어가는 것과는 구분되는 내부와 외부의 기술 문서를 작성하고, 품질을 향상시키는 일이라면 무엇이든 적극적으로 일을 진행하기 위해 많은 노력을 기울이고 있습니다.

가까이는 제품에 공통으로 쓰이는 기술을 개발하는 기술 팀(플랫폼 팀, 클라우드 인프라 팀, 데이터 엔지니어링 팀, 데이터 분석 팀, 머신러닝 팀, QA 팀, 웹 서비스 팀)과 소통하고 있고, 회사가 추구하는 비전과 브랜드 가치에 부합할 수 있도록 컬처 팀, 브랜드 팀과도 협업하고 있습니다.

그리고 최근에는 정말 뜻깊은 성취도 이룰 수 있었습니다. 회사 구성원들 모두에게 영향을 줄 수 있는 엔터프라이즈 포털을 2022년 여름에 노션을 기반으로 런칭했는데요, HR 팀, 사내 교육 팀 등 회사 내부에서 정책과 규정을 만들어가는 팀원들과 협업하여 거대한 프로젝트를 성공적으로 마칠 수 있었습니다(참조: https://www.notion.so/ko-kr/customers/devsisters).

Q. 문서화 프로젝트를 진행하면서 가장 중요하게 생각하시는 것은 무엇인가요?

대개 문서를 작성하라고 하면, 본인이 알고 있는 지식의 단편을 순서없이 쏟아내는 경우가 많습니다. 아예 문서화에 관심조차 못 주는 경우보다야 좋은 시작점이겠지만, 이 상태로는 갈 길이 먼 것도 사실이죠. 그래서 무작정 아는 것을 구구절절 쏟아내는 것보다도 문서화 프로젝트를 하기로 마음먹었다면, 적어도 누구에게 읽히기를 바라고 문서를 쓰는 것인지 목표를 명확히 설정하고 작업하는 것이 필요하지 않나 생각합니다.

그런데 대상을 설정하기에 따라서 본인이 알고 있는 지식을 상대에 맞추어 다듬거나 고치거나 때로는 어려운 개념을 의도적으로 쉽게 변형한 뒤 정확한 개념을 알 수 있도록 따라오게 만드는 등의 가공 작업을 거쳐야 하기 때문에 정말 어려운 점이 많습니다. 내용에 대해 잘 아는 전문가일수록 역으로 이런 작업이 어렵기 마련이라고 생각합니다.

그렇기 때문에 문서화 프로젝트에서 이런 일을 정말 잘 해낼 수 있는 파트너가 바로 테크니컬 라이터라고 저는 생각합니다. **테크니컬 라이터가 단순히 문서를 대필해주는 사람으로 기억되기보다 문서를 완성하는 데 도움을 주는 사람으로 기억되고 같이 협력하는 방법을 찾아나가는 것이 문서화 프로젝트의 성패를 좌우하는 핵심 요소라고 저는 생각합니다.**

Q. **테크니컬 라이팅에 꼭 필요한 점과 지켜야 하는 점은 무엇이라고 생각하시나요?**

아직 많은 테크니컬 라이터 분들과 협업하거나 만나본 적은 없어서 확실하지는 않습니다. 그렇지만 제 나름대로의 꼭 필요한 점과 지켜야 하는 점을 꼽아보라고 하면 크게 볼 때 저는 다음의 두 가지 요소를 충족시키기 위해 본인의 역량을 꾸준히 발전시키려고 노력하는 것이 중요하다고 생각합니다.

테크니컬 라이터로서 본인의 역할을 제한하지 않는 마인드셋이 꼭 필요하다고 생각합니다. 앞의 질문에서 테크니컬 라이터가 IT 분야로도 진출하게 되면서 텍스트만이 아닌 다양한 콘텐츠를 다룬다고도 말씀 드렸는데요, 그러다 보니 글을 잘 다룰 수 있는 문과적인 소양도 중요하지만, IT 분야의 기술을 간접적인 면에서는 물론, 직접 활용함에 있어서도 본인의 역할을 제한하여 배워야 할 커리큘럼을 한정짓지 말아야 한다고 생각합니다.

다른 하나는 네트워킹 역량이 아닐까 생각합니다. 테크니컬 라이터로서 일하기 위해서는 정말 많은 것이 필요하다고 생각합니다. 지식뿐 아니라 사람들의 생각, 의향, 추세를 잘 알아야 잘 읽히는 문서를 만들 수 있을 것이고, 이런 정보를 잘 알 수 있으려면 회사 안에서든 밖에서든 사람들과 만나서 소통하는 것에 어려움이 없어야 할 것이라고 저는 믿습니다.

Q. 처음부터 테크니컬 라이터를 꿈꾸셨나요? 어떻게 이 일을 시작하셨나요?

저는 컴퓨터 프로그래밍과 소프트웨어 엔지니어로서의 커리어를 일찍 시작했습니다. 대학생이 되고 우연히 Microsoft가 커뮤니티에서 전문가들에게 정기적으로 수여하는 Microsoft MVP라는 프로그램을 알게 되었고, 이 프로그램에 합류한다면 확실하게 커리어를 만들어 나갈 수 있을 것 같다는 좋은 예감을 받았습니다.

2009년에 처음 Microsoft MVP 어워드를 수상하게 되었고, 그 후 지금까지 저는 매년 개발자 커뮤니티 활동을 지속하면서 사람들과 질문 답변을 주고받거나 블로그에 글을 쓰거나 책 번역 또는 집필하거나 강연을 하는 등 활동을 계속했습니다. 그런데 이때의 저는 스스로 알고 있는 지식을 다른 사람에게 어떻게 하면 잘 전달될 수 있는지 고민하면서 콘텐츠 작성하는 일이 직업적으로 어떠한 의미를 지니는지 몰랐습니다. 약 3년 전, 저는 소프트웨어 엔지니어로서 여전히 더 배울 것이 많다는 사실을 인정하고 다른 한편으로는 직업적으로 새로운 도전을 해보고 싶다는 강한 욕구를 마주하게 되었습니다. 비공식 경력까지 합하면 20년이 넘는 세월동안 프로그래밍을 하며 소프트웨어 엔지니어로만 일을 해왔거든요.

그러던 중, 제가 Microsoft MVP로서 저술하던 콘텐츠가 직업적으로는 어떤 가치와 의미가 있는 것일까?를 생각하다 보니 제가 해왔던 많은 활동이 일종의 '테크니컬 라이팅'이었다는 사실을 깨달았습니다. 저는 곧바로 회사 동료들 그리고 CTO와 상의하면서 저의 다음 커리어 패스를 확정할 수 있었습니다. 이 과정에서 많은 분들께서 저의 새로운 커리어가 제공하는 가치를 인정해주셨고, 응원도 많이 보내주신 덕분에 힘차게 시작할 수 있었습니다.

Q. 테크니컬 라이터로서 본인이 생각하는 목표와 방향성은 무엇인가요?

저는 앞으로 개발자 출신 테크니컬 라이터로서 동료 개발자들에게 테크니컬 라이팅이 왜 필요한지, 어떤 즐거움과 효과를 가져다줄 수 있는지에 대해 개발자의 시선에서 이야기 나눠볼 생각입니다. 개발자는 본인이 작성한 코드가 최적의 성능을 낼 수 있도록 해야 하는 것도 있겠지만, 동시에 그 코드가 어떤 의미와 가치를 지니는지를 모든 사람들에게 설명할 수 있어야 완전한 결과물을 만든 것이라고 생각하거든요.

저는 테크니컬 라이팅이 단순한 글쓰기에 그치지 않는다고 생각합니다. 독자에 따라서 단순한 글 조각과 그림만으로도 충분한 경우가 있지만, 때로는 번역을 해야 하고, 더 나아가서는 클라우드 컴퓨팅 기술을 이용해서 제품을 접할 사용자나 엔지니어가 좀 더 정확한 사용법을 익힐 수 있도록 인터랙티브 데모 환경을 제공할 수 있도록 해야 할 수도 있고, 문서의 내용을 간소화하기 위해 소프트웨어 패키지를 어딘가의 스토어나 패키지 카탈로그에 등록하는 것을[4] 동료 개발자와 이야기해야 할 수 있습니다.

그뿐만 아니라 내가 지금 일하고 있는 팀이 사용하는 위키, 문서를 누구나 잘 작성하기 위해 필요한 것이 콘텐츠 전략이 될 수도 있고, 때에 따라서는 도구를 더 멋지게 만드는 것이 될 수도 있으니까요. 그리고 내

저자주 [4] 2023년 현재 스토어가 아닌 경로로 소프트웨어를 설치하는 방법은 보안상의 이유로 날이 갈수록 어려워지고 있습니다. 스토어가 아닌 직접 배포 방식으로 소프트웨어를 배포하려면 제품의 사용법보다 처음 설치하는 방법과 문제 해결 방법을 더 많이 설명해야 하는 전도가 발생하기 때문입니다.

스스로의 작업을 간소화하고 최적화하기 위한 자동화도 고민해볼 수 있을 것입니다.

이처럼 글쓰기가 50%라면 나머지 50%는 개발자로서 해낼 수 있는 수많은 자동화가 또 한편에 존재하고, 두 가지 요소가 모두 균형을 맞추어야 우리 모두가 만족하는 행복한 테크니컬 라이팅을 할 수 있는 시대가 아닐까 생각합니다. 저는 이 두 가지를 균형 잡힌 시각에서 고루 이야기하고 지식을 전파할 수 있는 테크니컬 라이터가 되기 위해 노력하려 합니다.

Q. 테크니컬 라이터로서 하고 싶은 말이 있다면 해주세요.

개발자들에게 테크니컬 라이팅의 중요성을 이야기하면서, 저는 인기있는 오픈 소스 라이브러리 프로젝트들이 어떻게 많은 스타를 받을 수 있는가에 대해 이렇게 자주 이야기하곤 합니다.

'One-Page Proposal 혹은 엘리베이터 스피치를 들어보셨나요? 제한된 시간 안에 강렬하지만, 일목 요연하게 그 오픈 소스 프로젝트가 어떤 의미와 가치를 지니는지 한 페이지 남짓되는 README.md 파일에 온전히 담아내려는 그 행위가 One-Page Proposal 혹은 엘리베이터 스피치와 유사하다고 생각할 수 있지 않을까요?'

테크니컬 라이팅을 전문으로 하는 테크니컬 라이터의 역할도 중요하지만, 저는 이런 일을 하는 사람이 따로 있다기보다 누구나 참여해서 본인이 이루고 싶은 목표를 이루는 즐거움을 많은 분들이 얻기를 기대합니다. 그런 의미에서 테크니컬 라이팅의 즐거움과 매력을 많은 사람이 느꼈으면 좋겠다는 이야기로 인터뷰를 마칠까 합니다.

마지막으로, 테크니컬 라이팅에 관심 있으시다면 아래 두 개의 커뮤니티도 둘러보시는 것을 꼭 권해드리고 싶습니다. 아래 커뮤니티에서는 현업에서 테크니컬 라이터로 활동하는 분들과 깊이 있는 소통을 할 수 있어 큰 도움이 될 것입니다.

- 네이버 TCN 카페: https://cafe.naver.com/tcnkorea
- WriteTheDocs Seoul 페이스북 그룹: https://fb.com/groups/writethedocsseoul

IT 기업 테크니컬 라이터의 경험과 짧은 소회_ LINE Plus 강정일

Q. 본인 소개와 함께 하시는 일에 대해 간단히 소개 부탁 드립니다.

안녕하세요. LINE 테크니컬 라이터 강정일입니다. 저는 주로 개발 조직과 협업하여 개발 가이드와 API 레퍼런스를 작성하고 있습니다. 기술 콘텐츠 관리 전략에 관심이 많으며, 여러 문서 프로젝트를 통해 테크니컬 라이팅 업무 경험을 계속 쌓고 있습니다.

Q. 테크니컬 라이터가 작성하는 다양한 기술 문서의 종류와 구성, 문서의 목적이 궁금합니다.

소프트웨어 산업에 종사하는 테크니컬 라이터가 작성하는 기술 문서 종류는 다양합니다. 어느 정도 잘 알려진 문서를 다음과 같이 목적을 구분하여 나눠봤습니다.

- **개발된 소프트웨어의 정보를 전달하는 문서**

개발 가이드, API 레퍼런스, 튜토리얼, 사용자 가이드, 장애 복구 가이드, SDK 가이드 등

- 소프트웨어 개발 초기 단계에 작성되어 협업에 이용되는 문서

소프트웨어 요구사항서, 구조 문서, 설계 문서 등

- 형식이 비교적 자유롭고 주관적이며 설득이나 홍보 목적으로 사용되는 문서

백서, 기술 블로그 등

관점과 기준에 따라 기술 문서를 분류하는 방법은 다양하고, 분류에 따라 문서 종류가 더 있지만 쉬운 이해를 위해 여기까지 이야기하겠습니다.

Q. 팀이 어떻게 구성되어 있고, 어떤 팀과 협업하는지 궁금합니다.

제가 속해 있는 팀은 테크니컬 라이터와 번역가가 함께 일하고 있으며, 다른 팀과 다음과 같이 협업합니다.

- **문서 작성/재작성**

개발 조직 또는 PM

- **이미지 작업, 문서 내 디자인 요소**

디자인 조직이나 UI/UX 관련 조직 또는 자체 작업

- **독자(사용자) 요구 사항 파악**

기술 지원 조직, 영업 조직(B2B 사업일 때)

- **기술 블로그, 대외 활동용 콘텐츠**

에반젤리즘 조직(LINE Plus는 DevRel)

저는 개발 조직과 협업하는 데 가장 많은 시간을 할애하며, 다른 조직과는 협업 빈도가 낮거나 협업하지 않을 때도 있습니다.

Q. 문서화 프로젝트를 진행하면서 가장 중요하게 생각하시는 것은 무엇인가요?

독자를 생각하는 마음과 꾸준한 업데이트가 아닐까요? 10년 넘게 기술 문서를 작성하면서 느낀 것이 있다면 기술 문서를 아무리 잘 써도 독자가 문서를 읽거나 활용하지 않으면 헛것이라는 겁니다. 독자가 문서를 이용하도록 만들기 위해 우리는 많은 노력을 기울입니다. 문법 준수, 문장 표현과 문서 구조 개선, 편한 UI/UX 제공, 최적화된 검색 등 문서 품질을 높이기 위한 많은 노력이 있죠. 저는 이런 노력을 독자를 생각하는 마음이라 여깁니다.

한 번의 문서 작성으로 높은 수준의 문서 품질을 얻기는 어려울 것입니다. 그래서 생명을 다루듯이 문서를 꾸준히 가꾸고 다듬어줘야 합니다. 독자 역시 문서가 방치되고 있다고 느끼면 문서를 봐도 될지 의심할 것입니다. 독자로부터 신뢰를 얻으려면 문서의 부족한 부분을 메워야 하고 문서가 살아있음(?)을 보여줘야 한다고 생각합니다. 이런 신뢰가 쌓이면 독자가 문서를 계속 활용할 것이고 이를 통해 제품에 대한 충성도를 강화하거나 제품에 관한 커뮤니케이션 비용을 낮출 수 있을 것입니다. 이것이 문서화 프로젝트의 진정한 가치가 아닐까 하고 조심스레 말해봅니다.

Q. 테크니컬 라이팅에 꼭 필요한 점과 지켜야 하는 점은 무엇이라고 생각하시나요?

하하하… 최근에 저는 너무 오랫동안 같은 스타일로 문서 작업을 해서, 무언가를 지켜야 한다는 생각보다 해오던 것 중 바꿀 수 있는 건 뭐가 있을지 자주 생각하고 있습니다. 글쎄요. 꼭 지켜야 하는 점? 그런 것이 뭐가 있을까요? 세상에 변하지 않는 것이 없고 소프트웨어 산업은 그중에서도 빠르게 바뀌죠. 제가 쓰는 글의 대상인 소프트웨어뿐만 아니라 테크니컬 라이팅 업무에서 사용하는 도구나 작업/협업 스타일도 빠르게 변하고 있습니다. 관례상 테크니컬 라이팅 업계에서 잘 변하지 않던 딱딱한 문투도 요즘은 가볍고 부드러운 스타일로 바뀌고 있고요. 최근 들어, 이런 변화가 더 심한 것 같습니다.

그래도 잘 변하지 않는 테크니컬 라이팅의 핵심 가치를 하나 꼽자면 콘텐츠를 보는 눈이 아닐까 합니다. 콘텐츠를 개념(concept), 절차(task), 참조(reference) 유형으로 분류하고, 분류한 콘텐츠를 MECE(mutually exclusive collectively exhaustive) 구조에 맞게 배치하며, 배치된 콘텐츠 중 관련이 높은 콘텐츠끼리 유기적으로 잘 연결(link)하는, 이런 콘텐츠 분석/설계 능력이 꼭 필요하다고 생각됩니다. 또 하나 생각난 것은, 그렇게 분류한 콘텐츠를 작성할 때 분류별로 어떤 내용을 써야 하고 어떤 전개나 흐름으로 문서를 구성해야 하는지 아는 감각이 아닐까 합니다.

Q. 처음부터 테크니컬 라이터를 꿈꾸셨나요? 어떻게 이 일을 시작하셨나요?

제 회사 블로그(https://engineering.linecorp.com/ko/blog/line-developer-interview-4/)에도 답한 내용이긴 한데 제가 가진 장점을 최대한 활용할 수 있는 것이 무엇일까 고민하다가 신입 사원 때 개발자에서 테크니컬 라이터로 직무를 전환했습니다. 후회하지 않지만…실전 개발 경험을 좀 많이 쌓고 이 일을 했으면 어땠을까? 할 때가 많습니다. (웃음)

Q. 개발 경험이 있다면 테크니컬 라이터 업무가 좀 더 수월하게 느껴질까요?

네, 당연합니다. 테크니컬 라이터가 하는 일은 개발자가 만든 무언가를 독자에게 글로 설명하는 것입니다. 자기도 잘 모르는 내용을 어떻게 남에게 잘 전달할 수 있을까요? 독자가 읽고 이해하기 쉬운 글을 쓰려면 가장 먼저, 개발자가 만든 소프트웨어가 무엇이고 어떻게 사용할 수 있는지, 그리고 개발자가 쓴 문서 초안이 있다면 그 내용이 무엇을 이야기하는지 알아야 합니다. 개발 경험이 있다면 이런 것을 파악하기 수월할 것입니다. 뿐만 아니라, 개발 경험이 있다면 문서 작업을 위한 테스트 환경 구축, 코드 예제 이해 및 작성, 문서 내용 검증하는데 큰 어려움이 없을 것입니다. 또한, 개발자의 업무 방식을 이해하기 때문에 개발자와 협업할 때도 소통이 잘 될 수 있습니다.

그럼에도 불구하고, 개발 경험이 독이 될 때도 있긴 한데요. 테크니컬 라이터가 대상 독자의 지식수준을 자신과 일치시킬 때 이 문제가 발생할 수 있습니다. 테크니컬 라이터가 가진 경험으로 인해 이미 잘 알고 있는 내용을 자세히 설명하지 않거나 건너뛸 수도 있는데, 만약 독자가 그 내용을 모른다면 그 문서는 친절하지 못한 문서가 될 것입니다. 그래서 이런 점은 항상 조심해야 합니다.

이전 질문의 답변에 제가 인터뷰한 블로그 글을 소개해드렸는데요. 그 글로 오해를 살 수도 있어 사족을 붙이자면, 개발자가 아니어도 테크니컬 라이터가 될 수 있다는 말과 개발 경험이 테크니컬 라이터에 도움이 되냐는 말은 차이가 있습니다. 비개발자여도 테크니컬 라이터가 될 수 있지만 개발 경험이 필요하며 이를 노력으로 채워야 한다는 의미입니다.

Q. 테크니컬 라이터로서 본인이 생각하는 목표와 방향성은 무엇인가요?

제 목표는 테크니컬 라이터도 소프트웨어 산업에서 개발자만큼 중요한 직무임을 증명하는 것입니다.

제가 신입 사원일 때까지만 해도 소프트웨어 산업에서 테크니컬 라이터는 희소한 직무였어요. 그래도 언젠가 이 직무도 IT 개발직군과 같이 인지도가 생기고 동료가 많아지리라 생각했습니다. 예전보다 나은 듯 하지만 여전히 잘 모르는 분이 많습니다. 아무래도 개발자처럼 직접 매출을 발생시키는 제품을 만드는 직무가 아니어서 그런 듯합니다.

저는 이런 상황이나 인식을 개선하고 싶습니다. 기술 문서를 통해 수익 창출하기는 어렵지만 언젠가 제품이나 서비스가 성공적인 성과를 내는 데 기술 문서가 얼마나 기여하는지 납득할만한 근거를 만들어 보고 싶습니다. 그럴려면 이 일을 계측 가능한 방향으로 체계화해야겠지요.

Q. 지금까지 테크니컬 라이터로서 느낀 점과 하고 싶은 이야기가 있으신가요?

테크니컬 라이팅 업무를 한 지 13년 정도 되는 것 같네요. 신입일 때 테크니컬 라이터로 직무 전환을 신청했었는데요. 아무것도 모르고 이 일에 뛰어들었을 때는 '내가 정말 잘 할 수 있을까?'라는 막연한 걱정만 있었습니다. 그 당시 대부분은 직무 전환하는 경력자를 테크니컬 라이터로 뽑았습니다. 아무 경험이 없던 저는 3년 차가 되기까지 팀 내 선배 테크니컬 라이터가 모두 모인 회의실에서 제가 작성한 문서를 보며, 적나라한 지적을 받아야 했습니다. 리뷰 회의가 끝나고 나면 문서 편집기에 빨간 줄과 메모로 가득했었죠. 저 스스로가 한없이 작게 느껴지던 시기였습니다. 그렇지만 그때 경험이 큰 도움이 되었고, 그 후 2년 정도 지나니 일이 좀 익숙해졌습니다. 경력 7~8년 차가 되었을 때 이 일에 대한 자신감이 생겼었습니다. 그리고 경력 10년 차 이상이 되면 이 분야를 꽉 잡고 있는 전문가가 되어 있을 줄 알았습니다.

그런데 아니더군요. 혼자 이 분야에 집중하며 오랜 시간을 투자해왔다고 생각했는데 고개를 들어보니 방향 감각을 상실한 것처럼 이 직무에 대한 목표라고 여겼던 것들이 뿌옇게 보이더군요. 많은 것이 바뀌었고 다시 배워야 했습니다. 아마 소프트웨어 업계 모든 직무가 이럴 것입니다. 그래도 이 인터뷰를 통해 생각을 많이 정리할 수 있게 되어 이런 기회를 주신 것에 고맙게 생각합니다. 그리고 이 글을 읽는 독자에게 조금이지만 제가 경험하여 얻은 정보와 감상을 일부 알려드릴 수 있어서 좋았습니다.

테크니컬 라이터의 이야기_ 넷마블 이중민

Q. 본인 소개와 함께 하시는 일에 대해 간단히 소개 부탁드립니다.

안녕하세요! 넷마블에서 테크니컬 라이터로 일하는 이중민이라고 합니다. 2000년대 초반 하드웨어와 소프트웨어를 벤치마크하고 리뷰하는 일로 테크니컬 라이터를 시작했습니다. 이후 오랜 기간 IT 전문 출판 분야에서 도서 집필, 번역, 기획, 편집 업무를 담당했고, 넷마블에서는 기술 블로그 운영, 개발 문서 작성과 검수 업무를 담당하고 있습니다.

Q. 테크니컬 라이터가 작성하는 다양한 기술 문서의 종류와 문서를 작성하는 목적이 궁금합니다.

기술 조직 안에서는 프론트엔드, 백엔드, 인프라스트럭처, 보안, 성능 분석 분야에서 개발 가이드와 레퍼런스 문서를 작성합니다. 주로 구글 문서, Confluence, 워드프레스, 마크다운 등의 문서 형식으로 작성합니다.

기술 문서의 작성 목적은 서로 다른 기술 스택을 보유한 개발자 모두가 협업의 본질을 이해하고, 해당 업무가 처음이더라도 원활하게 일할 수 있는 훌륭한 가이드나 매뉴얼을 남기는 것입니다. 기술 조직은 (당연한 일이지만) 게임 퍼블리싱 관련 수많은 협업이 진행되며, 개발자마다 전문 분야가 있습니다. 또한 처음 입사한 신입 사원부터 경력이 오래된 시니어 개발자까지 다양한 인원이 한 팀으로 일합니다. 다양한 구성원이 게임 퍼블리싱을 문제 없이 수행하려면 좋은 개발 문서 작성과 배포가 꼭 필요합니다.

기술 블로그(https://netmarble.engineering) 포스트 작성을 기획하고 편집하는 것도 매우 중요한 일입니다. 기술 블로그는 기술 조직에서 벌어지는 다양한 일상과 내부에서 다루는 기술을 공유하는 자리입니다. 넷마블 밖에 있는 개발자가 넷마블에서 개발자로 일하는 데 매력을 느끼게 하는 데 큰 역할을 합니다. 또한 많은 개발자가 기존에는 이해했지만 잊어버렸거나 잘 몰랐던 개발 기술을 소개합니다.

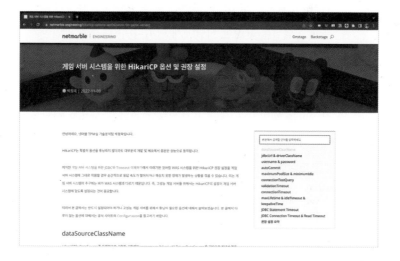

Q. 어떻게 팀이 구성되었나요? 다른 팀과 협업하는 방법도 궁금합니다.

현재는 기술 관리 조직 팀 내에서 다른 테크니컬 라이터와 함께 일하고 있습니다. 업무 범위는 비슷하며 문서나 프로젝트의 성격에 따라 일을 나눕니다.

테크니컬 라이터의 협업은 기술 문서 작성, 검수, 관리에 초점을 맞춥니다. 협업의 첫 단계는 주로 협업 요청에 따라 기술 문서를 전달받고 검수하거나 기술 문서 작성을 의뢰받는 것입니다.

기술 문서의 검수는 먼저 전달받은 문서를 읽고 어떤 검수 방식이 적당할지를 분석합니다. 다음으로 해당 팀에서 작성한 문서 형식 안에서 피드백합니다. 단, 문서의 품질에 따라서 피드백 내용을 자세히 남길 수 있는 구글 문서나 Microsoft Word 등으로 문서 형식을 옮길 수는 있습니다. 피드백에서는 개발 문서 작성자가 문법적으로 적확/정확한 표현을 사용했는지 확인하고, 추가되어야 할 설명이 있는지 등을 알려줍니다.

다수가 작성한 문서라면 회의를 주관해 주요 피드백 내용을 설명하고 문서를 구조화하는 방법이나 올바르게 작성하는 방법을 전파합니다. 검수 후에는 협업을 요청한 사람에게 다시 검수 내용을 확인받은 후 배포를 진행합니다.

기술 문서 작성을 의뢰받았을 때는 관련 자료를 공유받은 후 프로젝트의 참여하는 개발자나 해당 프로젝트 결과물을 사용할 사람의 수준(주로 개발자의 기술 스택이나 경력)을 고려해 의뢰자나 관련 부서와 작성 범위를 협의한 후 작성합니다. 작성 후에는 1차로 자가 검수를 거친 후 의뢰받는 곳에 검수를 요청합니다. 이후의 과정은 문서 검수와 거의 같습니다.

기술 문서 관리는 작성된 문서를 최적의 배포 형식으로 변환하고 관리하는 것입니다. 이 과정에서 개발 문서를 올바르게 작성하는 방법을 알려주는 일도 병행합니다. 배포는 별도로 만든 개발 문서 웹사이트나 워드프레스에 하는 편입니다.

현재 이러한 경험을 바탕으로 다양한 기술 문서에 맞는 문서 작성 가이드를 구상하는 중입니다.

Q. 문서화 프로젝트를 진행하면서 가장 중요하게 생각하는 것은 무엇인가요?

저는 문서의 구조화를 가장 중요하게 생각합니다. 크게 살펴보면, 개연성에 맞는 문서 모음의 목차(Table of Contents, ToC) 구성과 기술 스택에 맞는 문서 구성이라고 할 수 있습니다.

기술 문서에서는 원하는 정보를 유추하고 찾을 수 있어야 합니다. 그러려면 목차 구성에서 구현 주제나 기술 스택에 따른 문서 모음의 개연성을 최대한 고려해 구조화해야 합니다. 예를 들어 어떤 개발 가이드가 C++, 자바, Go를 사용해 구현하는 내용으로 나뉘어져 있다면 프로그래밍 언어별로 문서를 모으는 것이 좋습니다. 혹은 인증과 관련된 문서, 결제와 관련된 부분 등 구현 성격에 따라 문서를 모으는 것도 좋습니다. 이러한 개연성에 맞게 문서 모음을 구조화하는 것은 매우 중요합니다.

기술 스택에 맞는 문서 구성은 구현 상황에 맞는 구성이라고 할 수 있습니다. 예를 들어 언리얼 엔진이나 유니티라면 각 에디터의 메뉴 이동 순서와 그에 맞는 스크린샷을 함께 넣는 것이 좋습니다. 프로그래밍 구현이라면 잘 정제된 샘플 코드를 제시하는 것이 굉장히 중요할 것입니다. 서버 가이드라면 상황별 명령 예를 드는 것이 가장 중요합니다. 또한 가이드만으로도 샘플 예제는 충분히 구현할 수 있도록 따라 하기 형식으로 작성하는 편입니다. 그리고 보고된 트러블슈팅은 최대한 소개해두는 것이 좋습니다.

Q. 테크니컬 라이팅에 꼭 필요한 점과 지켜야 하는 점은 무엇이라고 생각하시나요?

테크니컬 라이팅에 꼭 필요한 점은 다양한 기술에 관심을 두고 기술과 기술 사이에 어떤 연관성이 있을지 생각할 수 있어야 한다는 것입니다.

테크니컬 라이터는 다양한 기술 문서를 다루게 되는 일이 많습니다. 전문 개발자만큼의 지식을 갖지 않더라도 주어진 자료를 토대로 적절하게 문서를 작성하려면 평소 다양한 기술에 관심을 두고 기술과 기술 사이의 연관성을 생각해두는 것이 중요합니다. 그럼 문서를 작성할 때 꼭 필요한 부분이 무엇인지 판단하는 데 도움이 됩니다.

테크니컬 라이팅에서 꼭 지켜야 하는 점(사실 테크니컬 라이팅이 아니라도 마찬가지입니다만)은 누구나 실수할 수 있음을 항상 염두에 두고 대화해야 한다는 것입니다. 모든 사람의 생각이 일치하기란 어렵습니다. 다양한 실수에 일일이 반응하면 결국 협업이 어려워집니다. 실수가 나올 수 있음을 인지하고 서로 열린 자세로 문서에 정확성에 관해 대화해야 좋은 기술 문서를 완성할 수 있다고 생각합니다.

Q. 처음부터 테크니컬 라이터를 꿈꾸셨나요? 어떻게 이 일을 시작하셨나요?

저는 대학교 동아리 선배의 소개로 테크니컬 라이터를 시작하게 되었습니다. 그 당시는 IT 하드웨어와 소프트웨어를 벤치마크하고 리뷰하는 직군도 테크니컬 라이터라고 했고, 약 1년가량 웹진에서 다양한 하드웨어와 소프트웨어의 리뷰 기사를 썼습니다.

IT 개발과 관련된 테크니컬 라이터로 일해보고 싶다는 생각을 한 계기는 IT 전문 출판 분야에서 일한 경험입니다. 여러 개발자와 도서 기획 및 편집으로 협업하면서 다양한 문서 형식을 다루다 보니, 좀 더 IT 인프라스트럭처가 잘 갖춰진 곳에서 좋은 개발 문서를 직접 작성 및 관리해보고 싶은 욕심이 생겼습니다. 이 시점에 좋은 기회를 얻어 현재 IT 기업의 테크니컬 라이터로 근무하게 되었습니다.

개발 문서의 큐레이팅(curating)입니다. 문서를 구조화해서 문서 안의 원하는 정보를 빨리 찾는 것은 중요합니다. 하지만 궁극적으로는 프로젝트별로 꼭 필요한 문서만 수집해 목적에 딱 맞는 문서를 선별해서 제공하는 것이 더 효율적입니다. 이 목표를 달성하려면 문서의 디지털화는 기본이고 기술 조직 전체의 상황에 맞춰서 문서를 선택적으로 배포할 수 있는 시스템 구축이 중요하다고 생각합니다. 품질 좋은 개발 문서 작성과 함께 기술 조직에 최적화된 문서 시스템을 구축하는 것이 테크니컬 라이터의 올바른 지향점일 것으로 생각입니다.

Q. 테크니컬 라이터를 꿈꾸는 사람들에게 선배로서 이야기를 해줄 것이 있나요?

테크니컬 라이터는 기술 조직을 유지하는 핵심은 아닐 것입니다. 하지만 기술 조직을 고도화하는 데는 중요한 필요한 역할을 담당하는 사람입니다. 기술과 관련된 콘텐츠 기획 및 작성에 관심이 있는 분이라면 매력적인 직군이라고 생각합니다.

테크니컬 라이터가 개발 경험이 있어야 하는 사람만 할 수 있는지, 컴퓨터공학 같은 전공을 공부해야만 할 수 있는 직군이냐고 묻는다면 그건 아니라고 답할 수 있습니다. 하지만 여러 가지 IT 기술에 관심을 두고 탐구하는 자세가 없다면 컴퓨터공학 전공자라도 하기 어려운 직군이 테크니컬 라이터의 올바른 지향점이라고 생각합니다.

테크니컬 라이터로 일하고 싶은 분이라면 평소에 IT와 관련된 다양한 정보를 접하고 이를 효율적으로 수집 및 정리해 볼 것을 추천합니다. 그리고 다양한 형식으로 글 쓰는 습관을 갖기를 바랍니다. 그럼 테크니컬 라이터의 길이 자연스럽게 열릴 것입니다.

Q. 본인 소개와 함께 하시는 일에 대해 간단히 소
개 부탁드립니다.

저는 공식적으로 테크니컬 라이터라고 불
린 지 3년밖에 안 된 업계 꼬꼬마 조병승입
니다. 현재는 주로 회사 기술 블로그 서버

관리, 콘텐츠 수급 및 편집을 담당하고 있습니다. 어쩌면 다른 회사 테
크니컬 라이터 업무보다 전문성이 깊다거나 독특한 특징이 있는 프로젝
트가 아닌 것처럼 보일지 모르겠습니다. 그런데도, 회사 기술 블로그를
운영 또는 관리하고 계신 분들이라면 동질감을 느낄 부분이 많으시리라
생각합니다. 성과나 목표는 무엇을 잡아야 하며, 일정 계획은 늘 깨지
기 마련이니까요. 이 일을 하기 전엔 늘 독자와 약속한 마감 기한이 있
는 잡지를 편집했었습니다. (3개월에 한 권씩 발행하는 계간지 형태였
기에, 주간지나 월간지보다는 매우 느슨할 수 있습니다.) 그 당시에 프
로그래밍이나 개발 문화 관련 콘텐츠를 꾸준히 다뤘던 덕분에 테크니컬
라이터라는 직군으로 넘어오는 것에 큰 이질감 없이 편하게 전향할 수
있었습니다. 그때나 지금이나 개발 관련 콘텐츠 속을 탐험하고 다니는
것에는 변함없군요.

Q. 테크니컬 라이터가 작성하는 다양한 기술 문서의 종류와 구성, 문서의 목적이
궁금합니다.

저의 경우에는 테크니컬 라이터가 작성하는 문서라기보다 다루는 문서
라고 표현하는 것이 더 적합할 것 같습니다. 제가 맡은 업무는 콘텐츠
생산보다는 편집에 더 많이 치우쳐져 있습니다. 제가 편집하는 기술 문
서는 종류를 나눌 필요 없이 한 가지라 해도 충분합니다만, 단편적으로

크게 두 종류로 나눌 수 있습니다. 회사 기술 블로그에 발행하는 글과 사내 전파용 개발 가이드 문서죠.

회사 기술 블로그는 특별한 목적이 있지 않습니다. 마침 2022년 연말에 작성했던 글(https://netmarble.engineering/n7e-do-400d-celebrate/)에서도 볼 수 있듯이, 그저 회사 동료들의 놀이터 정도면 충분하다고 생각합니다. 그래서 구성도 특별히 제한을 두고 있진 않습니다. '서론 – 본론 – 결론'이나 '발단 – 전개 – 절정 – 결말' 같은 익숙한 구성을 따르고 있으니까요.

사내 전파용 개발 가이드 문서는 분명한 목적이 있습니다. 업무에 도움이 돼야 한다는 거죠. 만약, 가이드를 보고 따라 했음에도 오류가 발생한다면, 꼭 확인해서 수정해야 합니다. 버전 업그레이드나 서비스 종료 영향으로 수명을 다한 문서가 있는지도 수시로 확인해야 합니다. 그래서 개발 가이드 문서는 주로 '배경 – 사용법 – 예외사항'이나 '기능 정의 – 사용 예시'와 같은 형태를 띠고 있습니다.

Q. 문서화 프로젝트를 진행하면서 가장 중요하게 생각하시는 것은 무엇인가요?

프로젝트에 따라 기준은 아주 다르겠지만, 보통 저는 운영 편의성을 가장 중요하게 생각합니다. 문서 자체를 생산하는 방법도, 그 문서를 배포하는 방법도 매우 빠르게 변화합니다. 당장 MS워드나 구글독스만 해도 꾸준히 업데이트 버전이 나오고 있으니까요. 최종 사용자 관점에서는 아무런 영향이 생기지 않는 업데이트일 수 있으나, 그 역시 개인마다 편차가 매우 큽니다. 하물며, 파이프라인 구성에 익숙한 프로그래머들에겐 1번 쓴 그대로 배포까지 이어지기를 희망하는 경우가 대부분입니다. 모두의 편의와 희망 사항을 충족하다 보면, 산으로 가는 경우도 허다해집니다. A가 불편해서 고쳤더니 B가 불편해지고, C는 너무나도 당연하게 되는 기본 기능이라 생각했으나 D를 붙이면서 기능이 없어져 버리기도 하죠. 저는 이런 문제를 운영 편의성이라고 표현합니다. 그렇다고 운영 편의성만 챙기다가 직접적인 글 작성 자체가 불편해지지도 않아야 하니까요. 이미 많은 솔루션이 있지만, 선택지가 '많다'는 자체가 또 새로운 문제를 가져오니까요. 저는 단순히 파이프라인만 잘 꾸린다고 운영 편의성이 좋아질 수 있다고 생각하지 않습니다. 가만히 놔두는 소프트웨어에 녹이 슨다고 하는 것처럼 가만히 놔둔 문서에도 녹이 슬기 마련이거든요.

Q. 테크니컬 라이팅에 꼭 필요한 점과 지켜야 하는 점은 무엇이라고 생각하시나요?

저는 다른 것보다 최우선에 최소한의 일관성이라 생각합니다. 개발에서 코드 컨벤션이 있듯이, 테크니컬 라이팅에도 스타일 가이드가 있습니다. 프로그래밍 코드는 언어별 문법을 이해하지 못하면, 코드 내용 자체를 이해하기 어렵습니다. 반면 우리가 주로 쓰는 기술 문서는 일반적으로 사용하는 자연어입니다. 코딩에도 각자 스타일이 있지만, 자연어에 있는 각자 스타일은 코딩보다 더 오랜 세월 스스로 쌓아온 습관으로 완성됐습니다. 100명이 있다면, 100가지 스타일이 생길 수밖에 없단 의미죠. 맞춤법, 표기법 등까지 모두 맞춘다면 금상첨화겠지만, 그 이전에 '최소한의 일관성'만이라도 지킨다면 충분합니다.

출판, 편집에서는 여럿이 쓴 글을 한 명이 쓴 것처럼 교정 교열한다는 말이 있습니다. 하지만 현실에서는 한 명이 썼는데 여럿이 쓴 글처럼 보일 때가 허다하죠. 혼자 써도 이러한데, 여럿이 함께 쓰고 읽는 기술 문서는 상상의 한계를 넘어설 때가 많이 나옵니다. 똑같은 마크다운 문법으로 쓰더라도, 누군가는 목록형으로 도배한 글을 쓰고 있고, 누군가는

표 형식으로 도배한 글을 쓰기도 하니까요. 강제로 통일한다면 보기엔 좋겠지만, 그로 인해 발생하는 단순 생산성 저하는 더 큰 문제를 야기할 수 있습니다. 그래서 단순 생산성을 저하하지 않는 수준에서 공통 규약처럼 쓸 수 있는 최소한의 일관성을 스타일 가이드 등으로 만들어 두면 많은 도움이 됩니다. 누군가가 잘 리딩하고 끝까지 책임져주는 담당자가 있다면 최고의 환경이겠지만, 그 누군가가 모든 범위를 다 관리하기도 어려울 테니까요.

Q. 처음부터 테크니컬 라이터를 꿈꾸셨나요? 어떻게 이 일을 시작하셨나요?

저는 웹 기획자로 사회생활을 시작했습니다. 모바일 기획, 서비스 기획, 기술 기획, 사업 기획 등 기획을 함께해야 하는 작은 회사에서도 꽤 오래 일했죠. 그 후에 잡지 편집을 시작했습니다. 잡지에서 주로 다루던 콘텐츠는 개발자가 쓴 글이었고, 글의 주제는 거의 프로그래밍이나 개발 문화 관련이었습니다. 300명이 넘는 개발자의 글과 글 스타일을 보면서 단기간에 편집 일을 하다 보니 자연스레 테크니컬 라이터라는 직군으로 연결돼 넘어왔습니다. 테크니컬 라이터가 되기까지 주변에서 추천도 받고, 도움도 많이 받았습니다. 초년생 시절에 다양한 기획서와 그 속에 담기 위해 리서치했던 내용이 아직도 업계에서 즐겨 쓰는 기술들이라 프로그래머와 대화하는 것도 많이 부담되거나 하진 않았습니다. 대화 주제가 부담스럽기보단 상대방과 친밀감 또는 대면 적극성이 더 어려웠던 것 같네요. 누군가에겐 테크니컬 라이터가 목표일 수도 있고 또 다른 이에게는 거쳐 가는 단계일 수도 있겠지만, 저는 오늘 당장 제 앞에 당면한 일 자체를 어떻게 해결할 것인가에 대해서만 최대한 집중하는 스타일입니다. 당장의 결과물이 단계별로 바뀌는 모습을 볼 때마다 뿌듯해하며 보람을 느낀답니다.

Q. **테크니컬 라이터로서 본인이 생각하는 목표와 방향성은 무엇인가요?**

개발자 직무에 웹개발, 서버 개발, 솔루션 아키텍트, DBA, 프론트엔드 엔지니어 등 세부 직무가 엄청 많은 것처럼, 테크니컬 라이터도 세부 직무 자체는 많이 분리할 수 있습니다. 다만, 세분화한 테크니컬 라이터를 다 수용할 수 있을 만큼 수요가 아직 없을 뿐이죠. 즉, 소수로 남아있는 테크니컬 라이터는 사실상 넓은 범위를 다 소화할 수 있어야 한다고 생각합니다. 간단한 서버 세팅, HTML/CSS 튜닝 같은 초심자 수준의 기술 스택도 있어야 하고, 교정 교열을 위한 편집 능력도 있어야 하고, 스타일 가이드 교육 전파를 위한 정책 기획력도 필요합니다.

저는 항상 제가 속한 조직에서 선구자라는 생각으로, 그릇된 방향으로 굳어지지 않기 위해 매일매일 반성했습니다. 또한, 언젠가 함께할 동료를 기대하며 단단한 오늘 하루를 채우는 것이 목표이자 방향성입니다. 기획하던 시절엔 개발과 디자인 빼고 다 한다는 생각이 들었었는데, 테크니컬 라이팅을 한 후로는 개발과 디자인과 기획을 뺀 나머지를 다 한다는 생각으로 일하고 있거든요. 각자 쌓인 경험과 속한 조직의 문화나 분위기가 다 다르기 때문에 하얀 원고지 위에 새 글을 쓰는 느낌으로 이제 첫 장을 겨우 채웠다고 여기고 있습니다.

테크니컬 라이터들끼리 서로 하는 일을 궁금해하고 있을 뿐, 넓은 범위에서 IT 업계에서 일하시는 분들께 제가 하는 일에 대해 질문을 받아본 적은 거의 없는 것 같아요. ^^;

Q. **테크니컬 라이터로서 동료들에게 하고 싶은 말씀이 있으신가요?**

수많은 사람이 일하는 회사에서 테크니컬 라이터라는 존재는 큰 역할을 하거나 많은 지원을 받기 힘듭니다. 모든 구성원 한명 한명이 하는 일이다 소중하고 중요하거든요. 종종 제가 하는 교정 교열이 글을 쓴 당사자의 기분을 해치거나 상처를 주지 않을까 싶을 때도 있습니다. 코드 리뷰는 다들 배움의 자세로 임하지만, 자연어를 다듬는 일은 반박의 자세로 임하는 분들도 많거든요. 그만큼 자기가 쓴 글에 애착이 많은 거라 생각합니다. 결국 저도 그냥 저만의 스타일에 맞춰서 글을 편집할 뿐이니까요. 그래도 한 번쯤 코드 리뷰에 임하는 만큼의 반 정도라도 같이 토론하고 스터디한다고 봐주셨으면 좋겠습니다. 테크니컬 라이터끼리도 같은 단어 같은 문장을 두고 1시간 넘게 토론할 만큼 우리도 우리 앞에 당면한 글에 애착이 많거든요. 가끔 한두 문장 넘겨주시면서 "이거 한번 고쳐주세요."라고 요청하시는 분도 계십니다. 그런데 그 한두 문장으로는 전체 맥락이나 용어 선정 적절성을 평가하기는 매우 어렵습니다. 테크니컬 라이팅이라는 특별한 스킬이 있는 것이 아니라, 테크니컬 라이터라는 직무 이름을 붙인 동료가 함께하고 있다고 봐주시길 바랍니다.

전문가를
고용해야 하는 경우

corg.ly

문서가 늘어나고 다루는 영역이 확장됨에 따라 변경 사항을 반영하는 데 어려움을 겪거나 자신의 지식 범위를 벗어난 문서 관련 질문에 대한 답변이 필요할 수 있습니다. 문서 세트가 빠르게 늘어나면 변화하는 많은 부분을 관리해야 하며 여러 종류의 전문 지식이 필요해집니다. 이러한 상황에서는 전문가를 고용하는 것이 좋습니다.

문서 관리자[1]documentarian 라고도 하는 문서화 전문가가 까다로운 문서 문제에 도움을 줄 수 있습니다. 문서화 전문가는 테크니컬 라이터, UX 디자이너, 프로젝트 매니저, 콘텐츠에 관심을 쏟는 소프트웨어 엔지니어 등 다양한 직책 중 하나일 수 있습니다. 문서화 전문가를 고용하려는 경우 부록 '참고 자료'에 있는 전문 커뮤니티에서 찾아 보세요.

직책과 관계없이 문서화 전문가는 아래에 나열된 것과 같은 문서화의 중요한 변곡점에서 도움을 줄 수 있습니다.

새로운 사용자 니즈 충족하기

여러분이 완전히 이해하지 못하는 새로운 유형의 사용자와 함께 일하게 된 경우, 문서화 전문가는 유스 케이스를 기술하고 사용자 여정을 정의하며 문서의 엔드-투-엔드 테스트를[2] 수행하는 데 도움을 줄 수 있습니다.

고객 지원 쏠림 문제 완화하기

고객 지원 팀이 일대일 방식으로 고객 지원 사례를 해결하는 데 어려움을 겪는 경우, 문서화 전문가가 이러한 문제들을 평가하고 확장 가능한 지원을 제공하는 문서를 만들 수 있습니다.

저자주 [1] 에릭 홀셔, "Documentarians", Write the Docs. 2021년 6월 22일 조회. https://www. writethedocs.org/documentarians/.

역자주 [2] 어떤 소프트웨어 제품의 사용 워크플로를 처음부터 끝까지 따라가며 테스트하는 기법을 말합니다.

대규모 문서 릴리스 관리하기

제품 릴리스 횟수나 규모가 늘어나서 문서를 최신 상태로 유지하기 어렵거나 문서화하는 데 엔지니어링 및 개발 시간이 점점 더 많이 소요되는 경우, 문서화 전문가가 대규모 소프트웨어 릴리스를 위한 문서를 관리하고 작성하는 데 도움을 줄 수 있습니다.

정보 아키텍처 리팩터링하기

많은 양의 문서에 대해 정보 아키텍처를 리팩터링하려는 경우, 문서화 전문가가 해당 프로세스를 계획하고 관리하는 데 도움을 줄 수 있습니다. 검색 가능성과 확장성을 위해 문서를 구조화하는 것은 어렵습니다. 문서화 전문가는 새로운 정보 아키텍처를 계획하고 콘텐츠를 마이그레이션하는 과정을 이끌 수 있습니다.

국제화 및 현지화하기[3]

글로벌 고객들을 위해 문서를 현지화하는 데 어려움을 겪고 있다면 문서화 전문가가 콘텐츠를 국제화하고 현지화하는 파이프라인을 구축하고 관리하는 데 도움을 줄 수 있습니다.

소프트웨어와 함께 문서 버전 관리하기

각 소프트웨어 릴리스와 함께 문서의 새 버전을 만들려고 하는데 확장성과

역자주 [3] 국제화(internationalization)와 현지화(지역화, localization)는 어떤 제품을 언어 및 문화권 등이 다른 여러 환경에 맞춰 사용할 수 있도록 지원하는 것을 의미합니다. 이때 국제화는 제품 자체가 여러 환경을 지원할 수 있도록 제품을 설계하는 것을 의미하며, 현지화는 제품을 각 환경에 맞게 번역하고 최적화하는 것을 의미합니다. 출처: ko.wikipedia.org/wiki/국제화와_지역화

검색 엔진 최적화(SEO)가 걱정되는 경우, 문서화 전문가가 사이트의 버전 관리 프로세스를 만드는 데 도움을 줄 수 있습니다.

문서에 대해 사용자 기여 받기

문서에 대한 커뮤니티 피드백을 받고 사용자가 제출한 기고문이나 기술 문서를 게시하는 것을 고려하고 있는 경우, 문서화 전문가는 사용자가 콘텐츠에 기여할 수 있는 절차를 관리하고 커뮤니티 피드백에 대응할 수 있습니다.

문서 오픈 소스로 공개하기

문서를 오픈 소스로 제공하려고 하는 경우 문서화 전문가가 오픈 소스 기여자를 위한 템플릿, 표준, 프로세스를 만들고 제출된 문서를 검토하는 데 도움을 줄 수 있습니다.

참고 자료

이번 부록에서는 프로젝트 문서화 작업을 할 때 유용하게 사용할 수 있는 약간의 참고 자료를 제공합니다. 참고 자료는 특별한 순서 없이 나열했습니다.

이 책은 실무 가이드로 사용되도록 작성되었기에 여러분이 문서화 작업을 실제로 하면서 읽어볼 것을 권장합니다. 여러분이 앞으로 테크니컬 라이팅에서 겪을 모험에서 이 책이 방향을 제시해 주기를 바랍니다.

우리는 책이 이대로 끝나기를 원하지 않습니다. 여러분도 이것이 끝이라고 생각하지 말고 향후 대화의 출발점이라고 생각하세요. 우리에게 직접 연락하려면 docsfordevelopers.com을 방문하세요.

교육 과정

■ 구글의 테크니컬 라이팅 교육 과정

구글의 테크니컬 라이팅 팀에서는 초급 및 중급 테크니컬 라이팅을 다루는 두 가지 자기 주도형 교육 과정을 제공합니다. 이 과정은 개발자에 초점이 맞춰져 있습니다.

- 링크: developer.google.com/tech-writing

■ API 문서화하기: 테크니컬 라이터와 엔지니어를 위한 가이드

톰 존슨의 API 문서화 교육 과정은 광범위한 자기 주도형 튜토리얼로, 실용적인 예시로 가득합니다. 더 많은 참고 자료를 보려면 톰의 블로그를 확인해 보세요.

- 링크: www.idratherbewriting.com/learnapidoc

템플릿

■ The Good Docs Project

The Good Docs Project는 훌륭한 문서를 만들기 위한 프로세스, 문서 템플릿, 가이드를 오픈 소스로 제공하는 프로젝트입니다.

  • 링크: www.thegooddocsproject.dev

■ Diataxis 프레임워크

Diataxis 프레임워크는 다양한 사용자 니즈를 충족하기 위해 문서를 템플릿화하고 구조화하기 위한 가이드를 제공합니다.

  • 링크: www.diataxis.fr

■ README 체크리스트

사용 가능한 README 체크리스트가 많이 있지만, 그중 다니엘 백[Daniel Beck]의 체크리스트는 매우 유용합니다. 유튜브에 업로드된 다니엘의 발표 영상 〈Write the readable README(가독성 좋은 README 작성하기)〉[1]와 함께 보면 좋습니다.

  • 링크: www.github.com/ddbeck/readme-checklist

스타일 가이드

■ 구글 개발자 문서 스타일 가이드

구글 개발자 스타일 가이드는 API 구성 요소 및 API와의 상호 작용에 대한

역자주 [1] https://www.youtube.com/watch?v=2dAK42B7qtw

문서를 작성하기 위한 기본 자료로 널리 사용되며, 특히 오픈 소스 프로젝트에서 참고 자료로 많이 활용합니다.

- 링크: developer.google.com/style

■ 마이크로소프트 스타일 가이드

마이크로소프트의 스타일 가이드는 UI 구성 요소와 상호 작용하는 방법을 다루는 문서를 작성할 때 오랫동안 일반적인 표준으로 사용되었습니다.

- 링크: docs.microsoft.com/style-guide

■ 미디어위키 스타일 가이드

미디어위키^MediaWiki 스타일 가이드는 다양한 문서에 대한 예제 문서 템플릿과 함께 포괄적인 스타일 가이드를 유지 관리합니다.

- 링크: mediawiki.org/wiki/Documentation

자동화 도구

■ API 레퍼런스 생성

OpenAPI, Redoc, Swagger는 문서화 할 내용을 API에 직접 통합하기 위해 가장 일반적으로 사용되는 API 사양입니다.

- 링크:
  - openapis.org
  - redoc.ly
  - swagger.io

- **Vale 린터**

Vale은 널리 쓰이는 글쓰기 린터이며, 이를 통해 자신만의 스타일 규칙을 작성하거나 구글, 마이크로소프트 또는 다른 회사에서 만든 스타일 가이드를 사용할 수 있습니다.

- 링크: github.com/errata-ai/vale

- **htmltest**

htmltest를 사용하면 생성된 HTML에서 깨진 링크를 감지할 수 있습니다.

- 링크: github.com/wjdp/htmltest

- **Read the Docs**

Read the Docs는 문서 사이트 구축, 버전 관리, 호스팅을 자동화하는 사이트입니다.

- 링크: readthedocs.org

- **Docsy**

Docsy는 기술 문서용 Hugo 테마입니다. Hugo(gohugo.io)는 Go 언어 기반 정적 사이트 생성기입니다.

- 링크: docsy.dev

- **Netlify**

Netlify는 잘 통합된 CI/CD 기능을 갖춘 콘텐츠 전송 네트워크[CDN]입니다. 콘텐츠를 깃 저장소로부터 웹에 자동으로 게시하는 강력하고 쉬운 방법입니다.

- 링크: netlify.com

■ Prow

Prow는 쿠버네티스를 기반으로 하는 막강한 CI/CD 도구입니다. 그 기능은 강력하며 대형 프로젝트가 아니라면 지나치게 복잡할 가능성이 높지만, 프로젝트 규모가 점점 더 크게 확장됨에 따라 발생하는 잡일을 줄여주는 데는 크게 도움이 됩니다.

- 링크: github.com/kubernetes/test-infra/tree/master/prow[2]

시각적 콘텐츠 도구 및 프레임워크

■ Excalidraw

다이어그램 스케치를 위한 오픈 소스 화이트보드 도구입니다.

- 링크: excalidraw.com

■ Snagit

화면을 캡처한 스크린샷과 애니메이션 GIF를 만드는 데 널리 사용되는 도구입니다.

- 링크: snagit.com

■ C4 모델

소프트웨어 아키텍처 다이어그램 작성에 대한 표준화되고 개발자 친화적인 접근 방식입니다.

- 링크: c4model.com

역자주 [2] 깃헙에서 제공되는 문서는 지원 중단되었습니다. 최신 문서는 다음 링크에서 찾아볼 수 있습니다. https://docs.prow.k8s.io/docs/overview/

블로그 및 연구

■ 톰 존슨, I'd Rather Be Writing

테크니컬 라이팅에 대한 블로그로, 특히 API 문서화와 테크니컬 라이팅의 비즈니스 가치를 집중적으로 다룹니다.

- 링크: idratherbewriting.com

■ 밥 왓슨, Docs by Design

테크니컬 라이팅과 문서 품질 측정에 관한 학술적인 글을 쓸 때 참고하기 좋은 내용이 많습니다.

- 링크: docsbydesign.com

■ 사라 매덕스[Sarah Maddox], Ffeathers

베테랑 테크니컬 라이터가 제공하는 실용적인 조언을 담고 있습니다. 사라는 테크니컬 라이팅과 API 문서화에 대한 교육도 진행합니다.

- 링크: ffeathers.wordpress.com

■ 다니엘 벡

깃헙, 암[ARM], 모질라[Mozilla] 등에서 일한 프리랜서 테크니컬 라이터가 테크니컬 라이팅에 대해 제공하는 실용적인 조언을 담고 있습니다.

- 링크: ddbeck.com/writing

■ 스테파니 모릴로[Stephanie Morillo]

개발자 마케팅, 테크니컬 라이팅, 콘텐츠 전략에 중점을 두고 콘텐츠 제작에 대한 조언을 제공합니다.

- 링크: stephaniemorillo.co/blog

- **닐슨 노먼 그룹**

사용자 경험(UX) 데이터 및 모범 사례에 대한 풍부한 연구조사 결과와 함께 통찰력을 제시합니다.

- 링크: nngroup.com/articles

서적

- **앤 젠틀**^{Anne Gentle}, 『**Docs Like Code**』

Docs Like Code는 현재 실무에서 개발자 문서를 위해 널리 채택된 모델입니다.

- **마크 베이커, 『Every Page is Page One』**

주제 기반 문서 작성과 사용자가 어디에 있든 문서에서 방향을 잡을 수 있도록 도와주는 방법을 안내합니다.

- **애비 코버트**^{Abby Covert}, 『**How to Make Sense of Any Mess**』

정보 아키텍처를 만들 때 맞닥뜨리는 도전에 접근하기 위한 7단계 프로세스를 포함하여 정보 아키텍처에 대한 광범위한 설명을 제공합니다.

- **사라 리처즈**^{Sarah Richards}, 『**Content Design**』

콘텐츠를 디자인하는 과정과 사용자가 언제, 어디서, 어떻게 정보를 소화하기를 원하는지 알아내고자 데이터를 사용하여 사용자의 니즈를 충족하는 과정을 살펴봅니다.

- 스테파니 마쉬^{Stephanie Marsh}, 『**User Research: A Practical Guide to Designing Better Products and Services**』

대면 사용자 테스트, 카드 정렬, 설문 조사, A/B 테스트 등을 포함한 사용자 조사 방법에 대한 실용적인 가이드입니다.

- 윌리엄 스트렁크 2세^{William Strunk, Jr.} & E.B. 화이트^{E.B. White}, 『**The Elements of Style(영어 글쓰기의 기본)**』

효과적인 영어 글쓰기에 대한 고전적이고 시대를 초월한 가이드입니다.

커뮤니티

Write the Docs

Write the Docs는 문서화에 관심이 있는 사람들의 글로벌 커뮤니티로, 소프트웨어 사용자가 훌륭한 경험을 하길 원하는 프로그래머, 테크니컬 라이터, 디벨로퍼 릴레이션 담당자, 고객 지원 담당자, 마케터 등 다양한 직군의 사람들이 참여하고 있습니다. Write the Docs는 슬랙^{Slack} 네트워크, 컨퍼런스, 지역 모임을 통해 활발한 온라인 및 오프라인 커뮤니티를 유지합니다.

- 링크: www.writethedocs.org

STC

STC^{Society for Technical Communication3}는 테크니컬 커뮤니케이션의 발전에 힘쓰는 전문가 협회입니다. STC는 간행물 발간, 인증 제도 및 컨퍼런스 운영을 통해

역자주 [3] STC(기술 커뮤니케이션 협회)는 미국, 캐나다 및 전 세계의 4,500명 이상의 회원과 함께 기술 커뮤니케이션의 이론과 실천의 발전에 집중하는 전문 협회입니다.
출처: https://en.wikipedia.org/wiki/Society_for_Technical_Communication

테크니컬 커뮤니케이터 커뮤니티의 성장을 지원합니다.

- 링크: www.stc.org

국내 자료

다음은 국내에서 테크니컬 라이팅과 관련하여 참고할 만한 자료들을 모아 보았습니다.

교육 과정

■ 한국공개소프트웨어협회 B2B 테크니컬 라이팅

B2B 국문 테크니컬 라이팅의 기본 이론과 실무형 기술 문서 작성 방법을 배울 수 있는 온라인 교육입니다.

- 링크: https://olc.kr/course/course_online_view.jsp?id=10108

■ 한겨레 글터 'Technical Writing과 기술 번역' 교육

국문 및 영문 테크니컬 라이팅과 기술 번역을 실습과 함께 다루며 정기적으로 개설되는 유료 교육입니다.

- 한겨레 글터(http://pen.hanter21.co.kr/)에서 'Technical Writing'으로 검색

블로그

- **카카오엔터프라이즈 블로그**

테크니컬 라이팅과 기술 문서 작성법에 대한 내용을 다루고 있습니다.

- 링크: https://tech.kakaoenterprise.com/tag/Technical%20Writer

- **라인 엔지니어링 블로그**

API 문서화 엔지니어링과 C4 모델 활용을 포함한 테크니컬 라이팅 관련 정보를 제공합니다.

- 링크: https://engineering.linecorp.com/ko/blog/tag/Technical%20 Writing

- **열이아빠의 블로그**

테크니컬 라이팅 관련 최신 소식을 제공합니다.

- 링크: https://koko8829.tistory.com/category/테크니컬%20라이팅

서적

- **유영경, 『개발자를 위한 글쓰기 가이드』(로드북, 2021)**

사용자 가이드, 오류 메시지를 비롯한 기술 콘텐츠를 작성할 때 단계별로 적용되는 원칙을 예제 중심으로 살펴보며, 특히 한국어 기술 문서 작성에 도움이 될 만한 다양한 팁을 제공합니다.

커뮤니티

■ Write the Docs Seoul

Write The Docs Seoul 밋업의 페이스북 페이지입니다.

- https://www.facebook.com/groups/writethedocsseoul/